2판
음악 교수학습방법
음악교사와 문화예술교육사를 위한 음악교육 입문서
민경훈 · 김미숙 · 김선미 · 김신영 · 김영미 · 김지현
이가원 · 장근주 · 조대현 · 조성기 · 주희선 · 현경실
공저
MUSIC
TEACHING AND LEARNING
METHODS

학지사

2판 머리말

먼저 『음악 교수학습방법(2판)』을 출판하게 됨을 기쁘게 생각합니다. 이 책은 학교 현장의 교사와 문화예술교육사가 음악을 가르치는 데 필요한 기본적인 이론과 방법을 제시한 음악교육 전문서입니다.

인간이 살아가는 데 있어서 음악을 이해하고 음악의 미를 향유할 수 있는 능력을 갖춘다면 보다 풍요로운 삶을 영위할 수 있습니다. 이 점에서 음악을 지도하는 교육자는 음악교육이 인간의 풍요로운 삶을 위해 얼마나 중요한지, 그리고 미를 추구하는 감정 교육이라는 점에서 음악교육의 근본적 과제가 무엇인지를 성찰해 보는 것이 중요할 것입니다. 음악을 지도하는 교사와 문화예술교육사는 뚜렷한 음악교육 철학과 신념을 가지고 다양한 교수법을 활용하여 효과적으로 음악을 지도할 수 있는 능력을 지녀야 합니다.

이 책은 음악을 지도하는 교사와 문화예술교육사의 음악지도자적 역량을 강화시켜 주기 위하여 기본적으로 알아야 할 음악교육 이론과 다양한 교수방법을 제시하였습니다.

이 책의 내용은 크게 '제1부 교수학습이론' '제2부 교수학습방법' '제3부 수업설계 실습'으로 구성되어 있습니다. 제1부에서는 과목 소개, 교수학습의 과정 이해, 학습이론과 동기이론의 이해, 학습자 중심 음악교육 환경 구성과 그 의미, 대상별 · 수업단계별 · 지도영역별 창의적인 동기유발 사례, 음악 교수학습 모형의 이해와 실제를 다룹니다.

제2부에서는 20세기를 주도한 음악교육 지도자들의 다양한 음악 지도 방법을 제시합니다. 여기에서는 자크-달크로즈, 코다이, 오르프, 스즈키, 고든의 음악 지도 방법이 소개됩니다. 더 나아가 포괄적 음악성, 스마트러닝, 통합적 교수학습을 제시합니다. 제2부에서 특히 1판과 달라진 점이 있다면, 2판에서는 인공지능, 가상현실, 증강현실, 메타버스 등 코로나19 시기 이후에 확연하게 달라진 디지털 매체의 활용에 대한 내용이 더 추

가되었다는 것입니다.

제3부에서는 문화예술교육으로서 음악교육을 위한 수업설계를 다룹니다. 여기에서는 학교의 교사와 문화예술가 간의 협력 수업, 그리고 음악 지도안의 예시를 소개합니다.

이 책이 음악을 지도하는 교사와 문화예술교육에 관심을 가진 모든 분에게 실질적인 도움이 될 수 있기를 기대합니다. 끝으로, 이 책이 출판되기까지 아낌없이 지원해 주신 김진환 사장님 그리고 모든 과정에서 수고해 주신 유은정 선생님과 직원분들께 진심으로 감사를 드립니다.

2024년 8월

대표 저자 민경훈

1판 머리말

이 책은 음악교사와 문화예술교육사가 현장에서 음악을 가르칠 때 필요한 기본적인 이론과 방법을 제시한 음악교육 입문서입니다.

음악은 인간관계가 각박해지고 개인주의가 더욱 팽배해진 현대 사회에서 우리에게 삶의 윤활유이며 활력소입니다. 인간이 살아가는 데 있어서 음악을 이해하고 깊이 있게 즐길 수 있다면 그 사람의 삶은 보다 풍요로워지고 행복해질 것입니다. 이러한 배경에서 음악을 지도하는 교육자는 음악교육이 인간의 풍요로운 삶을 위해 얼마나 중요한지 그리고 미를 추구하는 감정 교육이라는 점에서 음악교육의 근본적 과제가 무엇인지를 성찰해 보는 것이 중요할 것입니다.

음악교사와 음악 분야 문화예술교육사는 뚜렷한 음악교육 철학과 신념을 가지고 다양한 교수법을 활용하여 효과적으로 음악을 지도할 수 있는 능력을 갖추어야 합니다. 이 점에서 이 책은 음악교사와 문화예술교육사의 음악지도자적 역량을 강화시켜 주기 위하여 기본적으로 알아야 할 음악교육 이론과 다양한 교수 방법을 제시하였습니다.

이 책의 내용은 크게 '제1부 교수학습이론' '제2부 교수학습방법' '제3부 수업설계 실습'으로 구성되어 있습니다. 제1부에서는 과목 소개, 교수학습의 과정 이해, 학습이론과 동기이론의 이해, 학습자 중심 음악교육 환경 구성과 그 의미, 대상별 · 수업단계별 · 지도 영역별 창의적인 동기유발 사례, 음악 교수학습 모형의 이해와 실제를 다룹니다. 제2부에서는 20세기를 주도한 음악교육 지도자들의 다양한 음악 지도 방법을 제시하는데, 여기에서는 자크-달크로즈, 코다이, 오르프, 스즈키, 고든의 음악 지도 방법이 소개됩니다. 더 나아가 포괄적 음악성, 스마트러닝, 통합적 교수학습을 제시합니다. 제3부에서는 문화예술교육으로서 음악교육을 위한 수업설계를 다룹니다.

이 책이 음악교사와 음악 분야의 문화예술교육에 관심을 가진 모든 분에게 실질적인 도움이 되어 괄목할 만한 성과가 있기를 충심으로 기원합니다. 마지막으로 이 책이 출판되기까지 아낌없이 지원해 주신 학지사의 김진환 사장님 그리고 모든 과정에서 수고해 주신 박지영 선생님과 직원분들께 진심으로 감사를 드립니다.

2017년 9월

저자 일동

차례

제1부

교수학습이론

민경훈

제1장

과목 소개

문화예술교육사 교육과정에 포함된 분야별 교수학습방법은 교과교육학에 기반을 둔 교수 역량 분야로 핵심 교수 역량을 강화시켜 주기 위한 성격을 지닌 과목이다. 이 과목은 문화예술교육의 현장에서 효과적으로 지도할 수 있는 역량을 길러 주기 위하여 교수학습에 관한 이론뿐만 아니라, 실제 사용되고 있는 다양한 교수학습방법들을 소개함으로써, 문화예술교육사들이 예술가뿐만 아니라 예술분야 교육자로서 전문적인 교수 역량을 갖출 수 있도록 해 주는 것을 목적으로 한다.

1. 과목의 성격

문화예술교육사 교육과정에 포함된 '음악 교수학습방법'은 교과교육학에 기반을 둔 교수 역량 분야로 핵심 교수 역량을 강화시켜 주기 위한 과목이다.[1] 이 과목은 교수법의 지도에 중점을 둔다. 또한 이론 강의와 함께 보다 더 현장성 있는 과목이 될 수 있도록 실제 사용되고 있는 교수학습방법의 사례들을 소개하고, 직접 지도안을 작성해 시연까지 해 볼 수 있도록 하는 데 목적을 두었다.

'음악 교수학습방법'은 문화예술교육으로서 음악교육을 실행할 때 효과적인 학습이 발생할 수 있도록 준비, 계획, 실행, 평가 등을 포함한 포괄적인 교수 능력을 지닌 예술교육전문가의 역량 강화를 위한 과목이다. 이를 위하여 교수와 학습이 이루어지는 조건과 과정을 파악하고, 다양한 목적을 위한 교수학습 모형과 교수학습 전략들을 이해한 뒤, 직접 자신의 음악수업을 효과적으로 실행하기 위해 창의적으로 교수학습 과정안을 작성하여 문화예술교육의 현장에 적용할 수 있는 실제적인 능력을 갖추도록 한다. 이 과목은 음악 분야 문화예술교육사로서 보다 전문성 있는 예술교육을 수행할 수 있는 기초 교수 역량을 함양하는 데 목적을 두고 있기 때문에, 교수학습방법에 대한 이론적인 기초의 이해뿐만 아니라 이를 문화예술교육으로서 음악수업의 현장에서 활용할 수 있도록 하는 데 중점을 둔다.

이 과목은 문화예술교육사 직무 역량 교과목으로 문화예술교육 대상자와 교육적 맥락 특성에 맞는 교수학습 전략의 이해와 이에 따른 효과적인 교수학습 전략들을 학습하고, 분야별 문화예술교육 프로그램을 직접 기획하고 제작하며 시연할 수 있도록 하여 보다 실천 역량을 향상시켜 줄 수 있도록 하였다.

2. 과목의 목표

이 과목은 다양한 음악 분야를 문화예술교육의 현장에서 실제 학습 대상에 알맞게,

1) 한국문화예술진흥원(2012). 교수요목 '음악 교수학습방법' 참조.

그리고 효과적으로 지도할 수 있는 역량을 강화하기 위해 교수학습 이론의 학습뿐만 아니라 실제 사용되고 있는 음악 교수학습방법들을 소개하여, 문화예술교육사들이 음악가뿐만 아니라 음악 분야 교육자로서 전문적인 교수 역량을 갖출 수 있게 하는 것을 목적으로 한다. 이 과목에서는 수업에서 목표로 한 학습이 이루어질 수 있도록 돕는 다양한 교수학습 방법과 전략을 이해하고, 다양한 수업 목표를 위한 효과적인 음악 교수학습 모형과 교수 전략들을 탐색하여 문화예술교육을 위한 창의적인 음악교수학습 과정안을 설계하는 것을 목표로 한다.

3. 과목의 운영

이 과목은 예술교육전문가로서 다양한 교수학습 방법과 전략을 학습하는 것이기 때문에, 일방적인 강의 형태의 수업보다는 다양한 교수학습 형태와 동기유발 전략, 창의적 교재 및 교구를 적절하게 사용하는 등 학습이 효과적으로 이루어질 수 있는 '학습 조건'과 학습 상황'을 고려한 모범적인 수업으로 운영되어야 한다.

4. 과목의 구성 및 내용

1) 구성

이 과목의 내용으로는 대상별(유아, 초등, 중등)로 교수학습방법의 다양한 수업 모형 이론과 적용 사례, 교수학습 전략, 교육 평가와 환류 전략, 기획 · 제작 및 시연 전략 등이 있다. 이 교과목은 2급 문화예술교육사의 교수 역량을 향상시키기 위하여 음악 분야의 문화예술교육이 이루어지는 다양한 상황을 이해하고, 각 상황에 효과적인 교수학습 전략들을 수립할 수 있도록 구성되어 있다. '음악 교수학습방법' 과목은 다음과 같이 교수학습이론, 교수학습방법, 수업설계 실습의 세 부분으로 나누어, 그 안에서 세부적으로 내용을 다룬다.

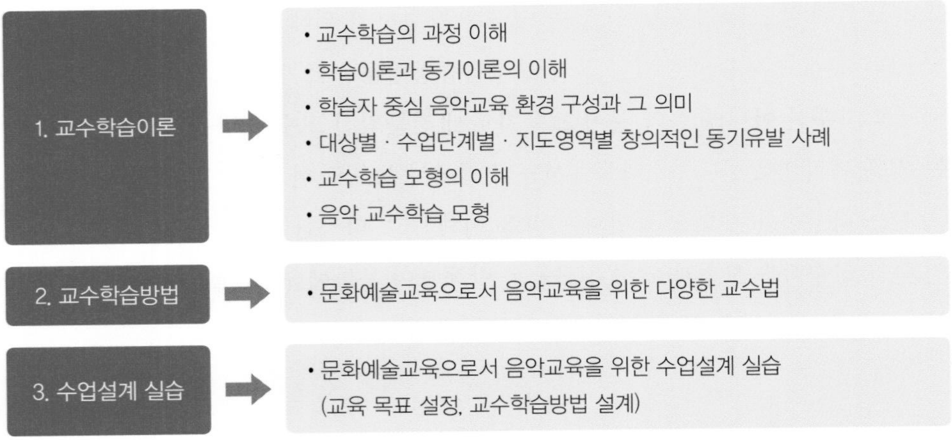

[그림 1-1] 음악 분야 교수학습방법의 학습 주제

2) 세부 내용

(1) 교수학습이론

① 교수학습의 과정 이해

교수학습의 과정에서 왜 이러한 주제를 정하고 이러한 목표를 선정했는지, 그리고 왜 이러한 내용을 다루고 이러한 방법을 사용했는지에 대한 타당한 이유를 알아본다. 또한 음악수업에서 음악적 지식을 어떻게 효과적으로 전달할 수 있을지를 모색해 본다.

② 학습이론과 동기이론의 이해

학습이 어떻게 이루어지는지를 행동주의, 인지주의, 구성주의 학습이론의 관점에서 살펴보고, 음악교육에 적용되는 예들을 알아본다. 또한 학습 성취를 위한 학습동기의 이론과 동기 유발 및 유지에 관한 이론들을 알아본다.

③ 학습자 중심 음악교육 환경 구성과 그 의미

구성주의 인식론을 이해하고, 학습자 중심의 음악교육 환경을 구성하기 위한 음악 교수학습 이론을 알아본다.

④ 대상별 · 수업단계별 · 지도영역별 창의적인 동기유발 사례

교수학습 대상별 · 수업단계별 · 지도영역별로 학습자의 자발적인 학습동기 부여에 필요한 이론을 이해하고, 이와 관련한 다양한 사례를 살펴본다. 또한 음악수업에 적용해 본다.

⑤ 교수학습 모형의 이해

교수학습 모형의 유형은 정보처리 모형, 사회적 모형, 개인적 모형, 행동적 모형 등 네 가지로 분류할 수 있다. 이러한 분류를 바탕으로 음악수업을 위한 교수학습 모형의 선정 방법을 알아본다.

⑥ 음악 교수학습 모형

음악 교수학습 모형으로는 탐구학습 모형, 창의적 문제해결학습 모형, 협동학습 모형, 반응중심 학습 모형 등이 있다. 이러한 모형들의 특징과 교육적 효과, 모형의 단계, 모형의 단계 적용 방안 등을 알아본다.

(2) 교수학습방법

① 자크-달크로즈 교수법

자크-달크로즈는 유리드믹스, 솔페즈, 즉흥연주라는 세 가지 영역의 교수법을 개발하였다. 각 교수법의 의미를 살펴보고, 실제로 수업에 적용하는 사례에 대하여 알아본다.

② 코다이 교수법

코다이는 사람이 글을 읽고 쓰듯이 음악을 읽고 쓸 수 있어야 한다고 생각하여 악보를 읽고 기보하는 능력에 중점을 둔 교수법을 개발하였다. 코다이 교수법을 살펴보고 수업에서 적용할 수 있는 능력을 기른다.

③ 오르프 교수법

오르프는 어린이들에게 음악을 가르치기 위해 음악, 신체동작, 언어가 결합된 '기

초음악(Elementare Musik)'의 개념을 창안하였다. 오르프의 교수법에서 중요한 활동들, 즉 말하기, 노래 부르기, 신체동작, 악기연주, 듣기 등에 대하여 알아본다.

④ 스즈키 교수법

스즈키는 모든 어린이가 모국어를 자연스럽게 배우는 것처럼 환경을 잘 제공해 주면 음악도 자연스럽게 잘 배울 수 있다고 주장한다. 모국어 학습처럼 모방과 반복은 스즈키 교수법의 핵심이다. 여기에서는 스즈키의 교수법을 알아본다.

⑤ 고든의 음악학습이론

고든의 음악학습이론은 음악학습과정을 잘 설명해 놓은 이론으로서 오디에이션 능력을 길러 주는 것을 목적으로 한다. 이 목적을 이루기 위해 음악성에 근거한 패턴 학습을 강조하고 있다. 이러한 고든의 음악학습이론에 대하여 살펴본다.

⑥ 포괄적 음악성

'포괄적 음악성'은 모든 음악적 경험의 통합을 강조하는 접근이다. 여기에서는 먼저 포괄적 음악성의 원리를 살펴보고, 더 나아가 포괄적 음악성의 원리에 기초하여 어떻게 지도하고 학습해야 하는가를 알아본다.

⑦ 스마트러닝

스마트러닝은 자기 주도적이고 흥미를 유발하며 학습자 수준과 적성에 맞는 풍부한 자료를 가지고 다양한 정보 기술을 활용하는 학습이라고 정의할 수 있다. 스마트러닝은 스마트 기기(스마트폰, 태블릿PC 등)를 활용하는 것이 특징이다. 다양한 스마트 기기에 대하여 살펴보고, 이 기기들을 학습에서 활용하는 방법을 알아본다.

⑧ 통합적 교수학습

통합적 교수학습은 서로 다른 영역, 교과, 학문 간을 유기적으로 연계한 효과적인 학습을 통해 융합적 사고를 이끌어 내는 교수학습방법이다. 여기에서는 다양한 통합적 교수학습에 대하여 소개하고 적용하는 방법을 습득한다.

(3) 수업설계 실습

음악수업을 위한 연간 지도 계획, 단원 지도 계획, 차시별 교수학습 지도안 등을 교육 목적에 따라 체계적으로 설계하는 방법을 살펴본다. 또한 교사와 문화예술교육사 간에 협력을 통한 협력 수업의 형태를 알아본다.

참고문헌

민경훈, 김신영, 김용희, 방금주, 승윤희, 양종모, 이연경, 임미경, 장기범, 조순이, 주대창, 현경실(2013). 음악교육학총론. 학지사.

이홍수(1992). 음악교육의 현대적 접근. 세광음악출판사.

임미경, 현경실, 조순이, 김용희, 이에스더(2010). 음악교수법. 학지사.

한국문화예술교육진흥원(2012). 문화예술교육사 2급 교육과정. 한국문화예술교육진흥원.

민경훈

제2장

교수학습의 과정 이해

음악 교수학습방법은 교수학과 교수법을 포함한다. 음악교수학은 왜 이러한 주제를 선정하고, 왜 이러한 목표를 제시하며, 그리고 왜 이러한 내용을 다루어야 하고, 왜 이러한 방법을 사용하는지에 대해 해답을 구하는 이론적 접근법이다. 음악교수법은 음악수업에서 음악적 지식을 어떻게 효과적으로 전달할 수 있을까를 모색하는 실천적 접근법이다.

1. 음악교수학과 음악교수법의 이해

음악교수학에서는 왜 이러한 주제를 선정하고, 왜 이러한 목표를 제시하며, 왜 이러한 내용을 다루어야 하고, 왜 이러한 방법을 사용하는지를 다룬다. 이러한 질문들에 대하여 연구하는 것이 교수학(Didaktik)이다.

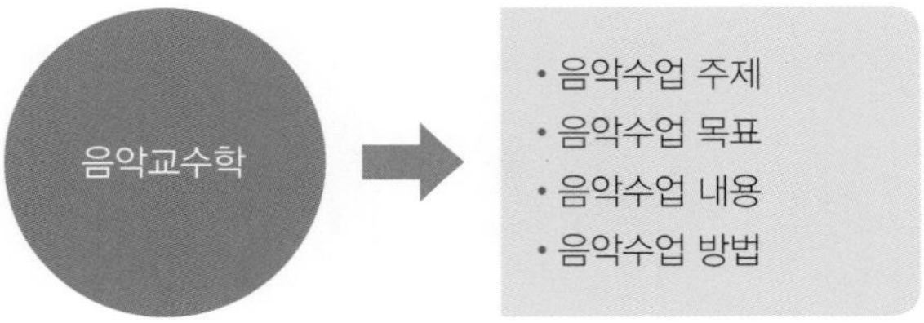

[그림 2-1] 음악교수학에서 다루는 내용

음악교수학은 인지 발달 단계에 따른 조건, 심리적인 조건 그리고 사회적 조건들을 필요로 한다. 그 까닭은 학습자들의 인지적 성장 상태에 따라서 수업의 내용들이 달라지기 때문이며, 또한 주변의 환경이나 방송 매체를 통해서 형성된 학습자의 음악적 선호와 태도 등이 음악수업에 영향을 끼칠 수 있기 때문이다. 음악 지도를 위한 계획은 교수학적인 연구들을 토대로 타당하게 구성되어야 한다. 음악교수학의 본위는 근거 있는 수업 계획안을 개발하는 것이며, 이 계획안은 실제 수업을 통해 그 타당성이 검증되어야 한다.

음악분야 문화예술교육은 형식적인 틀 안에서 계속 반복적으로 이루어지는 전통적인 수업의 형태를 과감하게 벗어나 새롭게 변화되어야 한다. 그리고 이 새로운 음악교육은 개인의 발전을 위하여 또한 학습자 스스로가 음악에 동화될 수 있도록 다양한 대중 매체를 활용하여 흥미로운 수업으로 이끌어 주어야 한다. 이와 동시에 음악 과목은 개인의 음악적 즐거움, 그리고 합창과 합주를 통한 공동체적 즐거움을 위하여, 또한 긴장 완화와 여가 선용을 위하여 유용하게 사용되어야 한다. 음악교육에서 다루어질 수 있는 내용들을 주위에서 찾아보면 매우 다양하다. 예를 들면, 테크놀로지나 사회에 관련된 주제로 기능 음악, 영화 음악, 음악 산업, 음악과 소비, 뮤지컬의 이해, 대중음악, 그리고 오늘날의 연주 공연에 관한 정보 등을 취급할 수 있을 것

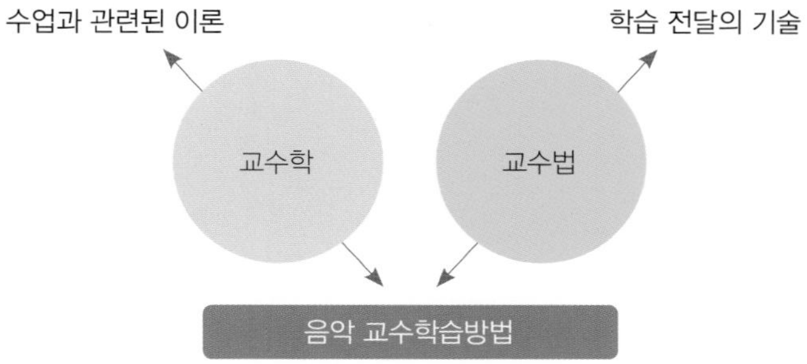

[그림 2-2] 교수학과 교수법의 이해

이다. 이러한 주제와 관련하여 교수학은 끊임없이 연구되어야 하고, 다양한 형태에서의 새로운 교수법을 지속적으로 개발하여 만족스러운 음악수업이 이루어질 수 있도록 노력하여야 한다.

교과목으로서의 '음악 교수학습방법'은 교수학(Didaktik)과 교수법(Unterrichtsmethode)의 개념들을 모두 포함하고 있다. 교수학과 교수법을 구분해 볼 때, 교수학이 수업과 관련된 이론이라면, 교수법은 학습 전달의 기술이라고 말할 수 있다.

교수학은 교수자가 자신의 지식을 학습자에게 전달해야 하는 문제에 직면했을 때 비로소 이론으로 발전한다. 지식의 전달이 어떻게 이루어질 수 있는가에 대한 질문은 고대부터 지속적으로 있었던 일로, 고대 철학자들과 교육자들의 관심사였다. 오늘날 많은 교육심리학적인 연구는 특별히 학습 과정과 관련하여 많은 발전을 가져왔는데, 무엇보다도 이러한 연구들은 학습 내용의 전달과 습득이 아주 복잡한 과정을 거쳐 이루어지며, 다양한 조건을 필요로 하고 있다는 사실들을 보여 주고 있다(전정태, 이대석, 1996: 161-186). 지식 전달에 있어서의 다양한 조건은 그저 자연적으로 형성되는 것이 아니다. 교수자는 이러한 조건들을 의식적으로 만들어 내어야 한다. 다시 말하면, 교수자는 수업에 대한 이론을 바르게 세우고, 이 이론을 기초로 하여 수업을 계획하고 실행 과정을 구체화할 수 있는 능력을 갖추어야 한다.

학교에서 음악 과목이 계속적으로 자기 가치의 중요성을 인정받기를 원한다면, 여기에 결정적인 타당성을 찾아야 한다. 이러한 타당성은 음악교수학에서 밝혀져야 한다. 일반적으로 모든 학문이 그렇듯이 교수학이라는 학문도 그 나름대로의 독자적인 연구 대상 영역과 연구 방법을 지님으로써 학문적 독자성을 인정받을 수 있다. 음악교육학에서 교수학과 교수법의 성격 규명은 음악교육학을 구체적으로 연구하는 데 도움을 준다. 무엇보다도 음악교수학에 관한 연구는 학교 음악교육의 당위성에 정당한 근거를 마련해 주는 데 기여할 수 있다.

2. 교수학과 교수법의 필요성

많은 교사가 음악수업에서 자신이 계획한 의도대로 학생들이 따라오지 못하는 경우를 흔히 경험한다. 자신의 수업이 성공적으로 이루어지지 못함으로써 스스로 역부족을 느끼는 교사는 자신의 수업 계획이 현실화될 수 없는 하나의 이상이었다는 사실을 발견하게 된다. 그 결과 교사는 자신의 지도 방법상 '무엇이 문제일까?'라는 의문을 제기할 수 있을 것이다.

교사는 수업 중에 예상치 못한 사건들을 흔히 접하게 된다. 따라서 교사가 최소한도 작은 부분에 있어서 실천 가능성에 대한 구체적 계획을 마련한다면, 수업에서 예상치 못한 사건들에 대하여 성공적으로 대처할 수 있다. 즉, 교수학과 교수법은 전달과 습득의 사이에서 충분히 발생할 수 있는 예상 가능한 것들을 미리 포착함으로써 예상치 못한 상황들에 대처하고자 하는 목적을 가진다고 볼 수 있다. 여기에서 교수학과 교수법의 의미를 더욱더 구체적으로 알아보고자 한다. 교사는 자신의 수업 시간을 계획할 때, 일반적으로 다음과 같은 문제들에 직면하게 될 것이다.

① 나는 수업 내용으로 무엇을 택할 것인가?
② 나는 내가 선정한 내용들을 어떻게 전달할 것인가?

①은 교수학에 관한 내용이며, ②는 교수법에 관한 내용이다. ①의 교수학적 내용과 관련하여 교사가 하나의 수업 내용을 선택하였다면, 왜 이 내용을 선택하였는가에 대한 합리적이고 타당성 있는 해석이 반드시 있어야만 한다. ②의 교수법에 관한 내용에서는 '학습자에게 수업 내용을 효과적으로 전달하기 위하여 어떤 지도 방법과 학습 도구를 활용해서 학습 과정을 구성할 수 있을까?'라는 질문이 전제 조건이 되어야 한다. 앞에 언급한 교수학과 교수법의 내용들은 교사가 수업을 계획할 때, 구체적으로 방향을 제시해 줄 수 있다. 그러나 우리는 여기에서 해결하고 넘어가야 할 다음과

같은 질문들에 부딪히게 된다.

① 교사가 과연 이러한 질문들을 도움 삼아 수업을 계획하는 것이 필요한가?
② 교사는 수업 현장에서 학습 지도안의 틀을 벗어나 자유로운 태도로 접근해야 할 것이 아닌가?
③ 사전의 수업 계획으로 인해 교사가 부담을 느끼며 여유 공간이 없어지는 것이 아닌가?

우리는 이러한 질문에 대하여 신중히 생각해 볼 필요가 있다. 교수학은 이러한 질문들을 절대로 과소평가해서는 안 된다. 왜냐하면 무엇보다도 사전의 학습 계획 준비가 교사들에게 심리적 안정감을 주기 때문이다. 이러한 안정감이 있을 때 교사는 학생들에게 효과적인 수업을 베풀고 자유로운 표현 능력을 길러 주는 것이 가능하다. 이러한 현상은 하루 아침에 경험된 것이 아니고, 오랜 역사를 거치면서 깨닫게 된 경험이다.

첫 번째 질문인 '과연 교수학과 교수법적인 질문들을 도움 삼아 수업을 계획하는 것이 필요한가?'에 대하여 생각해 보고자 한다. 모든 수업은 시간이 경과함에 따라 고정된 틀로 굳어질 위험성이 있다. 그렇게 되면 교사는 생동감 넘치는 수업을 위해서 꼭 필요한 그 어떤 변화를 제공해 주지 못할 것이다. 이 같은 현상은 결국 매너리즘으로 빠지게 만들 수 있으며, 이러한 매너리즘은 "개혁이 있다면 어떤 방식으로든지 이러한 현상을 해결할 수 있을 텐데."라는 습관적인 말만 되뇌게 만든다. 성공적인 음악수업을 위한 해결책은 커다란 개혁들에 있는 것이 아니라, 자신의 수업에서 주어지는 새로운 수업 구조나 다양한 지도 방법적인 방식을 우선적으로 발견하는 것에 있다고 본다.

두 번째 질문인 '음악 교사는 수업 현장에서 학습 지도안의 틀을 벗어나 자유로운 태도로 접근해야 할 것이 아닌가?'에 대하여 논하고자 한다. 이러한 질문은 교사의 책임 없는 발설로 보인다. 왜냐하면 계획된 학습 과정은 교사와 학생 간의 원활한 소통을 가능케 하여 교사와 학생이 보다 더 열린 자세로 접근할 수 있기 때문이다. 즉, 교사는 "다음의 학습 과정에 어떻게 대처해야 하는가?"라는 부담으로부터 자유로워져서 열린 마음으로 학생들을 대하기 때문에 편하게 수업에 임할 수 있는 것이다.

3. 음악교수학의 과정

음악교수학의 연구를 위해서는 우선 교수학적 대상을 정하여야 한다. 교수학적 질문은 다음과 같은 뼈대를 형성한다.

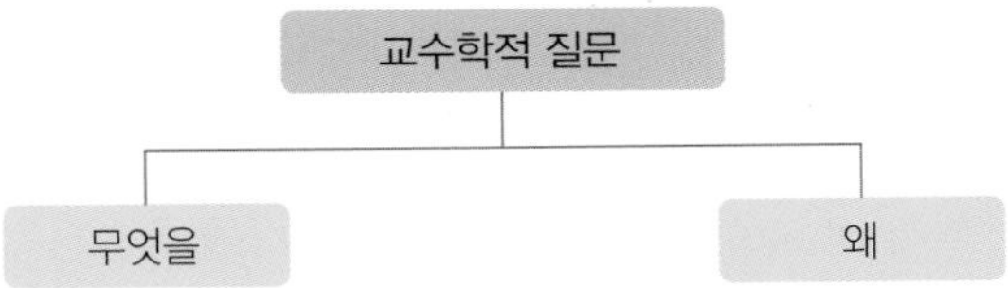

[그림 2-3] 교수학적 질문

1) 무엇을

교수학은 우선적으로 무엇을 선택할 것인가에 관계한다. 여기에서 중요하게 생각할 것은 음악수업에서 필요한 학습을 할 수 있도록 교사가 무엇을 선택할 것인가를 염두에 두어야 한다는 것이다. 무엇을 선택할 것인가에 대한 질문은 다음과 같은 두 가지 전제 조건을 충족시킬 때 세워질 수 있다(Jank, 1989: 45-53).

- 선택을 위해 다양한 가능성이 존재해야 한다.
- 수업의 방향 지시를 미리 포착하여야 한다.

(1) 선택의 다양한 가능성

'무엇을 선택할까?'라는 질문은 우선 선택을 위해 다양한 가능성이 존재하고 있음을 전제로 한다. 효과적인 음악수업을 위해서는 항상 풍부한 학습 내용들이 마련되어 있어야 한다. 교사는 넓은 음악 활동 범위에서 학생들에 알맞은 주제를 선택할 수 있다. 이와 같은 교사의 폭넓은 선택의 기회는 교사가 음악수업이라는 현장의 개성을 최대한 살릴 수 있다는 점에서 의심의 여지가 없다.

(2) 방향 지시 포착

'무엇을 선택할까?'라는 질문은 수업의 방향 지시를 미리 포착하는 것을 전제로 한다. 교사는 학생에게 학습시킬 내용을 결정할 때 '어떠한 학습 경험들을 제공해 주어야 하는가?'에 대하여 생각하여야 한다. 이러한 학습 경험의 포착은 방향 제시를 의미하는데, 이러한 방향 제시는 수업 목표를 통해서 나타난다. 그리고 수업의 현장에서는 목표로 설정된 내용들이 하나하나 입증되어야 한다.

2) 왜

'무엇을 선택할까?'에 대한 질문에서 학습 경험이 될 수 있는 학습 내용을 포착하였다면, 여기에서 '왜?'라는 질문은 내용을 선택한 이유에 관한 질문이라고 볼 수 있다. '왜?'라는 질문은 [그림 2-4]와 같은 조건들과 관계한다.

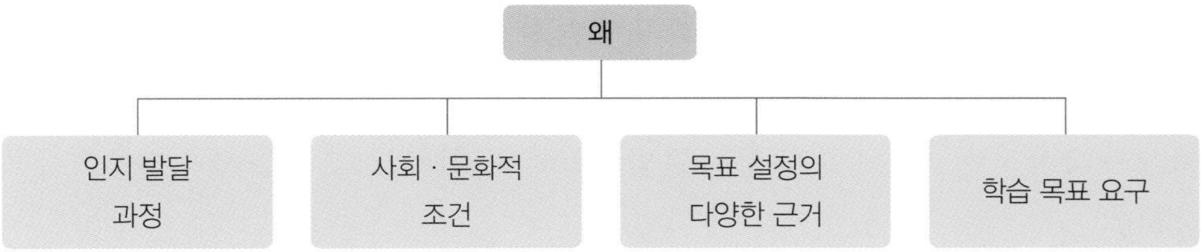

[그림 2-4] 내용 선택의 이유

이 질문에서는 무엇보다도 학교의 음악수업이라는 특성상, 주어진 학습 목표에 도달하기 위해서는 학생의 인지 발달 단계가 고려되어야 한다. 역시 '왜?'라는 질문과 관련하여, 목표 설정의 이유에 대한 다양하고 타당성 있는 해석들이 나타나야 한다. 여기에 다음과 같은 질문들이 주어질 수 있다.

- 왜 이 음악수업에서 민족 문화 유산으로서의 음악에 대한 내용을 택하였는가?
- 이 수업에서 특정한 음악적 활동, 또는 특정한 음악을 다루는 이유가 무엇인가?
- 학생 자신들의 입장과 이 음악수업은 어떤 관계가 있는가?
- 음악수업은 악기와 관련된 학습 내용과 어떤 관계가 있는가? 왜 운지법의 연습이 중요하다고 생각하는가?

• 이 음악수업은 학생의 인지 발달 과정과 어떠한 관계가 있는가?

학습 발달 단계에 관련한 마지막 질문에 대하여 타당성 있는 해답을 찾아보고자 한다. 초등학교에서의 가창 수업은 어린이들의 음악적 발달 상태와 성취 능력에 대한 지식을 전제로 해야 성공적일 수 있다. 왜냐하면 어린이들의 성장 상태에 따라서 수업의 내용들이 달라질 수 있기 때문이다. 예를 들어, 5학년 어린이들이 노래를 계명으로 자연스럽게 부르는 것을 학습 계획이 요구한다면, 이와 같은 음악적 능력이 5학년의 특정한 연령대에서 형성된다는 것을 간파한 것이다. 역시 감상수업의 계획도 연령에 상응하는 음악적 청취력과 집중력에 대한 연구를 기초로 삼아야 한다. 그 이유는 이러한 연구가 감상수업에 있어서 어린이들을 올바른 감상 태도로 이끌어 주는 데 도움을 주기 때문이다. 만약에 교사가 바흐(Bach)에 관한 수업을 계획할 때 학생들이 바흐의 특정한 음악을 싫어한다면, 교사는 그가 설정한 수업 목표에 도달하기 어렵다. 왜냐하면 학생들에 대한 동기유발이 매우 미약하기 때문이다.

이 외에도 학습 계획의 설정은 사회의 주변 환경이 학생들에게 미치는 영향에 대한 지식을 필요로 한다. 그 이유는 주변의 음악적 환경이나 방송 매체를 통해서 형성된 학생의 음악적 선호도나 태도 등이 음악수업에서 절대적으로 중요하게 작용하기 때문이다.

이와 같이 '왜?'라는 질문은 우선적으로 인간의 인지 발달적인 조건과 사회문화적인 조건들에 기초하는데, 이러한 조건들은 교육심리학과 교육사회학을 기초로 한 음악교육심리학과 음악교육사회학에서 다루어질 수 있는 내용들이다. 전체적인 맥락에서 '왜?'라는 질문은 수업을 한 측면으로만 진행시키지 않고, 시각적으로 넓은 차원을 경험하게 만든다.

한편, '왜?'라는 질문은 동시에 또 다른 방향을 제시해 준다. 즉, 이러한 질문은 추구해야 할 학습 목표를 제시하도록 요구한다. 교수학적 질문은 수업의 계획 가능한 면을 보여 주어야 하며, 또한 학습을 평가하는 기준을 제시하여 수업이 학습 목표에 도달하였는지에 대하여 반드시 확인해야 한다.

학습 목표는 학생들과 협의하여 설정될 수 있다. 이 약속은 학생 자신들의 행동에 대한 책임을 의미하기도 한다. 아마도 학생들은 자신들의 생활 주변에서 흔히 책임이라는 것을 경험하기 때문에, 약속 이행에 대한 이러한 책임이 낯설지 않게 느껴질 것이다. 이와 같은 방식으로 교사는 수업을 계획할 수 있고, 혹은 특별한 음악 공연을 준비하는 기간 동안 학생들과 약속할 수 있다. 이러한 가능성들은 교육적 가치가 매우 높다고 생각한다. 왜냐하면 설정한 학습 목표를 기초로 하여, 학생들은 각각 자신의 학습 활동을 전개시킬 수 있고, 또한 교사는 평가를 통해서 설정해 놓았던 목표에 도달할 수 있다는 확신을 가질 수 있기 때문이다.

4. 교수법

교수학적인 질문들이 내용 선정과 그 내용을 선정한 이유에 대한 질문이라면, 교수법적 질문은 지도 방법과 학습 활동에 관한 질문이다. 이러한 점에서 교수학과 교수법 간의 차이를 분명하게 구분 지어 이해하는 것이 음악교육을 효과적으로 연구하기 위해서 중요하다고 본다. 수업 현장에서 성공적인 학습을 위해서는 다음과 같은 세 가지 관점에서 지도 방법을 고려하여야 한다.

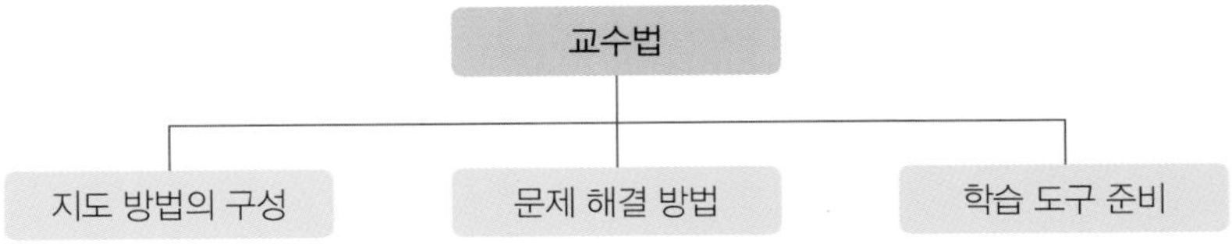

[그림 2-5] 지도 방법

[그림 2-5]에서 제시한 바와 같이, 교사가 수업을 성공적으로 이끌어 내기 위해서는 '수업을 어떻게 구성할 것인가?' '문제를 어떻게 해결할 것인가?' '어떠한 학습 도구를 활용할 수 있을까?'에 대하여 생각하여야 한다.

1) 지도 방법의 구성

교수자는 성공적인 음악수업을 위하여 다양한 관점에서 지도 방법을 효과적으로 구성하여야 한다. 일반적으로 다음과 같이 지도 방법을 구성할 수 있다.

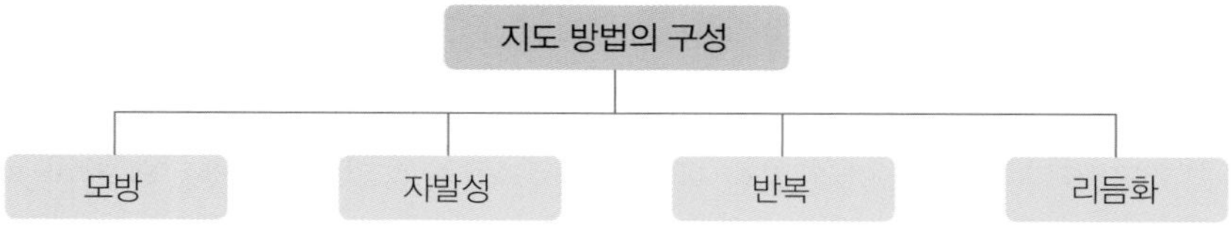

[그림 2-6] 지도 방법의 구성

(1) 모방

학습은 모방을 통해서 이루어진다. 교사가 먼저 선창을 하고 학생들은 따라 부른다. 교사는 잘 틀리는 부분을 올바로 알려 주기 위하여 여러 가지 방법 안에서 시범창을 하고, 학생은 따라 부르기를 하면서 틀린 부분을 바르게 수정을 한다. 더 나아가 모방은 단순히 복사본인 모창이 되어서는 안 된다. 모방은 습득 후에 개성적으로 변화되어 표현되어야 한다.

(2) 자발성

학습은 자발성을 통해 이루어질 수 있다. 학생은 과감하게 시도를 감행하여야 하며, 따라서 착오라는 위험성도 감수하여야 한다. 예를 들면, 학생들은 자기 주도적으로 자신 있게 리듬 만들기, 가락 만들기, 노래하기, 비평하기 등을 통해서 자신의 음악적 능력을 발전시킬 수 있다.

(3) 반복

손다이크(Thorndike)는 동물 실험을 통해 동물이 일정한 행동을 반복함으로써 현명한 방법을 터득한다는 결론을 얻어 냈다. 음악학습은 효과적인 반복을 통해서 성공적으로 이루어질 수 있다고 생각한다. 왜냐하면 반복의 목적이 잘 연주하기 위해서이고, 그다음 과정의 준비이기 때문이다. 즉, 반복을 통한 숙달된 기능은 다음 새로운 학습 과정에 대한 두려움을 극복할 수 있게 만들어 준다. 이러한 점에서, 특히 연습의 시기에서 반복학습은 매우 중요한 의미를 지닌다. 그러나 이때의 반복학습은 무조건 암기식의 단순한 반복학습과는 분명히 구별되어야 한다.

(4) 리듬화

교사는 지도 방법을 구성할 때, 학습 활동의 효율적인 리듬화를 고려하여야 한다. 여기에서의 리듬화란 수업 과정에서 특정한 시간적 시기들을 적절히 변화시키는 것을 의미한다. 이 점에서 리듬화는 생동감이 넘치는 음악수업을 만들어 보자는 데에 의미가 있다. 음악수업의 형태가 새로운 현상들을 전혀 준비하지 않고, 특정한 틀에 따라 거의 비슷한 내용들을 반복적으로 취급한다면, 학생들은 음악수업을 매우 지루하게 생각할 것이다. 음악수업에서 하나의 활동이 계속 반복적으로 이루어진다면 생동감 넘치는 음악수업은 기대하기 힘들 것이다. 지도 방법에서의 리듬화는 인지적 · 심동적 · 정의적인 영역에서, 그리고 생산적 활동(창작, 즉흥연주), 재생산적 활동(가창, 기악), 감상 활동, 성찰적 활동, 전이적 활동 등에서 균형 있게 변화시키는 것을 의미한다. 각각 다른 형태로의 새로운 접근 방법은 일종의 기분 전환으로 볼 수 있다. 교사가 다양한 수업 방법을 가지고 있을수록, 그들은 자신의 음악수업에 여러 가지 방법들을 적용할 수 있을 것이며, 그 결과 음악수업은 훨씬 더 생동감이 넘치게 될 것이다.

2) 문제 해결 방법

지도 방법은 더 나아가 '문제 해결 방법'이라는 가능성을 제공한다. 학생들은 스스로 문제를 해결하는 방식을 통해 사고의 능력을 발전시킬 수 있다. 란다우(Landau)는 창의성 심리학(Kreativitätspsychologie)에서 일반적으로 문제의 해결을 위한 사고 방식을 두 가지로 구분하고 있다(Landau, 1969: 87-89).

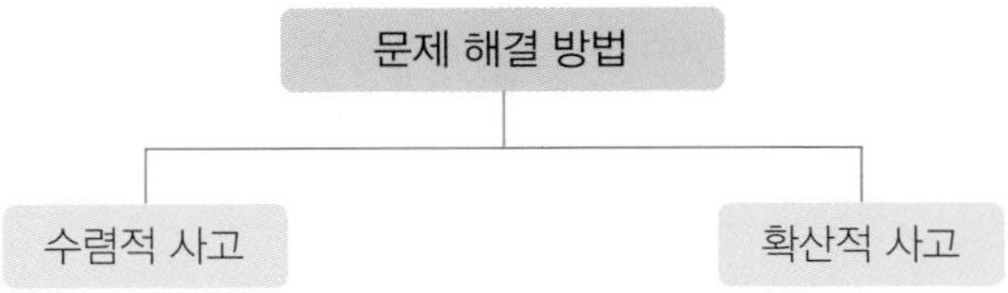

[그림 2-7] 문제 해결 방법을 위한 사고 방식

(1) 수렴적 사고

수렴적 사고란 올바른 결과로 인정받을 수 있는 하나의 해답으로 초점이 맞추어지는 사고 과정을 말한다. 이에 관한 예들은 음악수업에서도 흔하게 발견되어 마치 음악수업이 이러한 수렴적 사고를 요구하는 수업 과정들로 이루어진 것 같은 느낌을 받을 수도 있다. 무엇보다도 수렴적 사고를 요구하는 내용에서는 정확한 정보와 합리적인 내용, 또한 타당성 있는 내용을 다루어야 한다. 예를 들어, 교과서나 저서들이 나무를 재료로 하는 실로폰을 철금으로 해석하여 잘못된 지식을 전달한다면, 당연히 학습자는 거짓을 참으로 이해하는 오류를 범하게 될 것이다. 이러한 점을 감안한다면, 수렴적 사고를 요구하는 수업 과정을 위해서는 많은 정보와 정확한 지식이 필요하다고 본다.

(2) 확산적 사고

확산적 사고의 출발점은 문제의 제기에서 비롯된다. 그러나 이에 대한 해답은 명확하게 확정지을 수 없기 때문에 여러 가지 해결 방법이 존재한다. 확산적 사고의 과정에서는 이것이 '옳다' 또는 '틀렸다'라는 기준에 의하여 평가될 수 없다. 왜냐하면 각 개인이 만들어 낸 해결책은 그 해결책을 택하기로 한 사람에게는 모두 옳은 대답이기 때문이다. 창의적인 음악수업이 되기 위해서는 보다 더 확산되는 해결 과정을 수용하여야 한다. 이러한 수업 방식은 학생들의 무한한 창의적인 사고 능력을 신장시켜 주는 데 도움을 줄 수 있다. 다음은 확산적 사고에서의 해결 방식을 요구하는 예들이다.

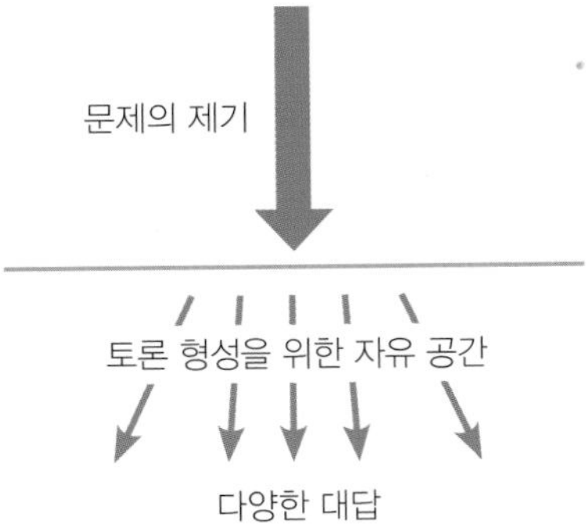

[그림 2-8] 확산적 사고

- 음악을 듣고, 그림으로 표현하기
- 사물을 보고 느낀 점이나 다양한 현상(천둥소리, 슬픔, 기쁨, 고요, 무서움 등)을 즉흥적으로 연주하기
- 음악을 듣고, 음악적 느낌을 언어로 표현하기
- 그림 악보 만들기

3) 학습 도구 준비

세 번째 지도 방법에 관한 내용은 보조적인 학습 도구의 활용이다. 여기서는 '무엇을 가지고, 즉 어떠한 매체를 사용하여 이 학습 과정을 효과적으로 구성할 수 있을까?'라는 질문을 던질 수 있다. 이러한 질문은 무엇보다도 교수자가 수업 중에 사용할 적절한 학습 도구를 연구하고 개발하여 효과적인 학습을 이끌어 보자는 의도에서 출발한다. 교수자는 자신의 수업을 성공적으로 이끌기 위하여 모든 학습 도구를 수업 전에 준비해 놓아야 한다. 음악수업 중에 다음과 같은 다양한 학습 도구를 이용할 수 있다.

- 오르프 악기들
- 리듬수업을 위한 도구들(예: 줄넘기, 공, 수건, 막대기 등)
- 기술적인 학습 도구들(예: 오디오, 비디오, 빔 프로젝트 등)
- 그림을 그리기 위한 도구들(예: 물감, 붓, 종이 등)

이런 도구들의 사용은 바로 이 도구들이 학습 과정을 위하여 도움을 줄 때 의미가 있다. 만약 그렇지 않으면 이러한 도구들은 단순히 놀잇감이 되어 버리며, 이러한 경우에는 교수자의 교육적인 계획이나 학생의 음악적 발달과는 아무런 관계가 없다고 본다.

학생들이 긴 악곡을 들은 후, 단순하게 느낌만을 발표하거나 또는 감상문으로 써서 제출하는 형태의 수동적인 감상 활동은 더 이상 학생들의 관심사가 아닌 큰 부담을 의미한다. 이러한 수업의 형태는 학생들에게 흥미를 줄 수 없다. 음악 교사는 전통적인 음악 활동 외에 새롭고, 다양한 학습 도구를 개발하여 생동감 넘치는 음악수업을

전개하여야 한다.

여기에 하나의 흥미로운 학습 도구를 소개하고자 한다. 최근 학교 교육에서 테크놀로지의 사용이 매우 활발해지고 있음을 감안할 때, 시대적 감각에 알맞게 다양한 테크놀로지를 활용해 다양한 배경음악을 제작할 수 있다. 이 배경음악과 관련한 수업 활동은 똑같은 영상이라도 배경음악의 종류에 따라 느낌이 달라진다는 심리학적인 실험으로, 이 실험을 통하여 음악이 인간의 청각을 자극해 감정 반응을 일으키고, 이렇게 이입된 감정을 주어진 영상과 동질화하려는 인간 심리를 이해하는 데에 의미를 둔다. 이 수업에서 학생들은 각각의 배경 음악을 듣고 느낀 음악적 혹은 배경의 분위기적 반응을 언어 또는 문장으로 표현해 보는 것이 중요하다. 왜냐하면 이 음악수업의 목적이 창의적 표현 능력의 발전과 청감각 훈련을 통한 적극적인 감상 태도를 기르는 데에 있기 때문이다.

참고문헌

길애경, 임미경 편(2008). **초등음악지도법**. 수문당.

김용진, 강순기, 변훈(1992). **중학교 음악 1**. 시사영어사.

민경훈(1999). 학교음악교육에 있어서 도식악보의 활용. **음악과 민족, 18**.

윤양석, 김준수(1992). **중학교 음악 1**. 세광음악출판사.

이홍수(1992). **느낌과 통찰의 음악교육**. 세광음악출판사.

전정태, 이대석(1996). **교육학의 이해**. 교육과학사.

한방교, 윤길근(1992). **실기교육방법론**. 동문사.

Gieseler, W. (1978). *Kritische Stichwörter zum Musikunterricht*. Fink, Wilhelm.

Helms, S. (1994). *Neues Lexikon der Musikpädagogik*. Gustav Bosse.

Jank, W. (1989). Konstiutionsprobleme aktueller musikdidaktischer Konzepte. Musikpädagogik zwischen materialen und formalen Bildungstheorien. *Musikpädagogische Forschung; Musikpädagogik zwischen Traditionen und Medienzukunft, Band 9*, Laaber.

Kraemer, R. D. (1982). Sozialwissenschaftliche Verfahren als methodische Ansätze. In Wolfgang Schmidt-Brunner (Hrsg.), *Methoden des Musikunterrichts*. Schott.

Krapf, B. (1976). *Strukturen und Sequenzen von Lernprozessen*. Waxmann.

Landau, E. (1969). *Psychologie der Kreativität*. Ernst Reinhardt.

Mursell, J. L., & Glenn, M. (1987). **음악교육 심리학**. 한국음악교재연구회 역. 세광음악출판사.

Neuhäuser, M., Reusch, A., & Weber, H. (1975). Resonanzen. *Sekundarstufe I, Bd. 2,* Diesterweg.

Ruprecht, H. (1984). Methoden des Musikunterrichts in ihrer Rückbeziehung auf eine allgemeine Unterrichtsmethodik. In Wolfgang Schmidt-Brunner (Hrsg.), *Methoden des Musikunterrichts*. Schott.

Thomas, W. (1970). Struktur und Ortsbestimmung einer Neuform improvisatorischen Musiktheaters. In W. Roscher (Hg), *Ästhetische Erziehung/Improvisation/Musiktheater*. Schroedel.

Venus, D. (1984). *Unterweisung im Musikhören*. Noetzel.

조성기

제3장

학습이론과 동기이론의 이해

인간에게 학습이 어떻게 이루어지는가에 대하여 행동주의, 인지주의, 구성주의 그리고 최근의 연결주의 학습이론에 의한 원리를 알아보고, 음악교육에서 적용되는 예들을 살펴본다. 또한 효과적인 학습 성취를 위한 학습동기 이론과 동기의 유발 및 유지에 관한 이론들을 알아본다.

1. 학습이론

학습은 인간의 삶을 유지하고 문명을 발전시키는 기초로, 인류 역사가 시작된 이래 지금까지 지속되고 있는 매우 중요한 과정이다. 학습이론은 학습이 사람에게 어떻게 발생하고 그 과정이 어떠한지에 대하여 체계적이고 과학적으로 탐구하는 것으로 크게 행동주의 학습이론, 인지주의 학습이론, 구성주의 학습이론으로 구분된다. 최근에는 디지털 시대의 학습이론으로 연결주의 학습이론(Siemens, 2004)이 부각되고 있다.

1) 행동주의 학습이론

(1) 이론과 원리

환경에서 자극이 주어질 때, 사람은 그 자극에 대하여 반응 행동을 하게 되는데, 이때의 자극과 반응의 연합을 학습으로 이해한다. 환경에서 학습자에게 제시되는 모든 것은 자극(stimulus)을 의미하며, 시각, 청각, 촉각 등 모든 감각기관을 통해 학습자에게 받아들여진다. 반응(response)은 이러한 모든 자극에 대한 학습자의 다양한 반응 행동을 말한다. 행동주의 학습이론에서는 학습이 자극과 반응의 연합을 통해서 일어나기 때문에 학습이 잘 일어나도록 하기 위해 학습자의 환경을 적합하고 적절하게 조성하는 등 자극을 계획적으로 제시하여 학습자의 반응 행동을 유도한다.

행동주의 학습이론의 적용 예

수업은 교사의 자극과 학생의 반응으로 이루어진다. 교사는 교수학습 과정안을 통해 교사의 자극과 학생의 반응에 관한 시나리오를 계획한다.

단계	주요 학습 내용	교수학습 활동		학습 자료 및 유의점	시간
		교사	학생		

대표적인 학자들로는 파블로프(Pavlov), 손다이크(Thorndike), 스키너(Skinner), 반두라(Bandura), 왓슨(Watson) 등이 있다.

① 파블로프의 고전적 조건형성 학습이론

자극과 반응 사이의 관계를 통해 학습(조건형성) 원리를 설명하는 이론이다.

시간의 원리	강도의 원리	일관성의 원리	계속성의 원리
조건 자극이 무조건 자극과 시간적으로 동시에 주어지거나 혹은 그에 조금 앞서서 주어져야 효과적이다.	후속 자극의 강도가 먼저 준 자극보다 적어도 같거나 보다 강해야 바람직한 반응을 일으킬 수 있다.	조건 자극은 일관된 자극물을 사용해야 한다. 즉, 자극이 질적으로 같을 경우에 효과적이다.	자극과 반응의 결합 관계가 반복되는 횟수가 많을수록 조건화가 잘 성립된다.

② 손다이크의 시행착오 학습이론

동물은 어떠한 행동을 되풀이하는 과정에서 발생한 오류를 수정해 나감으로써 점차로 최적의 방법을 적용하는데, 손다이크는 이것을 학습의 기본 과정으로 설명하였다.

준비성의 법칙	연습의 법칙	효과의 법칙
학습은 준비가 되어 있을 때 만족스럽게 이루어진다.	학습은 연습에 의해서 강화되고 연습에 의해서 그 효과가 높아진다.	어떤 반응 후 만족스러운 상태가 제공되면 그 반응이 강화되고 그렇지 못하면 사라진다.

③ 스키너의 조작적 조건형성 학습이론

스키너는 인간의 행동은 그것의 결과(보상 혹은 처벌)에 의해서 지속 또는 중단된다고 주장하였다.

강화	벌
• 정적 강화 가치 있는 어떠한 것을 제공함으로써 바람직한 행동의 강도와 빈도를 증가시킨다. • 부적 강화 바라지 않는 어떠한 것을 제거함으로써 바람직한 행동의 강도와 빈도를 증가시킨다.	바람직하지 못한 행동을 멈추게 하기 위하여 개인이 원하는 것을 제거하거나 원치 않는 것을 제공하는 것으로 그 효과가 일시적이다.

벌의 부정적 효과

- 벌은 정서적으로 불쾌하게 만든다.
- 벌은 사람이 무엇을 해야 하는지가 아니라 무엇을 해서는 안 되는지만을 알려 준다.
- 벌은 타인에 대한 가해행위를 정당화시킨다.
- 과거에 벌을 받았던 상황에서 벌을 받지 않으면 그 행동을 다시 하게 된다.
- 벌은 벌을 주는 대상과 타인에 대한 공격성을 유발한다.
- 벌은 어떤 바람직하지 못한 반응을 바람직하지 못한 다른 반응으로 대체시킨다.

④ 반두라의 관찰학습 이론

행동적인 반응을 하지 않고도 타인의 행동을 의식적으로 관찰하고 모방하는 대리적 경험을 통해 학습이 이루어질 수 있다는 이론이다. 관찰학습의 과정은 다음과 같다.

주의집중 단계	→	파지(기억) 단계	→	운동재생 단계	→	동기화 단계
모델의 행동에 주의 혹은 관심을 기울이는 단계	→	관찰한 모델의 행동을 상징화(기호화, 심상 형성, 시연)하여 기억하거나 유지하는 단계	→	모델의 행동을 그대로 스스로 실행해 보는 단계	→	모델의 행동을 주의, 파지, 재생하면서 여러 강화를 통해 동기화되는 단계

(2) 음악교육에의 적용

- 음악학습 과제의 구체적인 세분화를 통해 학습 목표를 세부적으로 설정하여야 하며, 학습목표는 간단명료하고 구체적이며 관찰 가능한 행동 목표로 진술되어야 한다.
- 주어진 음악학습 과제에 대하여 학습자의 출발점을 확인해야 한다.
- 음악학습에 대한 학습동기를 유발해야 한다.
- 음악학습 과제는 세부적인 학습 단계로부터 점진적으로 제시되어야 한다.
- 음악적 표현 활동은 계속적인 반복학습이 필요하다.
- 음악적 표현이나 활동 후에는 적절한 강화 인자와 강화 방법을 활용하여 강화하여 주어야 한다.
- 음악교사는 음악의 표현과 학습을 위한 모델이 되어야 한다.

음악 교수학습 활동에서 나타나는 행동주의 학습이론의 예

- 교사가 제재곡을 범창 혹은 범주한다(모델링, 관찰학습).
- 두 마디 단위 혹은 악구 단위로 듣고 따라 부르게 한다(세부적 학습 단계).
- 표현이 어려운 부분은 반복하여 연습하도록 한다(반복 학습).

2) 인지주의 학습이론

(1) 이론과 원리

베르트하이머(Wertheimer)가 창시한 형태(gestalt) 심리학에 기반을 둔 학습이론이다. 사람은 수동적으로 어떤 조건에 반응을 하거나 다른 사람을 모방하는 과정을 통해서 학습하는 것이 아니라, 상황을 자발적으로 인식하고 전체와 부분 사이의 맥락을 통합적으로 이해하며 학습한다. 따라서 학습은 사람의 내부에서 일어나는 정신적·인지적 변화(인지구조의 변화)이며, 외적으로 나타나는 행동은 눈에 보이지 않는 내적인 과정, 즉 학습의 결과로 이해한다.

대표적인 학자로는 베르트하이머, 쾰러(Köhler), 피아제(Piaget), 코프카(Koffka), 르윈(Lewin), 브루너(Bruner), 가드너(Gardner), 비고츠키(Vygotsky) 등이 있다.

① 베르트하이머의 형태주의 이론

인간은 정보를 받아들일 때 정보의 각 부분들을 개별적으로 받아들여 인지하는 것이 아니라 각 부분들을 일정한 관계에 의하여 전체로써 유의미하게 조직하는 과정을 통해 인지한다. 즉, 전체 또는 형태로 지각하고 인지한다. 따라서 전체는 단순히 부분의 합이 아닌 그 이상을 의미한다.

근접성의 원리	유사성의 원리	폐쇄성의 원리	계속성의 원리
자극이나 정보를 가까운 것끼리 그룹화하여 하나의 의미 있는 형태로 인지하려는 원리	서로 비슷한 자극이나 정보를 그룹화하여 하나의 의미 있는 형태로 인지하려는 원리	불완전한 자극이나 정보를 완전한 것으로 인지하려는 원리	자극이나 정보가 계속되는 것으로 인지하거나 서로 연결된 것으로 인지하려는 원리

② 쾰러의 통찰학습 이론

환경의 자극 요소들을 유의미한 전체로 관련짓고 의미 있는 인지구조를 형성하는 통찰을 통해 학습이 일어난다. 학습자는 문제 해결에 대한 모든 요소를 생각해 보고, 문제가 해결될 때까지 여러 가지 방법을 생각하게 되며, 이 과정에서 문제 해결에 대한 통찰을 얻는다.

③ 피아제의 인지발달 이론

사람의 사고는 동화와 조절의 두 가지 과정을 통해서 발달해 나간다. 새로운 정보가 개인의 인지구조에 동화될 수 없거나 개인의 인지구조를 조절할 수 없는 경우, 개인의 인지구조는 평형(균형)을 잃어버리게 된다. 평형을 잃어버린 갈등 상태로부터

동화	조절	균형
자신이 가지고 있는 지식과 선호하는 방식으로 외부의 대상이나 상황을 해석하고 구성하는 것(양적 변화)	기존 지식 방식에서 새로운 외부 대상이나 상황이 해석(동화)이 안 될 때, 기존 인지구조를 변화시키는 것(질적 변화)	인지적 구조를 일관성 있고 안정된 행동양식으로 조작하려는 경향에 따라, 동화나 조절을 통해 평형이 이루어진 상태

인지구조가 다시 평형화되었을 때는 보다 높은 차원의 인지구조가 획득되며, 이러한 과정을 인지발달과 학습으로 본다.

④ 정보처리 이론

정보와 관련된 인간의 내적 처리 과정을 컴퓨터의 처리 과정에 비유하면서, 새로운 정보가 투입되고 저장되며 기억으로부터 인출되는 방식을 연구하는 이론으로 학습자 내부에서 학습이 발생하는 메커니즘을 설명한다.

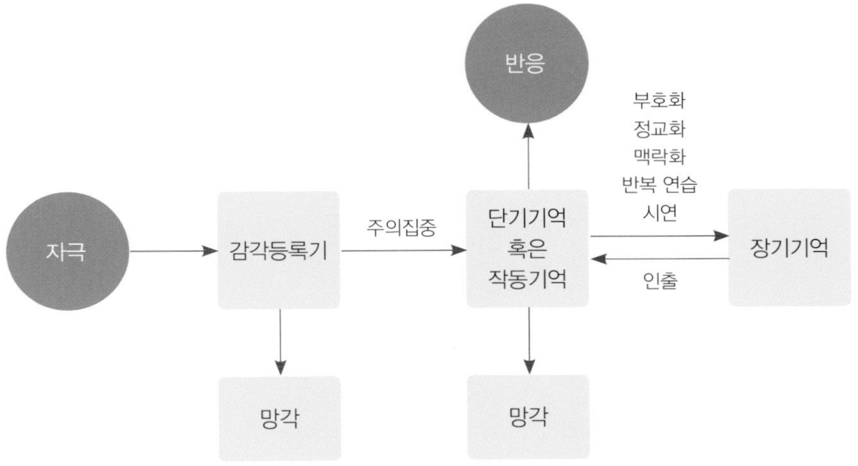

[그림 3-1] 정보처리 과정

(2) 음악교육에의 적용

- 지각적 특성을 고려하여 음악학습 문제나 활동을 제시한다.
- 학습자의 발달수준을 고려하여 음악학습 문제나 활동을 제시한다.
- 음악적 지식이나 활동을 전체적인 접근으로 구조화하고 체계화하여 학습하도록 유도한다.
- 부분에서 전체로의 학습보다는 단순한 전체로부터 더욱 복잡한 전체로의 음악학습을 진행한다.
- 다양한 감각정보를 제시하여 음악학습이 이루어지게 한다.
- 음악학습에서 다양한 상호작용(교수자와의 상호작용, 학습자 간의 상호작용, 텍스트와의 상호작용 등)이 이루어지도록 한다.

음악 교수학습 활동에서 나타나는 인지주의 학습이론의 예

- 교사의 범창 혹은 범주를 듣고 음악의 전체적인 흐름을 파악하게 한다.
- 교사의 반주에 맞추어 악곡 전체를 보고 부르게 한다.
- 학습자의 수준에 따라 두 마디 단위 혹은 악구 단위로 듣고 따라 부르게 한다.

〈표 3-1〉 행동주의와 인지주의에 의한 교수학습이론: 가네(Gagné)의 수업사태와 학습사태

교수학습 과정 단계	단계		수업 활동 예시
	수업사태	학습사태	
도입	주의집중시키기	주의	주의집중 및 동기유발
	목표의 제시	기대	학습 목표 제시
	사전학습 재생	작동기억으로의 재생	선수학습 상기
전개	자료 제시	선택적 지각	학습자료 제시
	학습 안내	의미의 부호화	원리 및 개념 안내
	수행 유도	반응	질문이나 지시를 통해 활동 유도
	피드백 제공	강화	결과에 대한 피드백
정리	평가	재생 단서	형성평가
	파지 및 전이의 촉진	일반화	공부한 내용 적용

3) 구성주의 학습이론

(1) 이론과 원리

학습은 교수자에 의해 일어나는 것이 아니라 학습자 스스로가 자신의 경험을 토대로 지식을 새롭게 구성하면서 이루어진다. 학습은 극히 개인적인 이해에서 출발하고, 사람은 개인적 경험과 흥미에 따라 지식의 가치를 판단하며 학습한다. 지식은 객관적으로 존재하는 것이 아니라 구성되는 것이고, 학습자는 지식을 구성하는 능동적인 존재이다. 구성주의 학습이론은 객관적으로 검증된 지식의 존재를 부정하는 상대주의적 인식론에 철학적 기초를 두고 있다.

① 상황 학습 이론

지식이나 기능은 유의미한 맥락(상황) 안에서 제공될 때 효과적으로 학습될 수 있다. 따라서 모든 지식은 그 지식이 사용되는 맥락 안에서 가르쳐야 한다. 구성주의 학습에서의 맥락은 사람들이 일상생활에서 경험하는 것과 같은 실제적인 과제를 포함하는 맥락을 의미한다. 따라서 상황 학습에서 사회적인 교류는 학습의 중요한 요소가 된다.

- 지식이나 기능은 그것이 사용되는 상황이나 맥락과 함께 제시되어야 한다.
- 실제적인 과제를 사용해야 한다.
- 상황 학습 환경은 다양한 맥락에 적용될 추상적인 기능과 방법을 가르치기보다는 고유한 맥락에서 다양한 구체적인 사례를 사용해야 한다.
- 상황 학습 환경에서는 실제적인 과제를 통해 학생들이 직접 문제를 해결하는 과정을 강조하므로 교사는 학습의 촉진자 역할을 담당해야 한다.

② 인지적 도제 이론

전통적 도제 모델은 기술과 지식의 습득을 목표로 하지만 인지적 도제 모델은 메타인지적 기술(계획, 점검, 성찰)과 지식의 습득을 목표로 한다. 학습이나 지식의 습득은 체험을 통해 이루어져야 하며, 특정 사회집단의 문화적 양상이 내재되어 상황과 맥락에서 이루어져야 한다. 실제 과제에 참여하여 자신의 행동을 관찰하고 조정하며 자신의 행동을 전문가의 행동과 비교해 보거나 교수자와 학습자의 역할을 서로 바꾸어 수행해 봄으로써 지속적인 자아성찰이 이루어지도록 유도한다.

③ 인지적 유연성 이론

인지적 유연성은 다양한 지식의 범주를 활용하여 변화하는 상황적 요구에 탄력성 있게 대처해 가는 능력으로서 즉흥적으로 자신의 지식을 재구성할 수 있는 능력을 의미한다. 복잡하고 세분화할 수 없는 일상적 지식을 습득하여 새로운 상황과 맥락에 따라 효율적이고 유동적으로 대처할 수 있는 인지적 능력의 학습을 강조한다.

- 주제 중심의 학습이 이루어져야 한다.

- 학생들이 충분히 다룰 수 있는 정도의 복잡성을 지닌 과제로 작게 세분화되어야 한다.
- 다양한 소규모 예를 제시해야 한다.
- 학습 자료는 너무 단순한 내용은 피하는 것이 좋고 정황에 따른 지식을 얻을 수 있는 것이어야 한다.

(2) 음악교육에의 적용

- 음악학습에 대한 학습자의 책무성과 주인의식 및 자율성을 강화하여 스스로 음악적 지식을 구성하고 음악학습 활동을 이끌어 가도록 유도한다.
- 음악적 지식을 구성하는 과정을 직접 경험할 수 있는 다양한 기회를 제공한다.
- 음악과 관련한 실질적인 과제를 설계하여 유의미한 맥락 속에서 음악학습이 이루어질 수 있도록 유도한다.
- 다양한 활동의 기회와 학습 환경을 조성하여 학습자 스스로가 음악학습을 계획하고, 관찰하고 점검하도록 유도한다.
- 음악학습 과제를 해결함에 있어 협동학습에 의한 사회적 상호작용을 촉진해야 한다.
- 음악학습 내용과 학습의 과정, 학습 성과에 대하여 스스로 반성하도록 고무해야 한다.
- 다양한 음악적 표현과 활동들을 경험하고 평가할 수 있는 기회를 제공해야 한다.
- 다양한 표현 양식과 매체를 활용하여 음악학습이 이루어져야 한다.

4) 연결주의 학습이론

(1) 이론과 원리

연결주의(connectivism)는 디지털 환경에서의 학습을 설명하기 위해 조지 시멘스(George Siemens)를 중심으로 제시된 학습이론이다. 행동주의, 인지주의, 구성주의가 학습을 지식의 '획득'이라는 관점에서 본다면, 연결주의는 학습을 네트워크상에 분산되어 있는 지식에의 '참여'로 설명한다(Kop, 2011). 연결주의 학습이론에서의 지식은 본질적으로 역동적이고 맥락적이다. 연결 단위인 지식은 노드(node)라고 부르기도

하는데, 노드는 학습자와 교수자와 같은 인간뿐만 아니라 맥락이나 정보 기기 같은 비인간적 장치들까지 포함한다. 따라서 학습은 인간과의 상호작용이나 기기 등을 활용하여 다양한 지식을 탐색하고 상황과 맥락에 알맞게 연결하고 반복되는 연결로 형성되는 연결 패턴을 해석하며 연결 네트워크를 확장시키는 복합적인 과정으로 설명된다. 연결주의의 여덟 가지 원리는 다음과 같다.

1. 학습과 지식은 다양한 의견 속에 존재한다.
2. 학습은 전문화된 노드 또는 정보 소스를 연결하는 과정이다.
3. 학습은 사람이 아닌 기기 장치 안에 있을 수 있다.
4. 더 알 수 있는 능력이 현재 알고 있는 것보다 더욱더 중요하다.
5. 지속적인 학습을 촉진하기 위해서 연결을 육성하고 유지해야 한다.
6. 영역, 아이디어, 개념 간의 연결을 볼 수 있는 능력은 핵심적인 기술이다.
7. 정확한 최신의 지식 상태를 유지하는 것은 모든 연결주의 학습 활동의 목적이다.
8. 의사결정 자체가 학습 과정이다.

연결주의의 예

MOOC나 Wikipedia에서 보는 바와 같이 디지털 환경에서 데이터, 정보, 지식 그리고 개인들이 연결되어 상호 작용하면서 끊임없이 지식과 의미를 창출하고 공유해 가는 현상

〈표 3-2〉 연결주의 학습의 네 가지 주요 활동

활동	내용
1. 종합(aggregation)	읽고, 보고, 재생할 수 있는 다양한 리소스에 접근하고 이들을 수집한다.
2. 관계(relation)	어떤 콘텐츠를 읽고, 보고, 들은 후에 이미 알고 있는 것이나 사전 경험과 연관시키고 성찰한다.
3. 창조(creation)	성찰이나 이해 과정을 거친 후 스스로의 결과물을 만들어 낸다.
4. 공유(sharing)	네트워크에서 자신의 결과물을 타인과 공유한다.

출처: Kop (2011).

(2) 음악교육에의 적용

- 스스로 자신에게 필요한 음악적 과제를 탐구할 수 있도록 유도해야 한다.
- 음악적 과제 해결을 위해 다양한 음악 네트워크와 상호작용을 촉진해야 한다.
- 학습자의 음악적 흥미와 관심에 따라 다양한 활동과 네트워크에 참여하도록 유도한다.
- 새로운 음악적 활동과 경험을 제시하여 기존 경험과 관련시켜 해석하고 평가하며 성찰할 기회를 제공한다.
- 새로운 음악적 경험과 활동을 이해하고 성찰한 후 자신만의 의견과 지식, 활동, 표현을 만들도록 유도한다.
- 음악적 활동과 네트워크에 적극적으로 참여하여 상호작용하고 자신의 음악적 결과물을 타인과 공유하도록 한다.

2. 동기이론

동기는 행동의 방향과 강도 및 지속에 직접적인 영향을 주는 힘이다(Atkinson, 1958). 즉, 동기는 인간의 행동을 이끌어 내고, 그 행동의 방향을 정해 주며, 행동을 특정한 목표로 이끄는 내적 충동 상태를 의미한다. 동기는 일반적으로 외재적 동기와 내재적 동기로 구분된다.

1) 외재적 동기(외적 동기)

주로 행동주의의 관점에 근거하는 동기로서, 학습자가 외부에서 받을 수 있는 강화자로서의 동기를 의미하는데, 높은 성적을 받은 후 상장을 주거나, 심부름 후 용돈을 주는 등의 예에서 찾아볼 수 있다. 학습자는 활동 자체에는 관심이 없고 활동의 결과에만 관심을 기울일 수도 있으며, 따라서 외재적 동기는 학습자의 내적인 면에 긍정적인 영향을 줄 수도 있지만, 대체로 학습자 내부의 동기를 감소시키거나 학습자에게 낮은 자기 인식과 편협한 초점을 형성시킬 수도 있다.

외재적 동기유발 방법

- 구체적인 목표를 설정하고 학습 목표를 달성할 수 있음을 알게 한다.
- 학습 과정에 대하여 자세하게 안내함으로써 흥미를 갖고 적극적으로 참여하게 한다.
- 집단 구성원으로서의 소속감을 갖게 한다.
- 다른 집단 구성원과의 경쟁심을 유발한다.
- 경험한 것을 바탕으로 학습과 연결시켜 준다.
- 다양한 학습 자료나 실증적인 예시를 들어 준다.
- 학습자 개개인의 장점을 찾아 칭찬한다.
- 학습자의 학습의 결과에 따라 벌을 준다.
- 학습자의 잘못에 대해 질책한다.
- 학습 과정에서 교수자의 발문을 통해 사고의 기회를 마련한다.
- 올바른 학습 습관이나 태도를 길러 준다.

2) 내재적 동기(내적 동기)

학습자가 본질적으로 가지고 있는 동기로서 학습자의 흥미나 호기심과 같은 요인에서 유래하는 스스로의 욕구에 대한 반응을 의미한다. 내재적 동기는 학습자가 학습 과제에 대한 외부의 보상과는 상관없이 능동적으로 활동에 참여할 때 형성된다. 학생들의 성취동기, 자아실현의 욕구 등은 내재적 동기의 대표적인 예이다.

내재적 동기유발 방법

- 학생이 학습 문제에 대하여 꼭 배우고 싶다는 호기심을 갖도록 유도한다.
- 배워서 좋다거나 유익하다는 생각을 갖게 한다.
- 학습을 통해 성취감을 갖도록 한다.
- 학습을 통해 실패의 경험은 적게 갖도록 한다.
- 지식, 기능 또는 인격 등에 감명을 줄 수 있는 모델을 설정하고 모델링하도록 한다.

내재적 동기가 높은 학생의 특징

- 자발적으로 학습한다.
- 인지적 관여도와 주의집중력이 높다.
- 도전적인 과제를 선호한다.
- 교과내용을 마스터하기 위해 유의미학습을 한다.
- 창의력이 높다.
- 실패 시에도 지속성이 높다.
- 학습에 즐거움을 느낀다.
- 학습 도중에 스스로 설정한 표준에 비추어 이해 여부를 점검한다.
- 성취도가 높다.

• 내재적 동기와 몰입이론

일반적으로 내재적 동기가 높은 학생일수록 특정 활동에 몰두하여 시간을 잊고 노력하는 상태인 몰입에 잘 빠져든다. 몰입이론을 정립한 칙센트미하이(Csikszentmihalyi)는 무언가에 깊이 빠져 심취해 있는 개인의 심리 상태를 몰입으로 정의하고, 몰입하는 순간 개인은 시간의 흐름이나 공간뿐만 아니라 자신에 대한 인식조차도 잊게 되는데, 마치 물이 흐르는 것처럼 편안하고 자연스러운 느낌으로서 이를 '플로우(flow)'라고 말하고 있다.

〈표 3-3〉 몰입의 단계와 특성

몰입 조건	• 명확한 목표 • 즉각적인 피드백 • 도전과 능력의 균형
몰입 시작	• 과제에 대한 집중 • 행위와 인식의 통합
몰입 경험	• 통제의 패러독스 • 시간개념의 변형 • 자의식의 초월
몰입 결과	• 자기 목적적 경험

3) 내재적 동기와 외재적 동기의 비교

- 일반적으로 내재적으로 동기화된 행동이 외재적으로 동기화된 행동보다 더 바람직하다. 외재적으로 동기화된 경우, 외적 보상이 주어지지 않으면 행위가 곧 중단되며, 외적 보상은 내재적 동기를 손상시킬 수 있고, 창의적 행동에 부정적인 영향을 미칠 수 있다.
- 내재적 동기와 외재적 동기는 상반된 것이 아니라 독립적이므로 내재적 동기가 높다고 해서 외재적 동기가 반드시 낮은 것은 아니다.
- 외재적 동기도 학습을 촉진하기 때문에 외재적 동기도 어느 정도 필요하다.
- 학습의 초기에는 외재적 동기가 효과적이고, 학습 후기에는 내재적 동기가 효과적이다. 또한 외재적 동기는 어린 학생에게, 내재적 동기는 연령이 높은 학생에게 효과적이다.
- 외재적 동기에 습관화된 경우 내재적 동기가 빠르게 형성되지 못하고 점진적으로 나타난다.
- 외재적 동기는 반응의 신속한 변화를 유발하지만 변화된 행동이 단기간 지속되고, 내재적 동기는 반응의 점진적 변화를 유발하지만 변화된 행동이 장기간 지속된다.

〈표 3-4〉 내재적 동기와 외재적 동기

내재적 동기	외재적 동기
행동을 하는 근본적인 목적이 그 행동의 내부에 존재	행동을 하는 목적이 행동의 외부에 존재
행동 자체를 수행하는 데 목적	특정 목적을 달성하기 위한 수단으로 행동하려는 동기
행동 자체가 주는 만족감이나 성취감 때문에 행동	외적 보상을 얻기 위해 행동
성취감, 유능감, 자기결정, 도전감, 호기심, 흥미, 즐거움 등과 관련	돈, 인정, 경쟁, 성적, 인센티브 등과 관련
작곡가가 음악 자체를 즐기고 음악 작품을 완성할 때 경험하는 성취감	작곡가가 작품을 팔아 돈을 벌거나 발표를 통해 사회적 명성을 얻으려는 동기

- 내재적 동기가 외재적 동기에 비해 더 효과가 있음에도 부모, 교사, 사회는 외적 보상을 지나치게 강조하고 있다는 문제점이 있다.
- 상대평가나 경쟁의식이 내재적 동기를 감소시킨다.
- 외적 보상이 내재적 동기를 손상시키지 않도록 유의해야 한다.

4) 켈러의 학습동기 이론: ARCS 이론

켈러(Keller)는 동기에 관한 기존의 각종 이론 및 연구들을 종합하고 체계화하여 ARCS 이론을 개발하였는데, 이 이론에서 학습동기를 유발하고 유지하는 요소들로서 주의집중(Attention), 관련성(Relevance), 자신감(Confidence), 만족감(Satisfaction) 등을 제시하고 있으며, 각 요소별로 세 가지의 범주와 구체적인 전략의 예를 소개하고 있다.

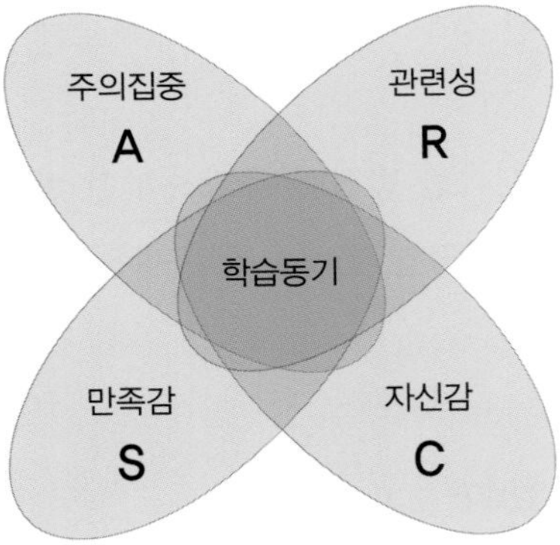

[그림 3-2] ARCS 이론

(1) 주의집중(A)

학습이 일어나기 위해서는 적어도 학습자가 학습 자극에 흥미를 가지고 주의를 기울여야 한다. 학습동기가 유발되고 유지되기 위한 필수 조건으로서 학습자의 주의는 주어진 학습 자극에 집중되어야 하고, 일단 집중된 주의는 유지되어야 한다. 주의는 호기심, 주의 환기 등의 개념들과 연관되어 있다.

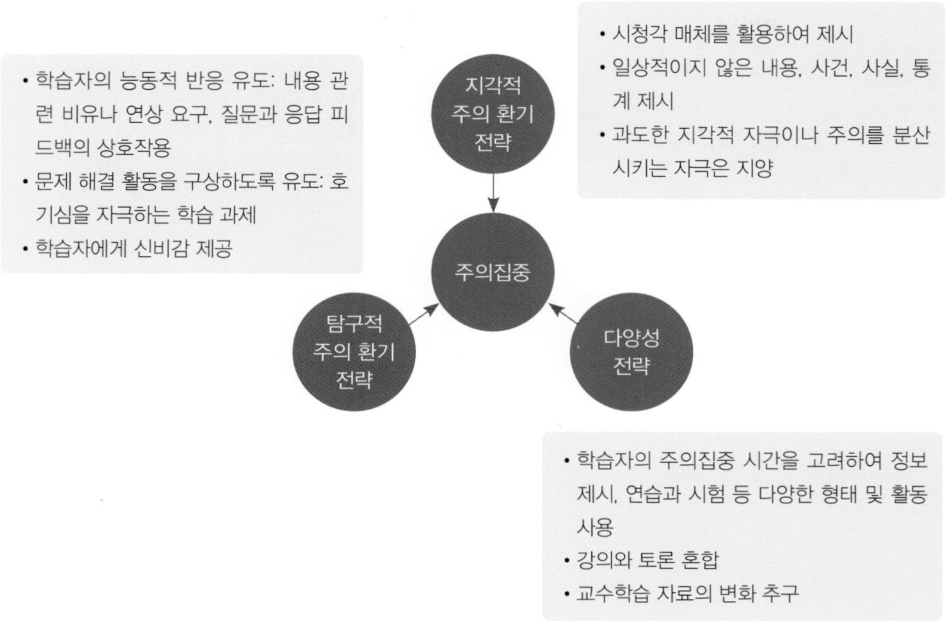

- **지각적 주의 환기 전략**: 새롭고 놀라우면서 기존의 것과 모순되거나 불확실한 사건 또는 정보를 교수 상황에 사용함으로써 학습자의 주의를 유발하고 유지시킨다.
- **탐구적 주의 환기 전략**: 학습자에게 스스로 문제나 질문 등을 만들어 보도록 함으로써 정보 탐색 활동을 자극하는 것이다. 더욱 심화된 수준의 호기심을 유발하고 유지하기 위해 탐구적인 과정에 몰입하게 한다.
- **다양성 전략**: 교수의 요소들(교수 사태의 전개 순서, 정보의 조직 및 제시 방식)을 변화시켜서 학습자의 흥미를 유지한다.

(2) 관련성(R)

일단 주의가 집중되고 나면 학습자들은 '왜 이 과제를 공부해야 하는가?'에 의문을 갖게 되고, 학습 상황에서 중요한 개인적 필요를 지각하게 된다. 개인적 필요, 즉 관련성이 지각되어야만 학습동기는 계속적으로 유지될 수 있다.

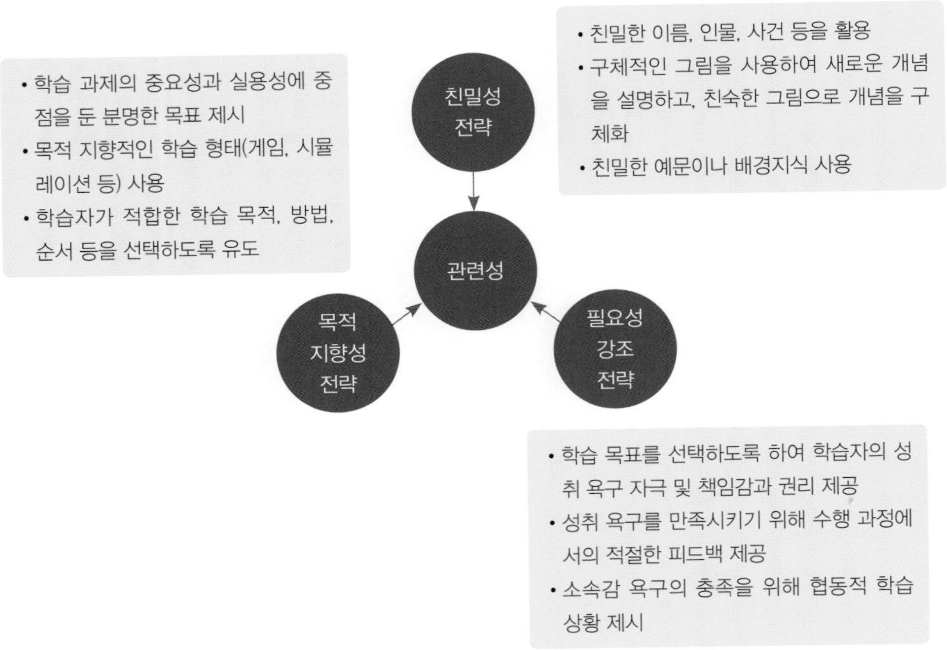

- **친밀성 전략**: 학습자의 경험과 가치에 연관되는 예문이나 구체적인 용어, 개념 등을 사용하는 인지적인 전략이다. 이미 알고 있거나 가지고 있는 지식, 정보, 기술, 가치 및 경험에 바탕을 두고 새로운 과제가 제시될 때 기존 인지구조와 새로운 인지구조의 관계를 더 잘 이해할 수 있다.
- **목적 지향성 전략**: 결과의 측면과 관련성을 높일 수 있는 구체적인 방법을 제시해 주기 위해 교수의 목표나 실용성을 나타내는 진술이나 예문을 포함시키는 전략이다. 성취 목적의 제시나 학습자 스스로 성취 목적과 기준을 세우게 할 수 있다.
- **필요성 강조 전략**: 학습자의 필요나 동기와 부합되는 수업 전략을 사용하는 것으로 학습자의 성취 욕구와 소속감의 욕구를 중시하여 충족시키려는 전략이다.

(3) 자신감(C)

동기 유발 및 유지를 위해서는 학습에 재미와 필요성을 느껴야 하며, 이에 덧붙여 성공의 기회가 있다는 것을 인식할 수 있어야 한다. 즉, 학습에 대한 자신감을 가져야 한다. 적정 수준의 도전감을 주면서 노력에 따라 성공할 수 있다는 자신감을 심어 주는 것이 높은 동기 유발 및 유지의 요소가 된다.

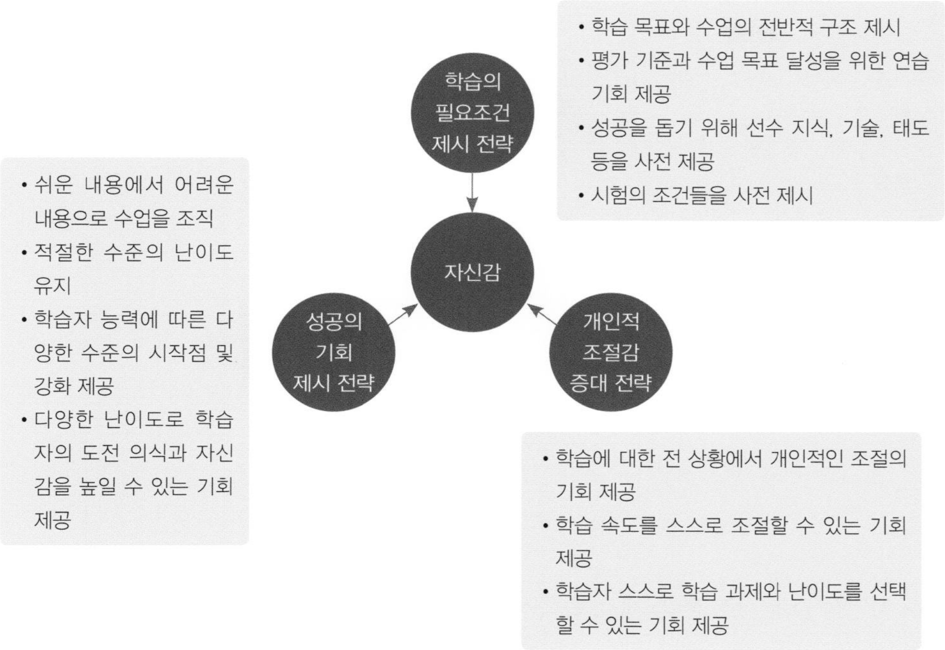

- **학습의 필요 조건 제시 전략**: 학습자에게 과제 수행의 필요 조건과 평가 기준을 제시해 줌으로써 학습자가 성공의 가능성 여부를 짐작하도록 도와주는 것이다.
- **성공의 기회 제시 전략**: 성공의 기회는 학습 과정이나 수행상에서 적절한 수준의 도전감 제공과 관계가 있으며, 도전감이란 학생들에게 의미 있는 성공의 경험을 제공하는 것으로, 학습자가 재미있어 하면서도 너무 위험하다고 느끼지 않는, 즉 성공의 기회가 전혀 없다고 느끼지 않는 수준의 도전감이다.
- **개인적 조절감 증대 전략**: 학업에서의 성공이 개인의 노력이나 능력에 기인한다는 피드백과 조절의 기회를 제공함으로써 얻어질 수 있는 것이 개인적 조절감이다. 학습된 무기력감과 같이 학생이 자신의 노력과 결과 사이의 연결을 인식하지 못할 때 특히 중요하다.

(4) 만족감(S)

학습자의 노력의 결과가 그의 기대와 일치하고 학습자가 그 결과에 대하여 만족한다면 학습동기가 계속 유지될 것이다. 만족감은 유발된 동기를 유지시키는 역할을 한다.

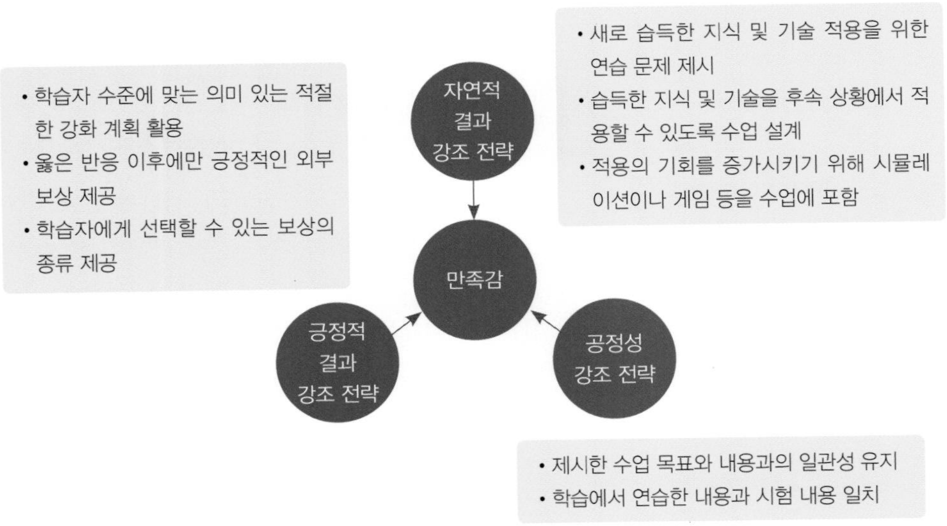

- **자연적 결과 강조 전략**: 새로 습득한 지식이나 기술을 실제 또는 모의 상황에 적용해 보는 기회를 제공하는 것을 말한다.
- **긍정적 결과 강조 전략**: 바람직한 행동을 계속 유지시키기 위하여 성공적인 학습 결과에 대하여 긍정적 피드백이나 보상을 제공하는 것을 말한다. 행동주의에 의한 외적 보상을 강조하는 원리이다.
- **공정성 강조 전략**: 학습자의 학업 수행에 대한 판단을 공정하게 함과 동시에 성공에 대한 보상이나 기타의 강화가 기대한 대로 주어져야 한다. 학습자가 공정성이 없다고 지각한다면 학습 상황에 대한 만족도가 떨어질 것이다.

〈표 3-5〉 켈러의 이론을 적용한 음악교과의 동기유발 전략 예시(도입 단계)

요소	동기 유발 및 유지 전략
주의 집중 (A)	• 교사는 학습 목표를 특정 매체를 활용하여 제시한다. • 교사는 실생활의 구체적인 사례를 들어 음악과 생활을 연결시켜 준다. • 교사는 재미있는 얼굴 표정과 호기심에 찬 목소리로 학습자들에게 수업 내용을 소개하거나 발문한다. • 교사는 학습 내용 및 활동과 관련된 애니메이션 자료를 동기유발 시 제시한다. • 학생들 스스로 학습 문제가 무엇인지 찾아보도록 유도한다. • 교사는 수업에 관심을 보이지 않는 학습자들에게 친근한 목소리로 이름을 부르면서 수업에 집중할 것을 요구하고, 개인적인 관심을 갖고 있음을 보여 준다.
관련성 (R)	• 교사는 제시된 애니메이션 자료가 수업 목표 달성을 위해 어떤 관련성이 있는지를 제시한다. • 교사는 학습자들에게 선수 학습과 관련된 자료를 제시한다. • 본시 학습 활동이 앞으로의 음악 학습 및 활동과 생활에 도움이 될 수 있음을 설명한다.
자신감 (C)	• 교사는 학습자들에게 학습 목표의 성공을 위한 객관적인 준거들을 알려 준다. • 교사는 기초적인 음악 요소 및 표현 방법을 잘 익히지 못한 학생들에게 개별 지도를 해 준다. • 음악적 표현에 대하여 스스로 속도를 조절하면서 반복하여 연습할 수 있음을 안내하고 연습 결과에 대하여 피드백을 제공해 줌을 안내한다.
만족감 (S)	• 교사는 학습자들에게 주어진 과제를 성공적으로 해결했을 때, 그에 따르는 내재적 강화나 외재적 보상이 있음을 알려 준다. • 교사는 긍정적이고 열정적인 말로 학습자들이 성공적으로 학습 목표를 달성할 수 있다고 말한다. • 교사는 모둠 활동에서 각자의 역할에 충실하면 좋은 학습 결과가 있을 것이라는 것을 주지시켜 준다.

참고문헌

권대훈(2009). **교육심리학의 이론과 실제**(2판). 학지사.

김경아(2007). 음악학습 동기유발을 위한 ARCS 동기전략에 관한 연구. 한국교원대학교 교육대학원 석사학위논문.

문선모(2004). **교육심리학**. 양서원.

백영균, 한승록, 박주성, 김정겸, 최명숙, 변호승, 박정환, 강신천, 윤성철(2015). **스마트 시대의 교육방법 및 교육공학**(4판). 학지사.

변영계(2005). **교수 · 학습 이론의 이해**(2판). 학지사.

임규혁, 임웅(2007). **학교학습 효과를 위한 교육심리학**(2판). 학지사.

전도근(2009). **명강사를 위한 명강의 전략: 새내기 강사, 명강사 만들기 프로젝트**. 학지사.

Csikszentmihalyi, M. (2010). **몰입**(*Flow: The psychology of optimal experience*). 최인수 역. 한울림. (원저는 1990년에 출간).

Keller, J. M. (1979). Motivation and instructional design: A theoretical perspectives. *Journal of Instructional Development, 2*(4), 26-34.

Keller, J. M. (2013). **학습과 수행을 위한 동기 설계: ARCS 모형 접근**. 조일현, 김찬민, 허희옥, 서순식 공역. 아카데미프레스.

Kop, R. (2011). The challenges to connectivist learning on open online networks: Learning experiences during a massive open online course. *International Review of Research in Open and Distributed Learning, 12*(3),19-38.

Siemens, G. (2004). Connectivism: A learning theory for the digital age. Retrieved from https://jotamac.typepad.com/jotamacs_weblog/files/connectivism.pdf

···Music Teaching and Learning Method···

김지현

제4장

학습자 중심 음악교육 환경

이 장에서는 구성주의적 인식론을 이해하고, 학습자 중심의 환경을 구성하기 위해 음악학습 환경을 구성하는 것은 어떤 특징이 있는지, 그리고 최근 음악학습 환경에 대한 전망을 알아본다.

1. 구성주의와 학습자 중심의 교육

1) 포스트모더니즘의 구성주의

구성주의란 학습자 스스로가 필요에 의해 지식을 선정하여 구성하는 앎의 이론이며, 학습자 중심의 교육 환경을 구현하고자 하는 학습이론이다. 이것은 포스트모더니즘(postmodernism) 시대의 교육 패러다임이라 할 수 있다.

포스트모더니즘은 흔히 '탈근대주의'라고도 하는데, 여기서 '포스트'란 '탈' '벗어난'의 의미이며, 모더니즘(modernism)에 대한 반작용으로 등장한 용어이다. 모더니즘은 과학이나 합리성을 중시하는 근대주의적 관점인 반면, 포스트모더니즘은 객관적 · 절대적인 개념보다는 상대주의적 사고의 변화 관점으로 볼 수 있다.

〈표 4-1〉 객관주의와 구성주의

객관주의	구성주의
지식 암기	문제해결력
모더니즘	포스트모더니즘
절대성	연계성
일관성	다양성
중심성	상대성

2) 학습자 중심의 교육

학습자 중심의 교육이란 학습자에게 초점을 두어 학습자가 자신의 학습에 주체가 되는 것이다. 학습자 중심의 교육은 학습자가 지니고 있는 지식, 배경, 관심, 목소리 등에 관심을 둔다. 즉, 학습자의 요구와 흥미, 관심을 반영하고, 학습 목표의 설정부터 내용의 조직과 실행, 평가에 이르기까지 학습자에게 선택과 참여의 기회를 부여하는 것이다. 이러한 교육의 특징은 학습자가 자기주도적으로 학습을 진행할 수 있는 환경을 조성한다. 학습자 중심의 교육은 포스트모더니즘의 경향에서 바라보려는 시각이며, 교육에서 다양성과 개별성 및 조화성을 강조한다.

2. 학습자 중심 음악학습 환경의 유형

여기서는 학습자 중심 음악학습 환경의 유형 중에서 문제기반학습(PBL), 실천공동체, 플립러닝 등을 중심으로 소개한다.

1) 문제기반학습

(1) 문제기반학습의 개념

문제기반학습(Problem-based Learning: PBL)은 학습자에게 실제적인 문제인 과제, 시나리오 혹은 이야기 등을 학습의 시작 단계에서 제시하여 학습자들이 공동으로 문제를 해결하기 위한 방안을 논의한 후, 다양한 해결 방안을 마련하는 과정에서 학습이 이루어지는 구성주의적 교수학습 모형이다. PBL은 학습자의 적극적이고 주도적인 참여, 활동, 발표가 있는 학습자 중심의 교육 환경이다. PBL에서 교수자는 학습자의 학습을 도와주는 안내자, 촉진자의 역할을 수행한다. 전형적인 PBL 수업 모형은 〈표 4-2〉와 같다.

(2) PBL 음악학습 사례

PBL에서 '문제'란 문제 해결에 필요한 정보가 충분히 포함되어 있지 않은 비구조적이며 실제적인 것을 말한다. 이러한 문제는 다양한 해답이나 해결 경로를 가지고 있고, 극단적인 경우에는 해답이 없을 수도 있다. 그리고 소단위의 팀원들이 협동하여 해결하기에 적합한 것이어야 한다. PBL 문제 개발 과정은 [그림 4-1]과 같다.

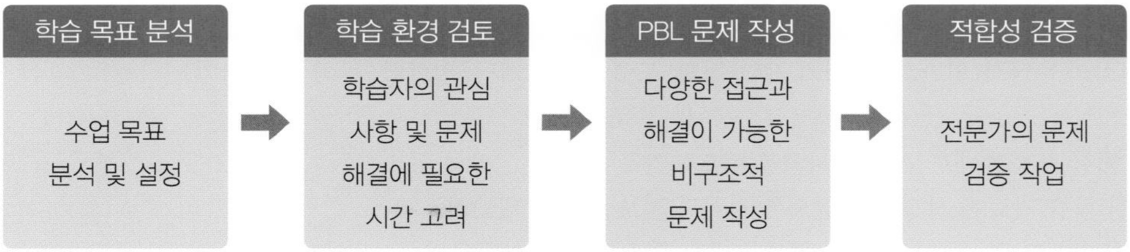

[그림 4-1] PBL 문 제개발 과정 예시

〈표 4-2〉 PBL 모형

수업 전개

1. 수업 소개하기
2. 수업 분위기 조성하기(교사의 역할 소개)

문제 제시

1. 문제 제시하기
2. 문제에 대한 주인의식 느끼기
3. 마지막에 제출할 과제물에 대한 소개하기
4. 그룹 내에서 각자의 역할 분담하기

생각(가정들)	사실	학습 과제	실천 계획
주어진 문제에 대한 학습자들의 생각을 기록: 원인과 결과, 가능한 해결안 등	개인 혹은 그룹 학습을 통해 제시된 가정을 뒷받침할 지식과 정보를 종합	주어진 과제를 해결하기 위해 학습자들 자신이 더 알거나 이해해야 할 사항을 기록	주어진 과제를 해결하기 위해 취해야 할 구체적 실천계획

5. 주어진 문제의 해결안에 대해서 깊이 사고하기

생각(가정들)	사실	학습 과제	실천 계획
확대/집중시킨다.	종합/재종합한다.	규명과 정당화한다.	계획을 공식화한다.

6. 가능할 법한 해결안에 대한 생각 정비하기
7. 학습 과제 규명 및 분담하기
8. 학습 자료 선정 및 선택하기
9. 다음 토론 시간 결정하기

문제 후속 단계

1. 활용된 학습 자료를 종합하고 그에 대한 의견 교환을 한다.
2. 주어진 문제에 대하여 다시 새롭게 접근을 시도한다(다음 사항에 대해 무엇을 할 것인지 생각해 본다).

생각(가정들)	사실	학습 과제	실천 계획
수정한다.	새로 얻은 지식을 활용하여 재종합한다.	필요하다면 새로운 과제 규명과 분담을 한다.	앞서 세웠던 실천안에 대한 재설계를 한다.

결과물 제시 및 발표

문제 결론과 해결 이후

1. 배운 지식의 추상화(일반화)와 정리 작업(정의, 도표, 목록, 개념, 일반화, 원칙 등 만들기)
2. 자아평가
   - 문제 해결 과정에 대한 논리적 사고를 하였는가?
   - 적합한 학습 자료를 선정하여 필요한 지식과 정보를 얻어 냈는가?
   - 주어진 과제를 잘 수행함으로써 동료들에게 협조적이었는가?
   - 문제 해결을 통해 새로운 지식 습득이 이루어졌는가? 혹은 심화 학습되었는가?

출처: Barrows & Myers (1994): 강인애(2003, p. 61) 재인용.

① PBL 음악학습 문제

다음은 중등 음악교육에서 활용할 수 있는 PBL 문제 예시이다.

〈표 4-3〉 PBL 음악학습 문제 예시

문제 제목	교내 캠페인송 콘테스트
시나리오	○○중학교에서는 해마다 재학생들을 대상으로 한 콘테스트가 열린다. 이번 콘테스트의 내용은 캠페인송을 작사 · 작곡하여 창작곡을 출품하여야 하고, 이 캠페인송으로 만든 핸드폰 벨소리를 음원으로 들려줘야 한다. ○○중학교만의 핸드폰 벨소리를 보급하고자 음악교사 최교사는 이를 교내 공지사항으로 널리 알리고, 음악 동아리 학생들의 콘테스트 참여를 독려하였다.
문제 조건	• 중학교의 슬로건 혹은 교가를 소재로 하여 가사를 활용한다. • 핸드폰 벨소리 제작 시 음원 제작용 앱을 사용한다. • 음원의 분량은 약 1분 이내로 한다.
PBL 문제의 학습목표	• 캠페인송의 의미를 이해하여 가사를 만들 수 있다. • 가사에 적합한 캠페인송을 작곡할 수 있다. • 작곡한 캠페인송을 활용하여 핸드폰 벨소리 음원을 제작할 수 있다.

② PBL 음악학습 문제 해결 과정

팀별 학습계획서 작성

↓

작성한 학습계획서 발표 및 피드백

↓

스마트폰의 악기 앱을 활용한 실음 작곡의 내용 발표 및 피드백

↓

핸드폰 벨소리 제작용 앱 활용 방안 발표 및 피드백

↓

완성된 캠페인송 발표 및 피드백

↓

성찰저널 작성 및 제출

[그림 4-2] PBL 음악학습 문제 해결 과정 예시

PBL 음악학습 문제 해결 과정에 필요한 학습계획서 예시는 〈표 4-4〉와 같다.

〈표 4-4〉 팀별 학습계획서 예시

팀별 학습계획서: 팀별 학습 목표 설정 및 가설 세우기	
제목: 교내 캠페인송 콘테스트	
팀별 학습 목표	문제해결을 위한 생각(가정들)
1. 캠페인송의 의미를 이해하여 가사를 만들 수 있다. 2. 가사에 적합한 캠페인송을 작곡할 수 있다. 3. 작곡한 캠페인송을 활용하여 핸드폰 벨소리 음원을 제작할 수 있다.	1. 유튜브(http://www.youtube.com/) 검색을 통해 학교 캠페인송을 찾아보고, 캠페인송 제작 과정의 동영상을 찾아 캠페인송의 형태를 이해할 수 있다. 2. 학교 홈페이지에서 학교 소개의 UI로 접속하여 가사에 들어갈 본교의 슬로건을 찾아 알 수 있다. 3. 조건에 맞도록 본교의 슬로건을 넣은 가사를 쓰고 그에 어울리는 곡을 붙인다. 이때 스마트폰의 악기 앱을 찾아 사용하여 실음을 들으면서 작곡할 수 있다. 4. 만들어진 캠페인송을 컴퓨터로 옮긴 후 핸드폰으로 옮기거나 핸드폰 음원 제작 앱을 활용하여 핸드폰으로 바로 옮길 수 있다. 5. 음원 제작 앱 혹은 벨소리 만들기 앱을 사용하여 핸드폰 벨소리를 제작할 수 있다.

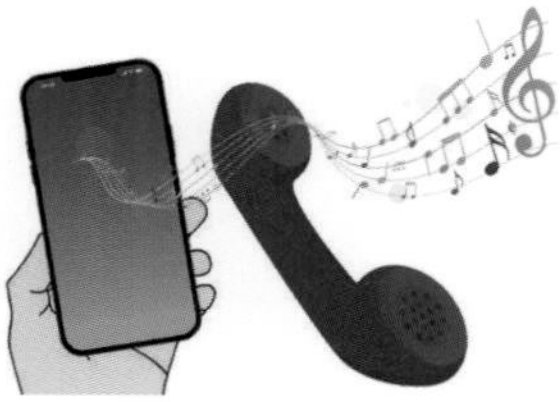

[그림 4-3] 캠페인송 제작 및 활용

2) 실천공동체

(1) 실천공동체의 개념

실천공동체(communities of practice)란 공통의 목적을 가진 사람들이 자발적으로 모여 해당 주제의 지식이나 기술을 익혀 그 결과를 공유하거나 실천하는 집단 공동체를 말한다(전재영, 2012). 이 공동체는 자발적인 소집단이며, 문제 해결을 위한 필요성을 느껴 모이게 된다. 또한 공통의 직무나 관심사에 대한 열정에 의해 모인 사람들의 모임이기도 하다.

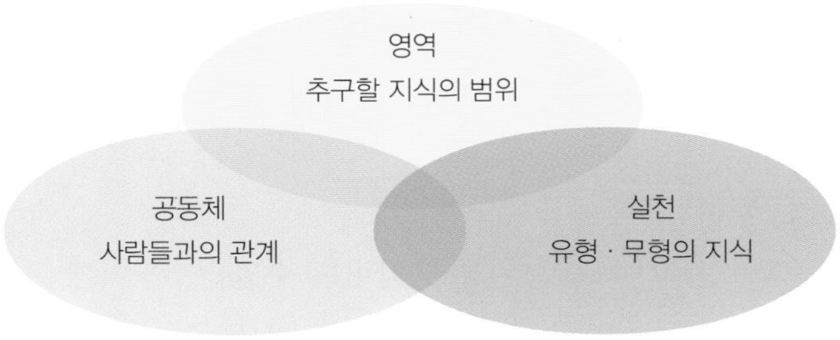

[그림 4-4] 실천공동체의 구성 요소

출처: Wenger, McDermott, & Snyder (2002).

실천공동체는 영역(domain), 실천(practice), 공동체(community)라는 세 가지의 구성 요소를 가진다. 이 중 '실천'이 가장 중요한데, 참여의 과정 속에서 형성된 유형 · 무형의 지식과 관련된다.

(2) 실천공동체 음악학습 사례

중학교 3학년생인 영희는 평소 봉사활동을 해 왔던 노인복지관에서 연말 '자선 음악회' 개최 소식을 듣고, 행사를 돕고자 한다. 방과후 교실에서 배운 바이올린 연주를 해야겠다고 생각했지만 어떤 프로그램으로 구성해야 할지 고민이다. 이때 교사는 영희와 함께 바이올린을 배워 온 친구들이 모여 '자선 음악회'에서 합주를 하도록 유도한다.

3) 플립러닝

(1) 플립러닝의 개념

플립러닝(flipped learning)은 '거꾸로학습' '역진행학습'이라고도 하는데, 전통적인 강의 위주의 수업을 뒤집는 학습이다. 즉, 수업에 앞서 학습자들은 교수자가 제공한 동영상을 미리 학습하고, 교실 안에서는 문제 해결, 토론 등의 학습 활동을 하는 수업 방식이다(Bergamann & Sams, 2012). 이때 교수자의 역할은 온라인 동영상 강의자, 학습코치, 수업설계자, 학습 촉진자 등이다. 사전 동영상 강의는 학습자의 학습 속도의 차이를 고려할 수 있고 반복학습 요구 등을 충족시킬 수 있다. 또한 학습자의 자기주도적 학습 능력의 신장을 도모할 수 있다. 플립러닝은 지식의 이해를 넘어 적용하고, 분석 · 종합할 수 있는 학습 능력을 증대시킬 수 있다.

(2) 플립러닝 음악학습 사례

○○예술고등학교 음악과 1학년 전공 '음악이론' 수업을 담당하게 된 박 교사는 매주 음악이론 개념 설명을 10분 정도 분량의 사전 동영상으로 담고자 한다. 자신의 컴퓨터 앞에서 셀프 카메라를 실행해 제작하는데, 학생들이 학교 홈페이지의 수업 자료에서 쉽게 다운받아 시청할 수 있도록 한다. 본 수업에서는 동영상 강의 시청 여부를 확인하기 위해 간단한 퀴즈를 사용한다. 그리고 수업은 이미 배운 개념을 적용할 수 있는 실습문제 풀이 위주로 진행하는데, 이때 박 교사는 학습자에게 모둠별 토론과 발표를 유도하고, 개별 지도가 필요한 학생에게는 따로 피드백을 제공한다.

3. 음악학습 환경에 대한 전망

디지털 대전환 시대, '이러닝(e-learning)'부터 PDA, 태블릿 PC, 노트북, 스마트폰, 게임기 등과 같이 모바일 기기를 활용하여 학습하는 '모바일러닝(m-learning)', 기술 · 매체 · 도구가 일상생활에 스며들어 구분되지 않는 상태를 의미하는 유비쿼터스(ubiquitous)를 활용한 '유러닝(u-learning)'까지 학습 환경은 빠르게 변화해 왔다. 최근 실생활에 인공지능이 도입되고 있으며, 현실 세계뿐 아니라 가상 세계를 기술적으로 연결한 메타버스와 Open AI가 만든 대화형 인공지능 '챗GPT(Chat Generative Pre-trained Transformer)' 등을 활용한 교육적 확장이 이루어지고 있다.

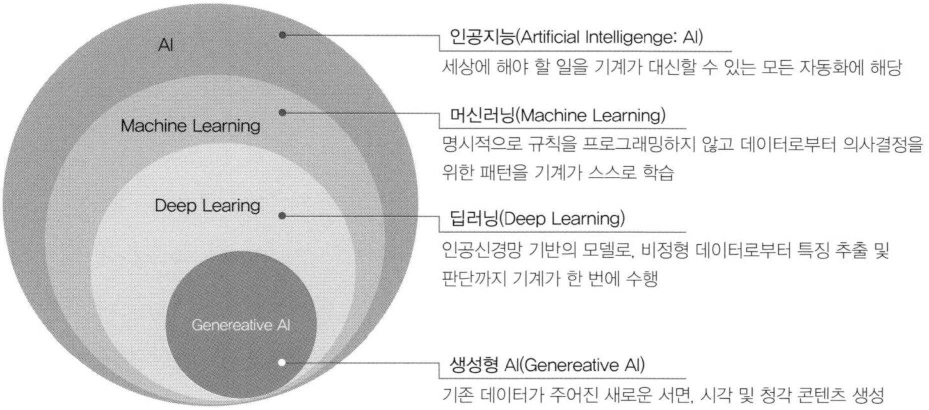

[그림 4-5] AI의 간략한 역사

1) 게임, 가상 세계, 시뮬레이션 학습 환경

(1) 게임

게임은 놀이를 목적으로 하는 프로그램이다. 게임을 할 때 우리의 마음은 새로운 시스템과 씨름하고 이해하는 즐거움을 경험하고 있다(Trybus, 2015). 또한 게임을 통해 새로운 아이디어를 배우고 이해할 수 있다. 음악 수업에 게임을 도입하면, 학생들은 놀이를 즐기듯이 음악을 배울 수 있는 기회가 될 뿐만 아니라 학생들의 자발적인 게임 참여를 유도할 수 있다(김미숙, 2003). 특히 음악을 어려워하는 학생들에게 음악적 개념이나 정보를 제공하기 위한 게임이나, 음악을 이용해서 하는 게임을 적용할 수 있다. 이때 교사는 게임의 목적이 학습 목표를 달성할 수 있도록 설계하는 것이 중요하다.

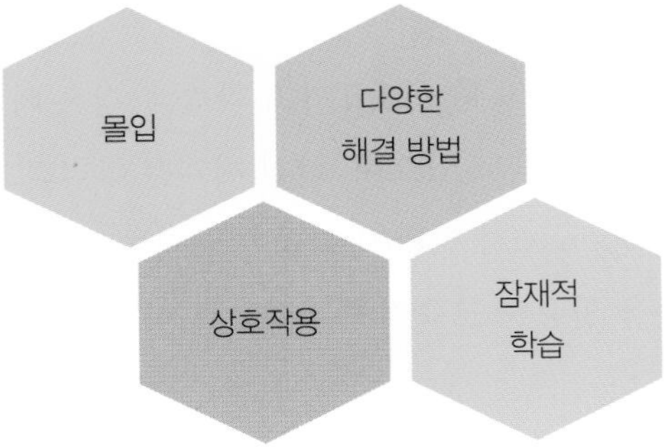

[그림 4-6] 게임 학습 환경의 특징

(2) 가상 세계, 가상 학습

가상 세계는 컴퓨터 안에서의 3차원 동영상을 통해 마치 현실 세계와 유사한 느낌을 들게 하는 환경으로 인공현실이라고도 한다. 가상 학습(virtual learning)은 가상 공간에서 이루어지는 학습으로, 실재하는 교육 환경을 가상 공간에 그대로 구현하여 학습하는 것이다. 가상 학습은 교육 경험을 확장하도록 설계되는데, 가상 학습 환경에서 학생은 실제 교실에서는 할 수 없거나 할 수 없는 방식으로 상호작용한다(Meyer, 2020). 가상 학습은 장소에 구애받지 않고 가상 환경에서 '학교를 다니는 것'이라고 볼 수 있다. 예를 들어, 가상 견학, 가상 실험실, 가상 연주회장 등이다. 실제 연주회장과 유사한 공간의 가상 세계를 제공하면, 학생은 그 가상 공간에서 연주하는 학습 활동을 통해 실제 연주에 도움을 받을 수 있다. 널리 알려진 가상현실(Virtual Reality: VR) 기술은 사용자가 컴퓨터로 생성된 가상 환경에 완전히 몰입할 수 있도록 한다.

[그림 4-7] 베를린 필 디지털 콘서트홀

출처: https://www.digitalconcerthall.com/

[그림 4-8] 가상 학습

메타버스는 '가공, 추상'을 의미하는 그리스어 'meta'와 '세계, 우주'를 의미하는 영어 'universe'의 합성어로, '초월한 세상' '3차원 가상 세계'를 의미한다.

메타버스는 가상현실 안경과 같은 특수 전자기기를 통해 접근하는 가상 세계로, 각 사용자는 디지털 표현인 아바타를 가지고 있으며 몰입형 세계의 다른 구성원과 상호 작용하도록 사용자를 지정할 수 있다.

[그림 4-9] 메타버스

[그림 4-10] 호라이즌 워크룸(메타 제공)

출처: https://www.pcmag.com/how-to/wtf-is-the-metaverse

메타버스를 활용한 교육 활동은 다양하게 실행되고 있는데, 현실과 가상 세계라는 두 개의 세상을 개념적으로 어떻게 이해하고 연계하는가에 따라 다양한 방법이 적용될 수 있다. 예를 들어, 메타버스를 활용한 음악감상 학습은 시공간의 제약 없이 다양한 유형의 음악감상을 가능하게 하며, 이를 통해 학습자의 참여도와 학습 효과를 향상할 수 있다(배수영, 임은정, 2023).

메타버스 공연은 비대면 시대의 관객이 참여하는 초현실, 신기술융합 가상 공연기술을 구현하고, 메타버스 공간에서 활용한다. 메타버스를 활용한 공연예술은 가상현실에서 배우와 관객이 아바타로 만나 실시간 상호작용하며 극을 이끌어 가는 콘텐츠 형태로 이루어지고 있다.

가상현실(VR), 증강현실(AR), 증강가상현실(AV), 혼합현실(MR), 확장현실(XR) 등의 세부적인 개념들을 활용한 VR, XR 기반 플랫폼 활용의 가상 연극, 가상 뮤지컬, 가상 무용 공연 등도 등장했으며 이를 교육에 접목해 볼 수 있다.

[그림 4-11] 가상 연주회장

(3) 가상 시뮬레이션

시뮬레이션(simulation)은 실제로 실행해 보기 어려운 실험을 간단하게 실시하는 모의실험을 의미한다(위키백과, 2022). 특히 컴퓨터를 이용하여 모의실험을 할 때는 '컴퓨터 시뮬레이션'이라고 한다. 현장실습, 실습교육에서 시뮬레이션 학습 환경은 교육의 효과가 검증되고 있다.

가상 시뮬레이션을 활용하면, 가상의 장면을 구현함으로써 체험의 기회를 증진시킬 수 있으며, 반복적인 훈련을 통해서 잘못된 습관이나 문제점을 발견해서 개선할 수 있으며, 실제 장면을 구현해서 다양한 상황에 대처할 수 있다.

지금까지 학습자 중심의 음악교육 환경에 대해 살펴보았다. 특히 디지털 음악학습은 바람직한 윤리의식을 갖출 수 있도록 준비해야 할 것이다.

참고문헌

강인애(2003). PBL의 이론과 실제. 문음사.

곽도연, 정주연(2022). 고등학생 대상 메타버스를 활용한 예술 교과 연계 음악 감상수업지도안 개발 및 검증 연구. 교과교육학연구, 26(5), 512-529.

김미숙(2003). 음악수업에서의 게임 활용. 음악교육연구, 24, 1-19.

김미숙, 현경실, 민경훈, 장근주, 김영미, 조성기, 김지현, 조대현, 송주현, 박지현, 최윤경, 김지현(2015). 음악과 교재 연구. 학지사.

김지현, 조치노, 박은영, 기서, 오승식, 조은영, 이기천, 이복희, 김태하(2014). 고등학교 음악과 매체. 제주특별자치도교육청.

배수영, 임은정(2022). 메타버스 SPOT에 기반한 음악감상 교수-학습 방안. 음악교육연구, 52(2), 59-78.

오혜정(2010). 효과적인 음악개념학습을 위한 교육용 음악게임 개발에 관한 연구. 음악교육공학, 11, 185-208.

위키백과(2022). 시뮬레이션. https://ko.wikipedia.org/wiki/, 2023년 12월 10일 검색.

이진명, 박하느리, 이재찬(2022). 메타버스, 학교에서 활용하기. 박영story.

전재영(2012). 실천공동체(Communities of Practice)의 의미와 도덕교육적 함의. 한국초등교육, 23(1), 75-93.

황서이(2022). 메타버스 속 공연예술, 어디까지 왔나! The VIRTUaL 채널. 2022. 11. 25.

Barrows, H. S. (2000). *Problem-based learning applied to medical education*. Southern Illinois University Press.

Bergmann, J., & Sams, A. (2012). *Flip your classroom: Reach every student in every class every day*. www.iste.org.

Meyer, D. K. (2020). *Virtual learning is the way forward for educators*. https://www.elmhurst.edu/blog/virtual-learning. 2020. 10. 8.

Trybus, J. (2015). *Game-Based Learning: What It Is, Why It Works, and Where It's Going*. New Media Institute.

Turchet, L. (2023). Musical Metaverse: vision, opportunities, and challenges. *Personal and Ubiquitous Computing, 27,* 1811-1827.

Wenger, E., McDermott, R., & Snyder, V. M. (2002). *Cultivating communities of practice: a guide to managing knowledge*. Harvard Business School.

조대현

제 **5** 장

대상별 · 수업단계별 · 지도영역별 창의적인 동기유발 사례

교수학습 대상별 · 수업단계별 · 지도영역별로 학습자의 자발적인 학습 동기부여에 필요한 이론적 배경을 이해하고, 다양한 사례를 탐색 · 학습함으로써, 주요 요인에 따른 동기유발 환경을 창의적으로 개발하여 수업에 적용한다.

전통적 교육이 지식을 전달하고 필요한 기능을 습득 · 발전시키는 데 목적을 둔 반면, 현대 교육은 전인교육 차원에서의 다양한 교육 목표와 방향, 방법의 중요성을 강조하고 있다. 이러한 이유에서 현대 교육의 목적은 '~을 목표한다'고 정의하기보다는 '~을 할 수 있는' 또는 '~을 위한 환경 및 과정의 제공'으로 보고 있으며, 이때 학습자의 자발적이고 적극적인 능동적 태도를 기대할 수 있다. 우리는 이러한 태도와 현상을 '동기' 또는 '동기부여' 등으로 정의하며, 이때 부여하고자 하는 동기의 방향은 [그림 5-1]과 같이 주어진 지식이나 명제적 지식 등의 1차적 학습을 통해 이루어지는 2차적 학습, 즉 학습자 스스로가 능동적인 과정 속에서 가치와 방법적 지식을 찾아가는 과정과 이를 위한 환경 제공에 맞춰져야 한다.

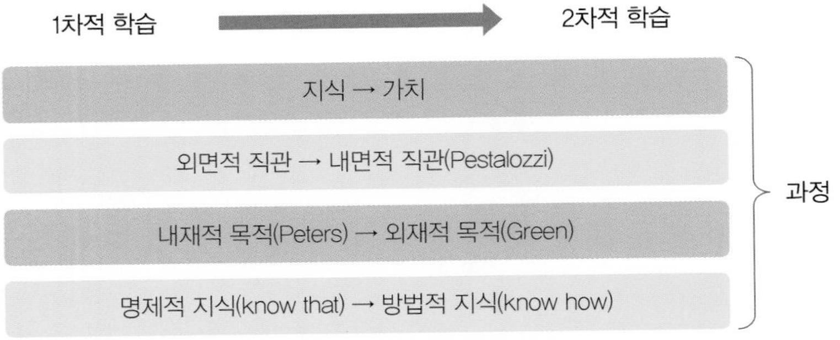

[그림 5-1] 교육의 목적과 방향

이 장에서는 학습자의 동기부여를 위한 환경 구성에 필요한 주요 요건과 사례들을 대상별, 수업단계별 그리고 지도영역별로 구분하여 살펴보고자 한다.

1. 대상별 특징에 따른 이해

교수학습 설계와 실행에 있어서 대상에 대한 관찰과 이해는 너무나도 중요한 전제조건이다. 특히 이 장에서 살펴보고자 하는 '동기'의 관점에서 볼 때 교수자의 대상에 대한 이해의 필요성은 몇 번이고 반복적으로 강조될 수밖에 없다. 왜냐하면 능동적인 태도를 불러오는 자연스러운 동기는 학습자 내부에서부터 발현되는 '내적 동기'에

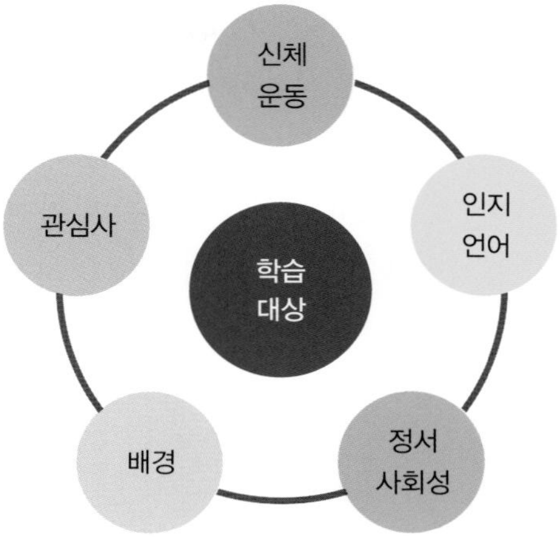

[그림 5-2] 주요 관찰 요소

기인하기 때문이다. 따라서 교수학습을 계획하는 교수자는 우선적으로 섬세하고 세심한 관찰을 통한 학습자에 대한 파악이 필요하다. 이때 고려할 점은 [그림 5-2]의 내용과 같다.

[그림 5-2]는 발달심리학적 관점에서 사용하는 인간 발달 영역에 대한 분류를 인용한 것이다. 인간의 발달은 크게 신체적 발달을 의미하는 '생물학적 발달'과 '인지 · 언어적 발달', 그리고 대인관계를 비롯하여 사회적 환경에 대한 적응 등을 뜻하는 '사회 · 정서적 발달' 등으로 구분할 수 있다(Santrock, 2006). 이는 태아기에서부터 영 · 유아기를 거쳐 아동기와 청소년기에 이르기까지 나타나는 인간의 주요 발달 영역으로서, 사회라는 환경 속에서 발생하는 성장, 성숙의 다양한 현상을 담고 있다(조대현, 2012).

이러한 관찰에 있어서 간과할 수 없는 점이 바로 대상별 특징에 대한 기본적인 이해이다. 문화예술교육 영역에서의 대상자는 크게 유아, 초등, 중 · 고등, 일반, 신체부자유자 등으로 구분하고 있으며, 대상별 특징은 다음과 같다.

1) 유아

유아기는 영아기를 지난 만 2~6세까지의 시기를 의미한다. 유아기는 이전 단계인 영아기에 비해 신체의 성장 속도는 완만하나 운동기능이 향상되고, 어휘력이 급격히 증가하며, 또래와의 다양한 상호작용도 가능해지는 시기이다. 이 시기의 유아는 주변 환경에 관심을 갖게 되어 환경을 탐색하고 조절하는 등 자기주장이 발생한다. 또한 자아와 성에 대한 개념도 생겨나고, 사회화 과정에 필요한 기본적 행동양식과 가치를 획득하기 시작한다(윤영애 외, 2011). 따라서 유아가 자신의 친근한 주변 환경에서 발생하는 소리, 음악, 움직임과 춤, 형태와 색 등에서 아름다움을 느끼고 탐색할 수 있는 환경 조성이 요구된다.

2) 초등

초등학교 시기인 만 7~12세의 기간은 발달에 있어 급진적인 진보가 이루어진다. '학령기'라는 표현에서 알 수 있듯이 체계적인 학습이 가능한 인지적 성숙이 진행되며, 또래와의 관계에 대한 인식이 커지면서 '또래놀이기(gang age)'라고도 부른다(이재연, 1988). 생활의 중심도 가정에서 학교로 옮겨지는 등 다양한 사회적 관계를 형성하게 되고 사회가 요구하는 도덕 판단의 기준도 획득하며 양심의 개념이 발달한다(윤영애 외, 2011). 국가 수준 음악과 교육과정에서 제시하는 초등학생 · 중학생 대상 음악교육의 목표는 〈표 5-1〉과 같다.

〈표 5-1〉 초등학생 · 중학생 대상 음악교육의 목표[1]

• 음악의 아름다움이나 가치를 인식하고 정서적 안정을 느낄 수 있는 감성을 기른다. • 음악의 의미를 탐색하고 새롭게 표현하며 만들어 갈 수 있는 창의성을 기른다. • 생활 속 다양한 음악 경험에 스스로 참여할 수 있는 자기주도성을 기른다. • 협력적 음악 활동을 통해 서로 다른 음악 표현을 존중하며 생활 속에서 소통한다. • 다양한 음악 문화와 음악의 역할을 인식하며 자신이 속한 공동체에 기여한다.

출처: 교육부(2022).

1) 2022 개정 교육과정은 공통 교육과정과 선택 중심 교육과정의 구분을 통해 음악과 목표를 초등학교와 중학교, 고등학교로 구분하여 제시하고 있다.

3) 중 · 고등

청소년기로 불리는 중 · 고등학교의 시기는 아동기에서 성인기로 옮겨 가는 과도기로서 성숙한 성인이 되기 위한 다양한 과정을 겪게 된다. 이 시기에는 성 호르몬의 증가로 급격한 신체 변화를 겪게 되며, 심화된 심리적 · 사회적 발달이 진행된다. 또래 친구와의 관계가 긴밀해지면서 바람직한 친구 관계 형성이 요구되며, 특히 이성에 대한 올바른 가치관 습득이 중요하다. 이 시기의 주요 발달과업으로는 자아정체감 형성을 들 수 있으며, 성인기를 준비하는 미래에 대한 계획 수립이 필요하다(정옥분, 2008).

〈표 5-2〉 중·고등학생의 신체적·심리적·사회적 발달

신체적 발달	심리적 발달	사회적 발달
• 급격한 성장 (성장 호르몬 증가, 성장통) • 2차 성징	• 지적 발달 • 정서 발달(질풍노도의 시기) • 자기중심적 사고 • 자아정체감 형성	• 사회성 발달(성 역할) • 도덕성 발달

고등학생들을 대상으로 하는 학교 음악교육의 목표는 〈표 5-3〉과 같다.

〈표 5-3〉 고등학생 대상 음악교육의 목표

- 음악의 아름다움과 다양한 가치를 이해하고 공감하며, 정서적 안정과 행복을 느낄 수 있는 풍부한 감성을 기른다.
- 음악을 창의적으로 표현하고 음악과 관련한 다양한 과제를 해결하며, 다른 분야와 연계하여 융합할 수 있는 창의성을 기른다.
- 평생의 삶 속에서 다양한 음악 및 문화 현상에 대해 스스로 판단하고 참여할 수 있는 자기주도성을 기른다.
- 협력적 음악 활동을 통해 서로 다른 음악 표현을 존중하고, 사회적 · 문화적 · 환경적으로 상호작용하며 소통한다.
- 다양한 음악 문화를 이해하고 포용하며, 음악의 역할과 활용을 인식하여 미래 사회의 공동체 발전에 기여한다.

출처: 교육부(2022).

4) 일반

「문화예술교육 지원법」 제1장 제3조 '문화예술교육의 기본원칙'은 '문화예술교육은 모든 국민의 문화예술 향유와 창조력 함양을 위한 교육'을 지향하고 있으며, 모든 국민은 "나이, 성별, 장애, 사회적 신분, 경제적 여건, 신체적 조건, 거주지역 등에 관계없이 자신의 관심과 적성에 따라 평생에 걸쳐 문화예술을 체계적으로 학습하고 교육받을 수 있는 기회를 균등하게 보장받는다."라고 밝히고 있다(문화체육관광부, 한국문화예술교육진흥원 편, 2012). 뿐만 아니라 한국문화예술교육진흥원은 문화예술교육사의 도입 배경에서 주 40시간 근무제와 노령화 사회 및 100세 시대 도래 등 국민의 여가시간 증대로 인한 문화예술교육 수요의 증가를 언급하고 있으며(문화체육관광부, 한국문화예술교육진흥원 편, 2014), 또한 갈수록 복잡해지고 변화 많은 사회적 구조와 현상에 따른 사회 구성원들의 심리적 · 사회적 부담은 일반인에 대한 문화예술교육의 당위성을 강조하고 있다. 이러한 이유에서 일반인을 위한 음악교육의 목표는 음악이라는 미학적 경험과 더불어 창의적인 여가선용과 일상에서 쌓인 스트레스의 해소, 그리고 긍정적인 사회적 공감대 형성 등에 있다고 정리할 수 있다.

5) 신체 부자유자

신체적 장애를 가진 자를 의미하는 말이나 실제 교육에 있어서는 신체장애 외에도 「특수교육법」에 따른 다음과 같은 특수교육 대상자 모두를 포함한다(국가법령정보센터).

① 시각장애
② 청각장애
③ 지적장애
④ 지체장애
⑤ 정서 · 행동장애
⑥ 자폐성장애
⑦ 의사소통장애
⑧ 학습장애
⑨ 건강장애
⑩ 발달지체
⑪ 그 밖에 대통령령으로 정하는 장애

앞에 언급된 장애를 가진 대상자에 대한 교육은 우선적으로 교육 대상자의 배경 및 특징, 무엇보다 장애유형과 내용에 대한 이해가 선행되어야 하며, 특히 신체장애의 경우, 교육 대상과의 긍정적인 관계 형성이 매우 중요하다. 교수자에게는 각 장애유형에 따른 풍부한 교수법적 지식과 경험이 요구되며, 음악교육의 목표 또한 장애유형 및 대상자의 상황에 따라 다양하게 적용될 수 있다. 국가수준 음악과 교육과정에서 제시하는 음악교육의 목표는 〈표 5-4〉와 같다.

〈표 5-4〉 신체 부자유자 대상 음악교육의 목표

표현, 창작, 감상의 다양한 음악 활동을 총체적으로 경험하고 이해하며, 이를 바탕으로 감성, 창의성, 자기주도성을 신장하여 일상생활과 공동체 안에서 음악으로 소통하는 태도를 기름으로써 감각, 지각, 인지, 정서, 사회성을 발달시킨다. • 음악의 아름다움을 느끼고 음악에 대한 기본적인 지식을 익힌다. • 음악 활동을 통해 다양한 음악을 자기주도적으로 경험하며 창의적으로 표현한다. • 생활 속에서 음악을 즐기며 소통하고 다양한 음악을 존중하는 태도와 습관을 지닌다.

출처: 교육부(2015b).

2. 수업단계별 특징에 따른 이해

일반적으로 수업은 '도입-전개-마무리(정리)'의 순으로 전개되며, 수업단계별 동기부여의 주요 내용은 다음과 같다.

1) 도입

교육학적으로 도입은 '본격적인 수업에 들어가기 전 학습자가 학습 내용에 대해 흥미를 가질 수 있도록 유도하는 일이나 단계'를 의미한다. 따라서 도입 단계에서의 동기유발은 수업 목표 및 내용에 대한 학습자의 관심과 흥미를 유도하는 데 목표를 둔다. 이때 학습자의 수준, 이전 학습의 내용과 정도, 학습자의 관심과 요구 등이 통합적으로 고려되어야 한다.

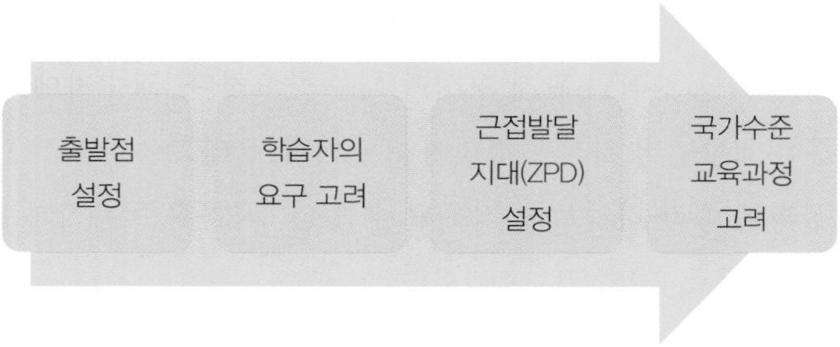

[그림 5-3] 도입 단계에서의 출발점 설정

2) 전개

전개는 학습 목표를 향한 징검다리 역할을 하는 단계로서, 다양한 세부 활동으로 구성된다. 매 활동에 있어서 학습자의 자발적 활동을 이끌어 내기 위해 다양한 학습 도구 및 자료, 재료들을 활용하여 동기를 유발할 수 있다. 이때 중요한 것은 각 활동과 학습 목표 사이의 논리적인 사고/흐름이 전제되어야 한다.

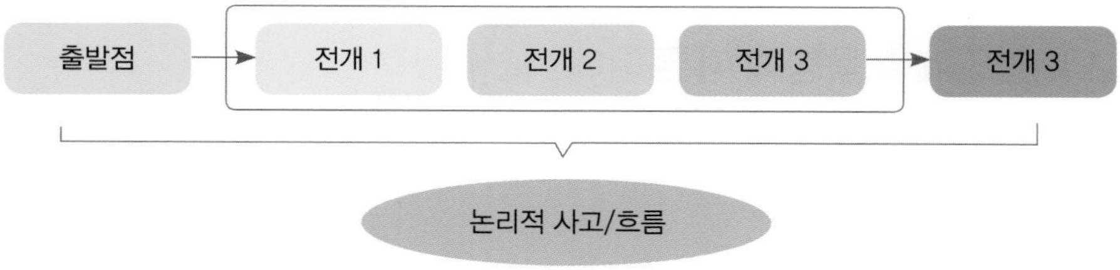

[그림 5-4] 논리적 사고/흐름 속에서의 활동 전개

3) 마무리

마무리는 수업 내용을 요약 및 정리하는 단계로, 학습자 스스로가 활동한 내용 및 경험을 토대로 하여 정리할 수 있는 환경적 동기유발이 요구된다. 학습자의 자연스러운 사고를 유도하기 위한 대표적인 예로는 정답 없는 다양한 관점에서의 확산적 사고를 유도하는 발문법 등이 있다.

3. 지도영역별 특징에 따른 이해

음악과 교육과정이 제시하고 있는 지도영역은 크게 '연주' '감상' '창작'으로 구분하고 있고, 학교 등 교육 현장에서는 '가창' '기악' '감상' '창작' '이해' '생활화' 등으로 세분화하여 적용하고 있다. 지도영역별 특징에 대한 내용은 다음과 같다(교육부, 2015a).

1) 연주

연주 영역에서는 다양한 음악 경험을 통해 소리의 상호작용과 음악의 표현 방법을 이해하고, 이를 노래, 연주, 신체표현 등의 다양한 방식으로 표현하는 데 그 목적이 있다. 기능적으로는 노래 부르기, 악기로 연주하기, 신체로 표현하기, 발표하고 평가하기 등이 있다.

2) 감상

감상 영역은 다양한 음악을 듣고 음악 요소와 개념, 음악의 종류와 배경을 파악하여 음악을 이해하고 비평하는 능력을 기르는 데 중점을 둔다. 주요 기능으로는 구별하기, 표현하기, 설명하기 등이 있으며, 음악 요소 및 개념에 대한 '이해'의 내용이 포함되어 있다.

3) 창작

음악은 고유한 방식와 원리에 따라 인간의 무한한 상상과 가능성을 탐구하여 만들어 낸 것으로, 개인적 혹은 협력적 음악 창작은 인간의 감수성과 사회문화적 배경에 따라 다양한 과정과 결과물로 나타난다. 이러한 창작은 생활 속에서 다양한 매체와 방법을 활용하여 자기주도적으로 음악을 구성하고 만드는 데 목적이 있다. 기능적으로는 즉흥적으로 표현하기, 모방하기, 간단한 조건에 따라 바꾸기, 활용하여 만들기, 적용하여 창작하기 등이 있다.

4. 동기유발 사례

다음은 한국문화예술교육진흥원이 주최한 유아 문화예술교육 우수 콘텐츠 콘퍼런스에서 발표된 「유아 대상, 감상 영역에서의 수업단계별 동기 부여 사례」(김현숙, 2014)의 내용을 수업의 단계 및 영역에 따라 동기유발 내용을 중심으로 재정리한 것이다.

1) 프로그램 개발 목적 및 의의

이 프로그램은 음악적 성장의 최적기인 유아기 아동을 대상으로 그들의 심미적인 음악적 잠재력을 개발시키고, 너와 나, 구성원 개개인의 몫에 대한 가치를 일깨우고 서로를 존중할 수 있는 안목을 얻게 하는 데 그 목적이 있다. 아울러 음악 활동을 통해 자신감 향상은 물론 언제든 스스로 음악을 즐기려는 마음을 키워 주고, 함께 연주하는 가운데 자신에게 주어진 역할에 대한 책임감을 배우며, 나아가 자연스럽게 다른 사람에 대한 배려, 인내와 관용을 익힐 수 있는 기회를 갖게 한다는 데 의의가 있다.

2) 학습 지도안

〈표 5-5〉 '버즈'와 '윙윙이' 학습 지도안

활동 목표	• 영상과 그림을 통해 꿀벌을 탐구해 본다. • 꿀벌을 표현한 다양한 음원을 통해 꿀벌의 움직임을 느껴 본다. • 리본막대를 활용해 꿀벌의 다양한 움직임을 표현해 본다.
활동 절차 (소요시간)	활동 방법
도입(5분)	• 인사 노래 • '꿀벌 대소동'의 등장인물에 대해 소개하며 이야기를 나눈다.
전개(30분)	• 림스키코르사코프(Rimsky-Korsakov)의 〈왕벌의 비행〉 음원을 들려준다. • 꿀벌에 관해 간단하게 이야기 나누고, 동화 〈왈츠의 나라 꽃의 요정을 찾아서〉를 들려준다. • '버즈'와 '윙윙이'를 소개한다.

	• 쇼팽(Chopin)과 림스키코르사코프의 음원을 듣고 버즈와 윙윙이의 움직임을 상상해 본다. 상상해 본 이미지를 음악에 맞춰 유아들이 몸으로 자유롭게 표현하게 한다(공간을 고려하여 팀을 나누어 진행해도 좋다). • 꿀벌을 표현한 다양한 음원에 맞춰 리본막대로 표현해 본다.
마무리(5분)	• 진행한 활동을 간단하게 평가하면서 마무리한다.

3) 동기부여 방법 및 유형

'도입–전개–마무리'로 구성되는 수업단계에 따른 동기부여의 방법 및 유형은 다음과 같다.

(1) 도입: 주요 활동(감상)과 연계한 '흥미로운 대상 제시'를 통한 동기부여

① '꿀벌 대소동'의 등장인물에 대해 소개하며 이야기를 나눈다.

• 오늘은 선생님이 새로운 친구를 소개하려고 해. 오늘 우리가 만나 볼 친구는 너무나 귀엽고 깜찍한 '버즈'와 장난꾸러기 '윙윙이'야.

• 이 친구들이 누구일지 음악을 듣고 맞혀 볼 수 있겠니?

[그림 5-5] 버즈와 윙윙이

(2) 전개 1: '재미있는 이야기(동화)'를 활용한 동기부여

① 림스키코르사코프의 〈왕벌의 비행〉 음원을 들려준다.

- 선생님이 이제 음악을 들려줄 건데, 이 음악은 러시아의 작곡가 림스키코르사코프가 이 동물의 움직임을 보고 만든 음악이래. 음악을 잘 듣고 버즈와 윙윙이가 누구일지 생각해 보자.
- (〈왕벌의 비행〉 음원을 들은 후) 잘 들어 보았니? 버즈와 윙윙이는 무엇일 것 같니?
- (유아들의 대답을 들은 후) 왜 그렇게 생각했니?
- 오늘 선생님이 소개할 버즈와 윙윙이는 장난꾸러기 꿀벌이야.
- 방금 들은 음악은 림스키코르사코프의 〈왕벌의 비행〉이란 곡이야. 벌이 날아다니는 모습처럼 느껴지니?

② 꿀벌에 관해 간단하게 이야기 나누고, 동화 〈왈츠의 나라 꽃의 요정을 찾아서〉를 들려준다.

③ 버즈와 윙윙이를 소개한다.

- 동화 속 주인공들을 만나 보자. 버즈와 윙윙이를 소개해 줄게.
- (버즈의 그림을 보여 주며) 이 친구는 버즈란다. 버즈는 어떤 친구일 것 같니? 버즈는 기분이 어떨 것 같니?
- (윙윙이의 그림을 보여 주며) 이 친구는 윙윙이란다. 윙윙이는 무엇을 좋아할까? 지금 어떤 생각을 하고 있는 것 같니?
- 버즈와 윙윙이를 만나면 무엇을 해 보고 싶니?

〈표 5-6〉 동화 〈왈츠의 나라 꽃의 요정을 찾아서〉의 내용

해설: '숲속 나라'의 귀여운 두 꿀벌 친구 버즈와 윙윙이가 오늘은 신비한 '왈츠의 나라'에 사는 꽃의 요정을 만나러 갑니다. '숲속 나라'에서 '왈츠의 나라'까지 가는 길은 높은 산도 있고, 깊은 골짜기도 있어서 멋지게 날아가야 해요. 버즈와 윙윙이는 무사히 꽃의 요정을 만나러 갈 수 있을까요? 우리 다 함께 버즈와 윙윙이의 꿀벌 대 탐험을 함께하기로 해요. 버즈: "윙윙아, 왈츠의 나라에 갈 준비 다 되었니?" 윙윙이: "그럼. 난 언제든 준비되어 있지." 해설: 윙윙이는 씩씩하게 말했어요. 오늘은 평소 버즈와 윙윙이가 가장 좋아하는 꽃의 요정을 만나러 '왈츠의 나라'에 가는 날이랍니다. 버즈: "오늘 정말 꽃의 요정을 만나러 가는 거야?"

윙윙이: "응. 꽃의 요정이 많은 친구를 소개해 준다고 했어."
버즈: "정말? 그럼 우리 오늘 재밌는 놀이 하는 거야?"
윙윙이: "그럼. 기대해도 좋아."
해설: 오늘은 꽃의 요정이 버즈와 윙윙이를 위해 특별히 '왈츠의 나라'에 사는 친구들을 초대해 파티를 합니다. 버즈와 윙윙이는 들뜬 마음으로 '숲속 나라'에서 '왈츠의 나라'까지 날아갈 준비를 합니다.
윙윙이: "그럼 우리 출발해 볼까?"
버즈: "응. 좋아. 출발하자!"
(음원과 함께 해설 및 신체표현 활동을 진행한다. 림스키코르사코프의 〈왕벌의 비행〉 음원을 들으며 리본 막대를 활용해 비행하는 모습을 표현한다.)
해설: 버즈와 윙윙이는 '왈츠의 나라'를 향해 출발했어요. 신나는 마음에 빠르게 비행을 시작한 버즈와 윙윙이. 숲속 나라를 빠져나가기 위해 높은 산을 넘어야 해요. 우리 친구들 다 함께 하늘 높이 날아가 보도록 해요. 이번엔 골짜기가 보여요. 아래로 빠르게 내려오고 있네요.
윙윙이: "버즈야, 이번 골짜기만 넘으면 '왈츠의 나라'야."
버즈: "정말?"
윙윙이: "그런데 넓은 호수를 건너야 해."
버즈: "알았어. 난 자신 있어!"
해설: 꽃의 요정을 만난다는 기쁨에 버즈도 윙윙이도 높은 산과 깊은 골짜기, 넓은 호수를 힘차게 날갯짓을 했어요. 그리고 드디어 꿈에 그리던 '왈츠의 나라'에 도착했습니다. 과연 '왈츠의 나라'에선 어떤 재미난 일들이 벌어질까요? 우리 다 함께 '왈츠의 나라'에 사는 예쁜 꽃의 요정을 만나 볼까요?

(3) 전개 2: 이야기에 어울리는 '재미있는 신체활동 재료(요소)'를 활용한 동기부여

① 쇼팽과 림스키코르사코프의 음원을 듣고 '버즈와 윙윙이'의 움직임을 상상해 본다. 상상해 본 이미지를 음악에 맞춰 유아들이 몸으로 자유롭게 표현해 본다. 공간을 고려하여 팀을 나누어 진행해도 좋다.

- 이번에는 선생님이 '버즈'를 표현한 음악을 들려줄 거야. 잘 들어 보자.
- (쇼팽의 에튀드 〈꿀벌〉 음원을 들은 후) 버즈를 표현한 음악이 어떤 느낌이었니? 무거운 것 같니, 가벼운 것 같니?
- 버즈의 움직임이 빠른 것 같니, 느린 것 같니?
- 우리 친구들도 버즈처럼 음악에 맞춰 한번 표현해 볼까? 버즈가 되어 움직여

보자.

- 이번에는 '윙윙이'를 표현한 음악을 들려줄 거야. 잘 들어보자.
- (림스키코르사코프의 〈왕벌의 비행〉 음원을 들은 후) 윙윙이는 어떤 친구일까? 어떤 느낌으로 하늘을 날 것 같니?
- 우리 친구들도 윙윙이처럼 음악에 맞춰 표현해 볼까?

② 꿀벌을 표현한 다양한 음원에 맞춰 리본막대로 표현해 본다.

- 이번에는 버즈와 윙윙이가 되어 음악에 맞춰 리본막대로 그 느낌을 표현해 보자.
- (쇼팽의 〈꿀벌〉 음원을 들으며) 벌들이 위로 올라갔다 다시 내려오는 것 같아. 우리 한번 표현해 볼까?
- (슈베르트의 〈벌〉 음원을 들으며) 꿀벌들의 기분이 어떤 것 같아?
- (윌리암스의 〈서곡〉 음원을 들으며) 이번에는 수많은 꿀벌들이 떼를 지어 날아가는 것 같아. 우리 리본으로 크게 표현해 볼까?
- (림스키코르사코프의 〈왕벌의 비행〉 음원을 들으며) 벌들이 날아다니네. 우리 친구들도 즐겁게 날아다니는 꿀벌을 표현해 보자.

빠르게 나는 버즈와 윙윙이

좁은 계곡을 요리 조리 날아다니는 버즈와 윙윙이

공중에 떠 있는 버즈와 윙윙이

[그림 5-6] 버즈와 윙윙이의 움직임

(4) 마무리: '정해진 답이 없는 발문'을 활용한 동기부여

① 오늘 진행한 활동에 대해 간단하게 평가하고 마무리한다.

- 오늘 선생님과 꿀벌 친구 '버즈와 윙윙이'를 표현한 그림과 다양한 음악에 맞춰 표현해 보았어. 우리 친구들 활동하면서 어떤 점이 재미있었는지 이야기해 보자.

- 리본막대와 함께 다양한 꿀벌을 표현한 음악을 들었는데 어떤 느낌의 음악이 좋았니?
- 다음에는 버즈, 윙윙이와 함께 숲속 나라에서 벌어진 재미있는 이야기를 들려줄게. 어떤 친구들을 또 만나게 될지 우리 다음 시간에 만나자.

4) 동기유발을 위한 다양한 방법

현재 많이 사용되는 동기유발 방법 및 주요 사례는 〈표 5-7〉과 [그림 5-7]과 같다. 실제 수업에서의 적용을 위해서는 대상 및 지도(활동)영역, 그리고 수업단계와 상황에 따른 재구성이 요구된다.

〈표 5-7〉 동기유발의 주요 사례

동기유발의 예	수업 단계	지도(활동) 영역	세부 내용	
			교수자	학습자
영상 매체를 활용한 동기유발	도입, 전개, 마무리	표현(가창/기악/창작), 감상(이해), 생활화	• 관심을 끌 만한 멋진 영상 보여 주기	→ 모방하기
			• 영상 속에서 주요 요소(주인공) 찾기	→ 주요 요소 말하기
			• 문제 제기를 통해 영상 속에서 해결점 찾기	→ 해결 방안 말하기
놀이적 요소(눈치게임)를 활용한 동기유발			• 악기로 말하기, 대화하기	→ 악기 소리에 의미 담아 표현하기
			• 악기 인터뷰하기	→ 악기의 특성 살펴보기
			• 눈치게임하기(숫자, 음이름, 음악개념 및 요소 등)	→ 눈치게임하기
			• 다양한 놀이, 게임하기	→ 놀이, 게임하기
스토리텔링(상황 설정)을 활용한 동기유발			• 이야기를 통한 활동 상황 설정하기	→ 배경 이야기를 통해 활동할 내용 이해하기
흥미로운 수업 활동 자료 및 방법을 활용한 동기유발			• 흥미로운 놀잇감(재료)을 이용한 활동하기(장난감, 스마트 기기, 앱 등)	→ 놀잇감(재료)과 친해지기 → 학습내용 이해하기

영상 매체를 활용한 동기유발

놀이적 요소(눈치게임)를 활용한 동기유발

스토리텔링(상황 설정)을 통한 동기유발

흥미로운 수업 활동 자료(앱) 및 방법을 활용한 동기유발

[그림 5-7] 동기유발 사례

참고문헌

교육부(2022). 기본 교육과정. 교육부.

교육부(2022). 음악과 교육과정. 교육부.

국가법령정보센터. 장애인 등에 대한 특수교육법.

김현숙(2014). 유아 대상, 감상 영역에서의 수업단계별 동기 부여 사례. 한국문화예술교육진흥원 자료집. 2014 유아 문화예술교육 우수 콘텐츠 콘퍼런스, 31-41.

문화체육관광부, 한국문화예술교육진흥원 편(2012). 문화예술교육사 2급 교육과정. 한국문화예술교육진흥원.

문화체육관광부, 한국문화예술교육진흥원(2014). 문화예술교육사 날개를 펼쳐라! 한국문화예술교육진흥원.

윤영애, 강순미, 조대현(2011). 아동발달. 태영출판사.

정옥분(2008). 청년 발달의 이해(2판). 학지사.

조대현(2012). 과정 상 목표를 활용한 음악과 교육과정 재구성 모델. 음악교육연구, 41(3), 267-289.

한국문화예술교육진흥원(2013). 2013 학교 문화예술교육 우수 교수–학습지도안 개발 연구(국악). 한국문화예술교육진흥원.

Santrock, J. (2006). *Child Development* (10th ed.). MeGraw Hill.

김미숙

제6장

교수학습 모형의 이해

효과적인 음악수업을 위해 교수학습 모형을 적용하려면 교수학습 모형의 이해가 선행되어야 한다. 교수학습 모형의 유형은 정보처리 모형, 사회적 모형, 개인적 모형, 행동적 모형 등 네 가지로 분류된다. 음악수업을 위한 교수학습 모형의 선정 방법을 알아본다.

1. 교수학습 모형

음악과 교수학습 모형을 이해하려면 이에 앞서 일반적인 교수학습 모형에 대한 이해가 선행되어야 한다. 교수학습 모형이란 학습 목표는 어떻게 진술하여야 하며, 교수학습 과정은 어떠한 절차를 밟아야 되고, 교수학습 활동의 내용과 조직은 어떻게 하여야 하는지 등의 문제를 알기 쉽게 구조화시킨 설명 체제이며 계획이다.

모형	어떤 현상에 대한 이해와 설명을 돕기 위하여 고안된 단순하고 이해하기 쉬운 구조나 체제 및 계획
교수학습 모형	복잡한 교수학습 과정이나 현상을 특징적인 요인을 중심으로 단순화시킨 설명 체계나 구조

[그림 6-1] 교수학습 모형의 정의

교수학습 모형은 여러 학자에 의해 다양하게 정의되어 왔고, 다양한 관점에서 여러 단계의 수많은 교수학습 모형이 제시되고 있다. 교수학습 모형은 수업의 주체를 어디에 두느냐에 따라서 가르치는 데 중점을 두는 교수 모형(teaching model)과 배우는 데 중점을 두는 학습 모형(learning model)으로 분리해서 부르기도 하고, 이 둘을 포함하는 개념으로 수업 모형이라고도 한다. 그러나 교육 상황에서 이를 분리하기보다는 교수학습의 상호작용 과정으로서의 교수학습 모형으로 접근하는 것이 바람직할 것이다.

21세기 교육적 흐름은 교사 중심의 교수학습방법에서 학습자 중심의 교수학습으로 변화되었으며, 개인 간의 경쟁보다는 다른 사람과의 상호작용을 중요시하는 협동학습으로 전환되고 있다. 자기주도학습, 개별화학습 등을 중심으로 개인 간의 능력 차이에 초점을 둔 교수학습방법과 교수학습 모형이 개발되고 있다.

성공적인 교사들은 학생의 학습 능력을 향상시키기 위해 다양한 교수학습 모형을 적용한다. 학생은 다양한 교수학습 모형을 통해 정보, 아이디어, 기술, 가치, 사고 방법, 자신의 표현 수단을 습득하도록 도움을 받고 또한 어떻게 학습하는가를 배움으로

교수학습 모형의 특징
- 특정한 수업 목표를 위한 체계적이고 처방적인 성격
- 구체적인 학습 결과를 안내하는 단계별 절차

효과적인 교수학습 모형
- 인간의 학습 방법에 관한 연구 결과를 반영
- 수업 목표와 평가 계획의 일관성
- 학생이 학습 과정의 적극적인 참여자
- 학생이 구체적 · 계열적 단계에 참여
- 모든 학년과 수준의 다양한 학생에게 적용 가능

[그림 6-2] 교수학습 모형의 특징

써 학습 능력이 향상된다. 교수학습 모형은 수업의 질을 높이는 데에도 크게 기여하였는데, 기존의 교수학습방법이 기술적인 차원이었다면 교수학습 모형은 체계적, 처방적인 성격을 가진 것이 특징이다.

교사는 무엇을 가르칠 것인지 확정 지음으로써 이후 그 목표에 도달하기 위한 알맞은 수업 모형과 전략을 결정한다. 모형이 주제에 대한 이해, 효과적인 질문을 하는 능력, 창조성, 사람에 대한 감수성 등 우수한 교사가 가져야 하는 질을 대신해 줄 수는 없다. 모형은 우수한 교사의 수업을 좀 더 체계적이고 효과적으로 만듦으로써 교사가 보다 효과적으로 가르치도록 돕는 하나의 도구가 될 수 있다. 또한 이러한 모형들은 교육 과정을 설계하거나 수업 자료를 선택하고 구성하는 데 길잡이로 사용될 수 있다. 교수학습 모형은 수업을 계획하고 평가하는 단계가 체계적이며 교사의 책임이 명확하게 제시되지만 교사의 역량과 학생들의 창조성이 발휘될 수 있는 충분한 유연성을 제공한다(Gunter et al., 2010).

이렇듯 교사는 다양한 교수학습 모형과 전략을 적절히 사용해야 하고 학생들은 다양한 방법으로 학습하도록 고무되면 자신이 선호하는 학습 방법을 확장해 나갈 수 있다. 처음에는 교수학습 모형의 단계를 따르는 것이 필수적이다. 그러나 경험과 확신이 생기면서 새로운 접근 설계에 대한 가능성과 모형을 자신의 것으로 만들 가능성이 무한히 커진다.

2. 교수학습 모형의 유형

교수학습 모형은 교육과정의 계획부터 학습 환경, 수업 자료의 설계에 이르기까지 많은 용도와 범위로 활용될 수 있다. 어떤 모형들은 폭넓은 적용이 가능한 반면, 어떤 모형들은 구체적인 목적에 맞게 설계되었다. 모형들은 즉각적인 결과를 얻을 수 있는 단순하고 직접적인 절차에 대한 기술에서 시작하여, 인내심과 기술적인 수업을 통해 학생들이 점진적으로 획득할 수 있는 복잡한 전략에 이르기까지 다양하다.

이 절에서는 수업을 위한 기초적인 모형들을 선정하였다. 이러한 모형들을 통합하여 사용함으로써 연간 단위의 수업 계획부터 한 학기, 한 차시의 수업까지 다양하게 설계할 수 있다. 이 모형들은 교수와 학습에 대한 철학적 · 심리학적 동향들을 포함하고 있으며, 논리적으로 일관성 있는 이론적 기초를 가지고 있다. 이 모형들은 오랜 기간 동안 현장에 적용되어 왔으며, 경험을 통해 정제되었고, 학급이나 학교 밖 교육 현장에서도 편리하고 효율적으로 사용될 수 있다. 또한 학생들의 학습 양식이나 많은

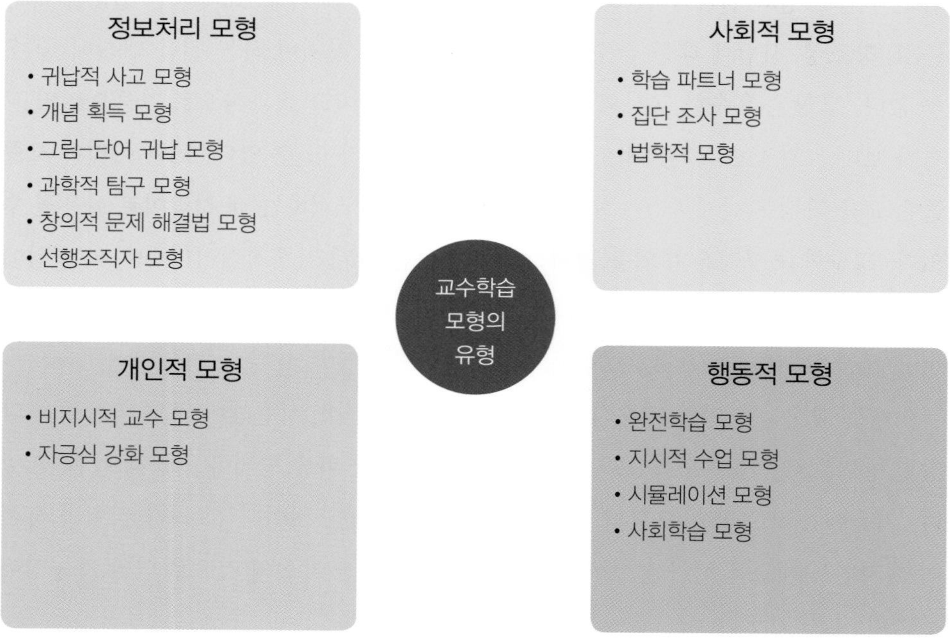

[그림 6-3] 교수학습 모형의 유형

교육과정 영역의 요구에 맞게 조정될 수도 있다.

조이스, 바일과 캘훈(Joyce, Weil, & Calhoun, 2005)은 교수학습 모형들을 인간 존재와 학습 방법에 따라 [그림 6-3]과 같이 네 가지 유형으로 분류하였다.

1) 정보처리 모형

정보처리 모형은 정보의 획득과 조직화, 문제의 파악과 해결책의 생성, 그리고 문제의 의미를 내포하고 있는 개념이나 언어의 발달에 의해 세상을 이해하려는 인간의 선천적 동인을 증가시키는 방법을 강조한다. 어떤 모형들은 학습자에게 정보나 개념을 제공하고, 어떤 모형은 개념 형성과 가설 검증을 강조하며, 또 다른 모형은 창조적 사고를 유발하고 있다.

(1) 귀납적 사고 모형

정보를 찾고 조직하고, 자료 간 관계성을 기술하는 가설을 세워 검증하는 방법을 학생들에게 어떻게 가르칠 것인지를 연구하는 것이다. 다양한 교육과정 영역에서 모든 연령의 학생에게 사용되고 있다.

(2) 개념 획득 모형

학생들이 어느 특수한 개념을 이해하고 분석하는 데 도움이 된다. 일련의 긍정적 본보기와 부정적 본보기를 통하여 학생들은 개념을 정의하고 그 본질적 속성을 결정한다. 이 모형은 특히 이해, 비교, 변별, 회상과 관련된 목표를 달성하는 데 효과적이다. 개념을 가르치고 개념학습에서 학생들이 보다 효과적이도록 도움을 주기 위해 설계된 개념 획득 모형은 모든 발달 단계에 있는 학생들에게 폭넓은 범위의 주제들에 대한 조직화된 정보를 제공하는 효과적인 방법을 제공하고 있다.

(3) 그림-단어 귀납 모형

학생들이 어떻게 읽고, 쓰기와 같은 인쇄물의 문해 능력을 획득하는지뿐만 아니라 듣고 말하기와 같은 어휘 능력을 개발하는지에 관한 연구에 기초하여 고안되었다.

(4) 과학적 탐구 모형

시작부터 학생들이 과학적 과정에 참여하고 자료를 수집하고 분석하며 가설과 이론을 점검하고 지식 구성의 본질에 대해 성찰하도록 도움을 받게 된다. 탐구 훈련 모형은 학생들이 인과적 사고에 참여하고, 질문하기, 개념과 가설 세우기, 그리고 검증하기 등에서 보다 유창하고 정확해지도록 하기 위해 설계되었다. 초기에는 자연과학에서 사용되었지만, 사회과학과 개인적 · 사회적 내용을 훈련하는 프로그램에 적용되고 있다.

기억술 모형은 정보를 기억하고 동화시키기 위한 전략을 말하는데, 학생들이 쉽게 정보를 흡수할 수 있도록 가르치기 위한 모형이다. 교사들은 기억술 모형 자료를 제시하기 위한 안내로 사용할 수 있고, 정보와 개념들을 학생들이 개인적 그리고 협동적으로 학습하는 데 사용할 수 있는 도구로 가르칠 수도 있다.

(5) 창의적 문제 해결법 모형

사람들로 하여금 문제 해결 과정을 단계별로 나누고, 필요한 활동을 기획하며, 다양한 분야의 주제 영역에서 새로운 관점을 획득하는 것을 돕도록 설계되었다. 창의적 사고를 위한 직접적 자극으로 설계되었지만, 협력적 작업과 학습 기술, 그리고 학생들 간 동지애를 촉진하는 부수적 효과를 가지고 있다.

(6) 선행조직자 모형

학생들에게 강의, 읽기 자료, 그리고 다른 매체들을 통해 제시되는 학습 자료를 이해하기 위한 인지구조를 제공하도록 설계되었다. 다른 유형의 정보 제시에서 정보의 획득과 유지를 증가시키기 위해 설계된 선행조직자 모형은 조직자가 적절히 사용한다면 그 취지의 결과를 성취할 수 있다. 거의 모든 나이의 학습자들과 모든 유형의 내용을 위해 사용될 수 있다.

2) 사회적 모형

교수학습에 대한 사회적 모형은 학습공동체를 구축함으로써 이러한 집합적인 에너지(시너지) 현상의 장점을 취하도록 구성되어 있다. 긍정적인 학교 문화를 개발하는 것은 통합적이고 생산적인 상호작용과 활기찬 학습 활동을 지원해 줄 수 있는 규범을 개발하는 과정이다.

(1) 학습 파트너 모형

협동학습 모형으로서 학생들로 하여금 효과적으로 협력하도록 하는 전략 개발에 큰 진전이 있어 왔다. 전체 협동학습 공동체가 정보와 기술의 교환, 그리고 연구의 실행과 분석에서 활발히 움직이고 있다. 그 결과로 학생들로 하여금 함께 작업하도록 조직화하는 수많은 효과적인 수단이 만들어졌다. 이러한 수단은 학생들이 짝을 이루어 단순한 학습 과제를 수행하도록 가르치는 체제에서 시작하여, 학급을 조직화하는 모형, 또는 전체 학교가 스스로 교육하도록 하는 학습 공동체를 만드는 복잡한 모형까지를 포함하고 있다. 협동학습 절차는 모든 교육과정과 나이에 걸쳐 학습을 촉진한다. 또한 정보나 기술의 습득에서 학문적 탐구 모형에 이르기까지 모든 학문적 학습 목표에 걸쳐서 자긍심, 사회적 기술, 연대 의식의 개선을 촉진한다.

(2) 집단 조사 모형

학생들 교육의 상당한 부분은 주요한 사회적 · 학문적 문제들을 협동적으로 탐구하는 방법에 의해 이루어져야 한다는 강력한 개념으로 형성된 모형으로서 적절한 경우 많은 다른 모형이 사용될 수 있는 사회적 구조를 제공하고 있다. 이 모형은 학생들이 문제를 규정하고, 문제에 대한 다양한 관점을 탐구하며, 정보와 아이디어 및 기술을 숙달하고, 사회적 능력도 개발하기 위해 함께 학습하도록 설계되어 있다. 교사는 집단 과정을 조직화하고, 그 과정을 가르치며, 정보를 찾고 조직화하도록 돕고, 활발한 활동과 담화가 이루어지도록 한다.

역할놀이는 학생들이 사회적 행동, 사회적 상호작용 속에서의 그들의 역할, 그리고 문제 해결의 보다 효과적인 방법을 이해하게 한다. 학생들이 그들의 사회적 가치를 공부하고 성찰하도록 설계된 역할놀이 모형은 학생들이 사회적 문제에 대한 정보를 수집 및 조직화하고 타인에 대한 공감을 개발하며, 그들의 사회적 기술을 개선하는 것을 도와준다. 이 모형은 학생들이 갈등을 극복하고, 타인 역할의 수행을 학습하며, 사회적 행동을 관찰하도록 하고 있다. 적절한 수정을 통해 역할놀이는 모든 나이 또래의 학생들에게 사용이 가능하다.

(3) 법학적 모형

학생들이 성장하며 공동체, 국가 그리고 국제적 수준에서의 사회적 문제에 대한 학습이 가능하게 하는 목적으로 설계되었다. 중등학교 학생들의 사회적 연구를 위해 특별히 만들어진 이 모형은 사례 연구, 법률교육의 회상법 등을 학교교육에 도입하였다.

3) 개인적 모형

학습에 대한 개인적 모형은 개인의 개성이라는 관점에서 시작된다. 이 모형은 교육을 통하여 자신을 보다 잘 이해하고, 교육에 대한 책임감을 가지며, 높은 질의 삶을 추구하는 과정에서 현재 우리의 개발 상태를 넘어서 보다 강하고 민감하며, 보다 창조적이도록 하고 있다. 개인적 모형은 개인적 관점에 많은 주의를 기울이고 있으며, 생산적인 독립성을 격려함으로써 사람들이 점차 자기 인식이 높아지고 자신의 운명에 책임감을 갖도록 하고 있다.

(1) 비지시적 교수 모형

상담이론에서 개발된 비지시적 교수 모형은 학생과 교사의 협력관계를 강조하고 있다. 교사는 학생들이 자신의 교육을 주도하는 데 있어서 중요한 역할을 하는 방법을 이해하도록 도와야 한다. 교사는 학생들이 얼마나 많은 진보를 이루었는지에 대한 정보를 제공하고, 문제를 해결하는 것을 도와야 한다. 비지시적 교사는 필요한 협력관계를 능동적으로 구축하고, 학생들이 자신의 문제를 해결하는 데 필요한 도움을 제공하여야 한다.

(2) 자긍심 강화 모형

자긍심과 자아실현의 능력을 구축하는 프로그램에 지침을 제공하는 데 사용된다. 학생들의 개인적 이미지가 기능하도록 하기 위하여, 학생들과 협력할 때 우리의 행동을 인도해 줄 수 있는 원칙을 탐구하였다. 교사들이 자신의 교수 모형을 확장하도록 하는, 교사들에 대한 최근 연구는 교사들이 그들의 학습 양식과 과정을 연구할 수 있는 수단을 제공해 주고 있다. 교육의 개인적 · 사회적 · 학문적 목표들은 서로 호환성을 가지고 있다. 교수 모형의 개인적 집단은 학생들의 자긍심과 자아실현 요구, 그리고 다른 학생들을 지원하고 존중하기 위한 요구들을 직접적으로 다루고 있는 교수 전략들의 정수를 제공해 주고 있다.

4) 행동적 모형

행동체제 집단 모형은 가장 일반적으로 사회학습 이론으로 알려져 있지만 행동 수정, 행동 치료 그리고 인공두뇌학이라고 알려진 이론적 근거로 설계되었다. 이 모형의 기본 입장은 인간 존재 자체가 얼마나 과제가 성공적으로 진행되었는지에 관한 정보에 따라 행동을 수정하는 자기 교정적 의사소통 체제라는 것이다. 사람들이 어떻게 과제와 피드백에 대해 반응하느냐에 대한 지식을 활용하여 심리학자들은 인간 존재의 자기 교정적 능력을 쉽게 하기 위한 과제와 피드백의 조직 방법을 학습하여 왔다. 이 모형이 관찰 가능한 행동, 분명하게 명시된 과제, 학생과의 의사소통 촉진 방법 등에 관심을 가지고 있기 때문에 이러한 교수학습 모형 유형들은 단단한 연구 근거들을 가지고 있다. 행동적 모형은 모든 나이의 학습자들에게 적절하며, 모든 유형의 교육적 목표에도 적용이 가능하다.

(1) 완전학습 모형

학문적 목표를 위한 가장 일반적인 행동체제 이론을 적용한 형태이다. 학습될 자료가 단순한 것에서 복잡한 것으로 단원이 나누어져 있다. 자료는 학생들에게 제시되고, 적절한 매체를 통하여 일반적으로 개별적 학습이 이루어진다. 각 부분별로 학생들을 그들이 무엇을 학습했는지를 알 수 있도록 시험을 치른 후, 학습 자료의 단원을 그들의 방식대로 학습해 나가게 된다. 만일 주어진 단원을 숙달하지 못하면 그 자료를 숙달할 때까지 반복학습을 하거나 동등한 수준의 단원을 학습하게 된다. 이 모형에 기초한 수업체제는 학문적 영역의 단순한 기술에서 매우 복잡한 영역에 이르기까지 모든 연령의 학생들에게 적용되어 왔다. 적절한 수정을 통해, 이 모형의 수업은 천재나 재능 있는 학생, 정서적 문제를 가진 학생, 그리고 운동 선수와 우주 비행사 등에게서 사용되어 왔다.

(2) 지시적 수업 모형

상당히 구조화된 수업으로 기능을 가르치고, 작고 분리된 영역으로 나누어질 수 있는 정보들을 가르치는 데 도움이 되는 모형이다. 지시적 수업은 경제적 혜택을 받지 못한 학습자를 가르치기 위한 효과적인 수업에서 유래되었으며, 좋은 수업의 기초가 된다. 지시적 수업 모형은 학문에 대한 강조, 높은 수준의 교사의 지시와 통제, 학생의 진도에 대한 높은 기대, 시간과 비교적 중립적인 정서의 분위기를 관리하기 위한 체제이다. 지시적 수업은 사실, 규칙, 행동계열을 가르치는 데 가장 효과적인 수업으로서 일명 설명식 수업, 강의식 수업이라고 하며, 교사가 학습 정보를 주로 제공하는 교사 중심 수업이다. 교사의 지시와 통제는 교사가 학습 과제를 선택하고 지시하며, 수업 중 핵심적인 역할을 유지하고, 학생이 비학문적인 이야기를 하는 양을 최소화할 때 발생한다. 학생에게 높은 기대를 갖고 학문적인 향상에 관심을 갖는 교사는 학문적 성취와 학문적 진전을 유도하는 행동을 요구한다. 그들은 학생들에게 학업의 양과 질의 측면에서 더 많은 것을 요구한다.

(3) 시뮬레이션 모형

훈련을 위한 접근법으로 행동이론의 인공두뇌학 집단에 의해 개발되었다. 시뮬레이션은 실제 삶의 상황에 대한 기술로부터 구성된다. 실제와 같은 생활 환경이 수업 상황을 위해 창조되며, 때로는 연출이 정교화된다. 학생들은 목표를 성취하기 위한 활동에 참여하고 목표가 숙달될 때까지 실제적인 요인들을 다루어야 한다.

(4) 사회학습 모형

효과적인 교사와 효과적이지 못한 교사들 간의 차이점에 대한 연구와 사회학습 이론으로부터 패러다임이 조합되었다. 목표에 대한 직접적 진술, 목표들과 분명하게 연관된 일련의 학습 활동, 진전과 관련한 주의 깊은 관찰, 성취도에 대한 피드백, 그리고 효과적인 성취를 위한 책략 등이 학습을 촉진하기 위한 일련의 안내와 연결되었다.

프로그램 수업 모형은 체계적인 자극 통제와 즉각적인 강화를 제공한다. 학생들이 자신의 진도에 따라 학습 속도가 늦은 학생들은 추가적인 정보나 배경 정보를 재검토하고 학습속도가 빠른 학생들은 추가적이고 난이도가 있는 자료를 통해 이익을 얻을 수 있게 적절한 수업 자료를 공부하도록 방향을 정해 준다. 프로그램 수업 기술은 개념 형성, 기계적 학습, 창의성, 그리고 문제 해결력과 같은 다양한 행동에 적용되고 있다.

3. 교수학습 모형의 선정

효율적인 수업을 위해서는 교육 목표가 명확해야 하고, 적합한 교수 방법이 필요하며, 그에 따른 교육 환경이 조성되어야 한다. 수업에 영향을 미치는 교수방법과 교수매체의 선택에 따라 수업의 효율성과 교사의 전문성이 다른 결과로 나타난다(김미숙, 2015). 이와 같이 교사의 능력과 수업 결과에 지대한 영향을 미치는 교수방법과 교수매체로서의 교수학습 모형의 활용은 무엇보다 중요하며 교사에게는 적절한 교수학습 모형의 선정 능력이 요구된다.

교수학습 모형은 학생들의 학습을 증진하고 교사들이 보다 효과적인 전문가가 되는 것을 돕기 위하여 설계되었다. 교수학습 모형을 선정할 때는 먼저 각 모형이 가지고 있는 효과성의 규모와 종류를 결정하고, 언제 어떻게 다양한 조합의 모형들을 사용할지, 그리고 어떤 학습 전략이 특정한 단원과 수업, 학습 집단에 우선적으로 적용될 수 있는지를 판단해야 한다. 학습의 유형과 진도를 고려하여 적절하게 이 모형들이 사용되었을 때 어느 정도 생산성을 갖게 되는지도 판단해야 한다.

각 교수학습 모형은 학생들에게 제공하는 인지적 · 사회적 과제에 있어 특별한 유형의 학습 결과를 가져오도록 설계되었다. 각 모형의 효과성은 그 모형이나 또는 동등한 모형이 사용되지 않은 조건과의 비교 과정에서 그 모형이 촉진한 학습 유형을 의미한다. 모형을 선정할 때는 어떤 것이 특정 과정, 단원, 활동에서 보다 나은 성과

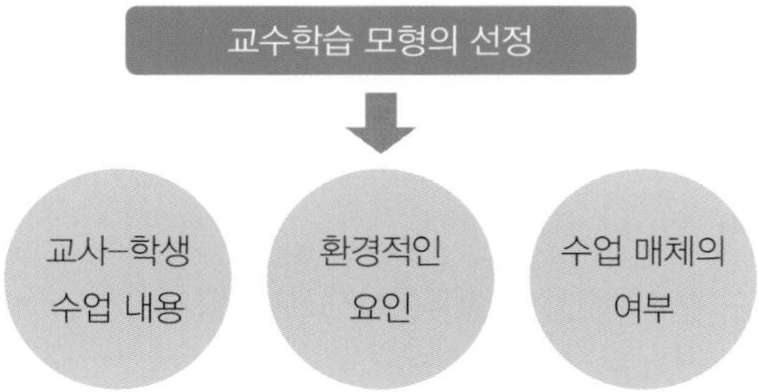

[그림 6-4] 교수학습 모형의 선정

를 낼 수 있는가를 고려해야 한다(Joyce et al., 2005).

교수학습 모형의 선정 시 가장 중요한 것은 학생의 학습 수준과 수업 집단의 규모, 그리고 수업 내용이다. 수업 내용은 교수학습 모형을 결정하는 중요한 요인이다. 단순히 이해만 요구되는 내용인가, 실험이나 실습 또는 관찰 등의 행동을 필요로 하는 내용인가도 고려해야 한다. 학생들의 학습 수준과 학습 집단의 규모 역시 교수학습 모형의 선정 기준이 된다. 대규모 집단 수업인가, 소규모 집단 수업인가에 따라 적용 가능한 교수학습 모형이 구분된다.

교사의 개인적인 특성이나 교과관 혹은 교수학습 모형관도 선정에 영향을 준다. 교사의 특정 모형에 관한 이해도 여부나 숙지 정도는 교수학습 모형 선정의 중요한 준거가 된다. 학생들의 요구사항이 무엇인가, 수업에 활용할 시간은 어느 정도인가, 실제 사용할 수 있는 예산은 어느 정도이며, 이에 따른 시설이나 설비는 충분한지 등도 교수학습 모형의 선정 시에 고려할 사항들이다. 교수학습 모형이 교사가 생각하고 있는 학습에 대한 견해를 나타내고 있는지, 교사 자신이 생각하고 있는 프로그램에 적합한 것인지, 그리고 교사에게 익숙하고 편안한 것인지를 고려해야 한다.

교사는 교수학습 모형에 필요한 학급을 조직할 수 있으며 또한 이에 필요한 자료들을 구할 수 있는지 여부와 학생 활동을 적절하게 포함하고 있는지, 이 교수학습 모형의 적용으로 야기되는 제 문제들을 해결할 수 있는지 또한 고려해야 한다. 가르칠 내용이 무엇이며, 그 내용에 적합한 모형으로는 무엇이 있고, 다양한 수업 모형 중 교사 자신이 가장 잘 적용할 수 있는 것은 어느 모형인가 또한 고려해야 할 사항이다.

특정 모형을 선정한다는 것은 결국 수업의 효율성과 경제성의 문제이자, 동시에 철학적인 의미를 고려해야만 하는 문제이다. 적절하게 선택된 교수학습 모형들은 학생들에게 새로운 학습환경을 제공해 주며, 학생들은 그 환경 속에 내재된 가치와 함께 그 환경을 배우게 된다(김민환, 추광재, 2015).

참고문헌

고재희(2008). **통합적 접근의 교육방법 및 교육공학**. 교육과학사.

권낙원, 최화숙(2010). **현장교사를 위한 수업모형**. 동문사.

김미숙(2015). 음악 교재 · 교구 활용의 당위성과 방향 모색. **예술교육연구**, 13(1), 101-114.

김미숙, 현경실, 민경훈, 장근주, 김영미, 조성기, 김지현, 조대현, 송주현, 박지현, 최윤경, 김지현(2015). 음악과 교재 연구. 학지사.

김민환, 추광재(2015). 예비 · 현직교사를 위한 수업모형의 실제. 박영Story.

김영미(2016). 음악과 교수 역량 강화를 위한 교육 프로그램 연구. 예술교육연구, 14(1), 53-76.

김영채(2009). 창의적 문제해결: 창의적 수업을 위한 코칭 가이드. 교육과학사.

김인식, 최호성, 최병옥 편(2000). 수업설계의 원리와 모형 적용. 교육과학사.

김현진(2014). 창의인성교육을 위한 교실수업실천과 평가방법 전략. 한국학술정보.

민경훈, 김신영, 김용희, 방금주, 승윤희, 양종모, 이연경, 임미경, 장기범, 조순이, 주대창, 현경실(2010). 음악교육학 총론. 학지사.

박진홍(2011). 음악비평 활동의 창의 · 인성 교육적 접근. 음악교육공학, 13, 95-114.

신재한, 김현진, 오동환(2013). 창의 · 인성교육을 위한 수업 설계 전략. 교육과학사.

윤기옥, 정문성, 최영환, 감문봉, 노석구(2009). 수업모형. 동문사.

이가원(2015). 다문화교육을 위한 대학 음악교양교육과정 개발 연구. 예술교육연구, 13(3), 39-55.

조연순, 성진숙, 이혜주(2008). 창의성 교육. 이화여자대학교 출판부.

한정선, 김영수, 주영주, 강명희, 조일현, 이정민(2011). 21세기 교사를 위한 교육방법 및 교육공학(제2판). 교육과학사.

Broudy, H. S. (1991). Realistic Philosophy of Music Education. In R. J. Colwell (Eds.), *Basic conceptd in Music Education II* (pp. 3-12). University Press of Colorado, Niwot.

Eggen, P. D., & Kauchak, D. P. (2014). 교사를 위한 수업 전략. 임청환, 강영하, 권성기 역. 시그마프레스.

Gunter, M. A., Eates, T. H., & Mintz, S. L. (2010). 수업모형. 권낙원 역. 아카데미프레스.

Johnson, D. W., & Johnson, R. T. (1988). Critical thinking through structured controversy. *Educational Leadership, 45*(8), 58-64.

Joyce, B., Weil, M., & Calhoun, E. (2005). 교수모형. 박인우, 강영하, 임병노, 최명숙, 이상수, 최정임, 조규락 역. 아카데미프레스.

Keller, J. M., & 송상호(1999). 매력적인 수업 설계. 교육과학사.

Lofstrom, E., & Nevgi, A. (2007). From strategic planning to meaningful learning: diverse perspectives on the development of web-based teaching and learning in higher education. *British Journal of Educational Technology, 38* (2), 312-324.

김미숙, 장근주

제7장

음악 교수학습 모형

음악 교수학습 모형에서는 탐구학습 모형, 창의적 문제해결학습 모형, 협동학습 모형, 반응중심학습 모형의 특징과 교육적 효과, 모형의 단계, 모형의 단계 적용 방안을 제시하고자 한다.

1. 탐구학습 모형

1) 탐구학습 모형의 특징

탐구학습 모형은 학습자의 일상생활과 직접 관련이 없는 학습 내용을 기계적으로 암기하는 전통적 수용학습에 대한 비판으로부터 생성되었다. 학생들이 문제를 탐구한다는 넓은 의미에서 경험학습, 발견학습, 가설검증학습 등이 모두 탐구학습에 포함될 수 있다. 탐구학습 모형은 지식을 얻는 과정, 방법 혹은 활동으로 표현되며, 문제해결 사고, 반성적 사고를 포함한다는 점에서 문제중심학습(문제해결학습) 모형과 비슷하다. 그러나 탐구학습 모형은 문제를 인식하고 가설을 형성하는 일이 선행되며 가설 검증 과정이 중요하게 다루어진다는 점에서 다른 모형들과 차별성을 가진다(김민환, 추광재, 2015).

2) 음악수업을 위한 탐구학습 모형의 단계

서치만(Suchman, 1962)이 개발한 탐구학습 모형의 단계는 탐구 결과보다는 탐구 과정을 훈련시키는 데 목적이 있다(권낙원, 최화숙, 2010 재인용).

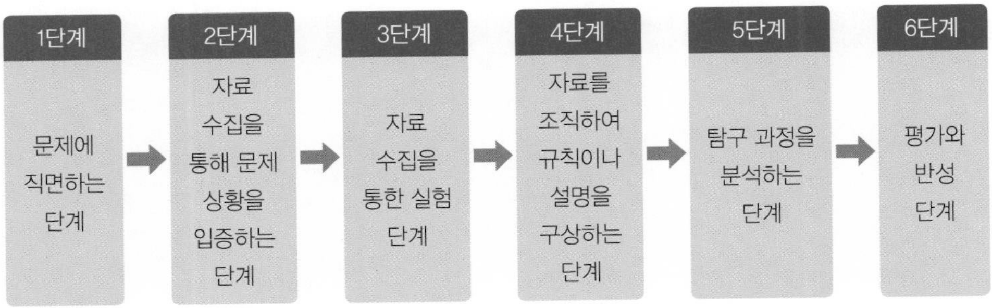

[그림 7-1] 탐구학습 모형의 단계

3) 음악수업을 위한 탐구학습 모형의 단계 적용 방안

(1) 1단계: 문제에 직면

교사는 문제 상황을 제시하고 탐구 절차를 설명해 준다. 이 단계에서 학습 문제에 대한 학생의 의문과 관심 사항을 고조시키고, 정보 수집에 자발적으로 접근하게 하는 것이 주요 문제이다.

(2) 2단계: 자료 수집을 통해 문제 상황을 입증

학생들이 목격하고 경험한 사태에 관한 정보를 수집하여 주로 어떠한 대상, 속성, 조건, 사태가 무엇인지를 입증한다. 정보를 시각화하거나 목록화하여 활용할 수 있다.

(3) 3단계: 자료 수집을 통한 실험

적절한 변인을 연결시키고 인과관계를 증명한다.

(4) 4단계: 자료를 조직하여 규칙이나 설명을 구상

전 단계의 정보 수집과 자료 해석을 근거로 문제에 대한 이해와 현재 상황을 예언해 보고 자료를 설명하도록 하는 단계이다. 어떠한 학생들은 자신이 수집한 정보를 이해하고 있으면서 그것을 잘 설명하지 못하는 경우도 있다. 똑같은 자료를 갖고도 여러 설명이 가능하다. 이를 토대로 가설을 형성하고 정보를 통하여 가설의 증거 자료를 제시할 수도 있는데, 이러한 과정을 통하여 추가적인 정보를 수집하여 가설을 더욱 정교화할 수 있다.

(5) 5단계: 탐구 과정을 분석

학생들은 탐구 전략을 분석하고 효과적인 전략을 개발하는 단계이다. 학생들은 가장 효과적이고 생산적인 질문과 그렇지 못했던 질문은 무엇이었는지를 결정해야 한다. 교사는 학생들의 질문에 직접 대답하는 대신 필요하다면 학생들에게 새로운 정보를 제시하고 질문을 제기하여 계속 탐구 활동을 전개해 나가도록 도와야 한다.

(6) 6단계: 평가와 반성

이제까지의 활동 전 과정을 분석하여 학습자의 정보처리 능력에 대한 반성적 사고를 가능하게 한다.

〈표 7-1〉 음악수업을 위한 탐구학습 모형의 단계 적용 예시

단계	내용	음악적 적용의 예	
		수업 주제 : 광고에서 배경음악이 미치는 영향 탐구하기	비고
1단계	문제 직면	• 음악이 삽입된 여러 편의 광고를 보여 주고, 광고에서 음악의 역할을 생각해 보도록 유도한다.	교사 비중 ⇧ PPT와 기자재 필요
2단계	문제 상황 입증	• 모둠을 나누어 광고에서 배경음악의 영향을 토론한다. • 조원들이 생각하는 광고 배경음악에 대한 생각을 나누어 정리하고, 광고 배경음악에 관해 필요한 자료를 수집한다.	모둠별 토론 활동 교사의 피드백 제공
3단계	실험	• 모둠에서 한 편의 광고를 선정하고, 배경음악을 분석한다.	학생 비중 ⇧
4단계	자료 조직	• 모둠에서 선정한 광고에 삽입된 음악과 다른 음악을 활용하여 광고 영상을 편집 · 재구성한다.	학생 비중 ⇧
5단계	탐구 분석	• 원래의 광고 및 재구성한 광고를 감상하고, 각각의 광고에서 광고 배경음악이 미친 영향을 토론한다. • 모둠별로 광고의 성격과 음악의 영향을 연계하여 분석하고, 광고에서 배경음악이 미치는 영향을 정리하여 발표한다.	학생 비중 ⇧
6단계	평가 반성	• 모둠 활동을 통해 느끼고 새롭게 알게 된 부분을 활동 소감문으로 작성한다. • 1~6단계까지의 활동에서 잘된 점과 보완할 점 등 구체적이고 전반적인 사항을 교사의 총평을 통해 마무리한다(수업계획에 따라 동료평가, 모둠별 평가, 자기평가 활용 가능). • 현대 사회에서 음악의 다양한 쓰임과 활용에 대해 자유롭게 이야기한다.	교사 주도의 활동 결과 발표

2. 창의적 문제해결학습 모형

1) 창의적 문제해결학습 모형의 특징

창의적 문제해결학습 모형(Future Problem Solving Program: FPSP)은 창의적으로 문제를 해결할 수 있는 사고기능과 태도를 개발하는 것을 목표로 한다(김영채, 2009). 창의적 문제해결학습 모형은 무엇을(what) 생각할 것인지를 가르치는 것이 아니라 창의적으로 사고하는 방법, 즉 어떻게(how) 사고할 것인지를 가르치는 전략이다.

파네스(Parnes, 1966)는 창의력은 학습될 수 있는 행동이며 타고나거나 고정된 것이 아니라 의도적으로 조작할 수 있고 개발할 수 있어 모든 인간은 보다 더 창의적이 될 수 있으며 삶에 창의력을 적용할 수 있다고 보았다. 따라서 파네스는 교사가 학생에게 창의적 행동을 지도해야 한다고 하였다(김영채, 2009 재인용).

2) 음악수업을 위한 창의적 문제해결학습 모형의 단계

창의적 문제해결학습 모형의 단계는 문제 이해 요소, 아이디어 생성 요소, 행위를 위한 계획 요소의 세 가지 요소와 하위 6단계로 이루어진다.

01. 문제 이해 요소	02. 아이디어 생성 요소	03. 행위를 위한 계획 요소
관심 영역의 발견	아이디어의 발견	해결의 발견
자료의 발견		수용의 발견
문제의 발견		

[그림 7-2] 창의적 문제해결학습 모형의 단계

3) 음악수업을 위한 창의적 문제해결학습 모형의 단계 적용 방안

창의적 문제해결학습 모형의 6단계는 차례대로 계열에 따라 지도하지만 이들 6단계 모두가 필요하지 않을 때도 있다. 그러므로 과제에 따라 적합한 단계를 골라 사용하거나 필요하다면 지난 단계로 돌아가거나 단계를 건너뛸 수 있다.

(1) 1단계: 관심 영역의 발견

아이디어 생성을 위한 사고를 발산적 사고라고 한다. 1단계에서는 다양한 교과와 다양한 맥락의 소재를 사용하는 것이 좋은데, 초보 수준에서는 친근하고 재미있는 자료, 쉬운 연습 문제(일상생활적)를 활용한다. 자료의 내용이 어려우면 내용을 이해하는 데 몰두해야 하기 때문에 '생각하는 방법'을 연습하는 데 방해를 받는다.

(2) 2단계: 자료의 발견

전 단계의 관심 영역에 기초하여 일반적인 문제(도전) 가운데 가장 핵심적인 1개의 문제(핵심 문제, underlying problem)를 선정한다. 선정한 문제는 적당히 추상적인 것이어야 한다. 너무 구체적이면 창의적인 아이디어를 생성해 내기가 어렵고 반대로 너무 추상적이면 생성해 내는 아이디어가 너무 많고 광범위해진다.

(3) 3단계: 문제의 발견

선정한 문제를 '현재 상태-바라는 상태-통로' 등을 포함하는 효과적인 문제로 진술한다. 수집한 정보들을 분류하여 조직화하여 구조화하고 이들을 시각적인 그림(마인드맵)으로 제시하면 전체적인 이해가 쉬워진다.

(4) 4단계: 아이디어의 발견

최선의 해결 아이디어를 선정할 수 있는 판단기준(척도, 기준)을 개발한다. 핵심 문제를 해결하기 위한 해결 아이디어는 '3C'의 과정으로 생성한다. '3C' 과정이란 먼저 발산적으로 새로운 아이디어를 생성해 내고[창의적(creative) 사고], 이렇게 생성해 낸 아이디어들을 수렴적 사고[비판적(critical) 사고]로 정리하여 최선의 것을 선택하고, 최종적으로 선택한 가장 창의적인 아이디어를 남들에게 효과적으로 진술(커뮤니케이션,

communication)하는 것이다.

(5) 5단계: 해결의 발견

전 단계에서 최선의 해결 방안을 판단하기 위한 준거를 만들어 냈다면 5단계에서는 이를 바탕으로 최선의 해결 방안을 선택해 낸다.

(6) 6단계: 수용의 발견

마지막 단계에서는 핵심 문제를 해결하기 위한 최선의 해결 아이디어를 현실에서 실천하기 위한 행위 계획을 마련하는 것이다. 행위 계획은 구체적이어야 하며, 실천에 유리한 상황뿐만 아니라 불리한 조건도 자세하게 고려할 수 있어야 한다. 이러한 행위 계획을 실천하며 보완이 필요한 부분은 적절히 수정하면서 최종적인 결과 산출을 평가해 볼 수 있을 것이다.

〈표 7-2〉 음악수업을 위한 창의적 문제해결학습 모형의 단계 적용 예시

단계	내용	음악적 적용의 예	
		수업주제: 음악 축제 기획하기	비고
1단계	관심 영역의 발견	• 다양한 음악 행사 및 축제에 관한 정보를 통해 음악 축제에 대한 관심을 가진다. • 축제의 효과(예: 다양한 사람이 함께 어우러지는 화합과 소통의 장)에 대해 브레인스토밍한다.	교사 비중 ⇧ PPT, 동영상, 기자재 필요
2단계	자료의 발견	• 교사와 학생이 자유롭게 이야기하고 기획할 음악 축제의 성격, 대상, 범위, 규모 등을 함께 논의하여 한정시킨다(학교급과 수업 여건에 따라 지역음악축제, 학교음악축제, 학급음악축제, 발표회 등으로 규모와 범위의 제한을 둔다). • 모둠별로 나누어 맡은 축제의 일부분(공연, 전시, 퍼포먼스 등)을 접근할 다양한 아이디어를 나눈다.	교사의 피드백 제공 모둠별 토론 활동
3단계	문제의 발견	• 모둠에서 기획하는 음악 축제의 기획안(내용)을 마인드맵 또는 스토리보드를 활용하여 시각적으로 구조화한다.	학생 비중 ⇧

4단계	아이디어의 발견	• 모둠이 맡은 음악 축제의 일부분이 한정된 조건(시간, 장소, 예산 등)에서 가능할 수 있도록 기획안을 꼼꼼하게 구성한다. • 모둠별 음악 축제 기획안 발표에서 있을 다른 모둠의 질문이나 의견을 예상하며 아이디어를 정교화한다.	학생 비중 ⇧ 교사의 피드백 제공
5단계	해결의 발견	• 모둠별로 기획한 음악 축제안을 발표한다. • 자유롭게 질문하고 의견을 나눈다. 각 모둠이 나누었던 음악 축제의 영역을 하나로 합하고, 합쳐진 기획안이 문제가 없는지 점검하고 일부 내용을 수정한다.	교사 비중 ⇧
6단계	수용의 발견 및 반성	• 1단계부터 6단계까지의 활동에서 잘된 점과 보완할 점 등 구체적이고 전반적인 사항을 교사의 총평을 통해 마무리한다(수업 계획에 따라 동료평가, 모둠별 평가, 자기평가 활용 가능). • 학기말 또는 학급 자율시간, 봉사시간을 활용하여 기획했던 음악 축제안을 실천한다.	교사 주도의 활동 결과 발표

3. 협동학습 모형

1) 협동학습 모형의 특징

협동학습(cooperative learning)이란 '이질적인 학생들이 공동의 학습 목표를 이루기 위해 학습 집단을 형성하여 함께 학습하는 교수 전략'으로, 학습자들이 공동의 학습 목표를 달성하기 위하여 활발한 사회적 상호작용을 통하여 학습 효과를 극대화한 학습 구조를 말한다. 이는 소규모로 구성된 학습 집단이 학생 개개인이 달성하고자 하는 학습 목표와 집단 구성원 전체가 달성해야 할 공동 목표를 설정하고, 구성원 간의 협동적 상호작용을 통해 공동의 학습 목표를 달성함으로써 집단 구성원 모두에게 유익한 학습 효과를 얻고 나아가 그들이 거둔 성취에 근거하여 보상을 줌으로써 상호의 존성을 확고히 하는 수업 전략이다.

슬라빈(Slavin, 1987)은 협동학습을 학습 능력이 각기 다른 학생들이 동일한 학습 목표를 향하여 소집단 내에서 함께 활동하는 수업 방법으로 규정하였다. 그는 또한 학생들은 협동학습을 통해 '전체는 개인을 위하여(all-for-one), 개인은 전체를 위하여(one-for-all)'라는 태도를 갖게 되고, 집단 구성원들의 성공적 학습을 위하여 서로 격려하고 도움을 줌으로써 학습 부진을 개선할 수 있다(변영계, 김광휘, 1994 재인용)며 협동학습의 장점을 피력하였다.

〈표 7-3〉는 협동학습 모형의 분류이다. 협동학습 모형은 과제중심 협동학습, 보상중심 협동학습, 교과중심 협동학습, 구조중심 협동학습, 기타 협동학습으로 구분할 수 있다.

〈표 7-3〉 협동학습 모형의 분류

모형 분류	구조 모형	특징
과제중심 협동학습	• 직소(JIGSAW) • 모둠탐구 모형(GI) • 자율적 협동학습 모형(Co-op Co-op)	과제 수행에 있어서 긍정적인 상호 의존성 강조
보상중심 협동학습	• 모둠성취분담(STAD) 모형 • 모둠게임토너먼트(TGT) 모형	협동적 보상체제를 통하여 학습 효율성 추구, 경쟁요소 강조
교과중심 협동학습	• 모둠보조개별학습 모형(수학) • 읽기쓰기통합 모형(국어, 영어) • 일화를 활용한 의사결정 모형(사회)	교과별 특성을 반영한 수업 모형
구조중심 협동학습	• 플래시 카드 게임 • 생각-짝-나누기 • 하나 가고 셋 남기 • 동전 내놓기 등	다른 수업 모형에 비해 비교적 간단하여 현장성과 실용성이 뛰어남
기타 협동학습	• 함께 학습하기(LT) 모형 • 찬반논쟁수업 모형 • 시뮬레이션 모형 • 온라인 협동학습 • 짝 점검 모형 • UCC 활용 협동학습(프로젝트학습)	기타 다양한 협동학습 모형들

2) 음악수업을 위한 자율적 협동학습 모형의 단계

음악 교수학습 모형의 적용에서는 협동학습 모형 중 자율적 협동학습 모형을 제시하고자 한다. 케이건(Kagan)은 자율적 협동학습 모형의 10단계를 [그림 7-3]과 같이 제시하였다.

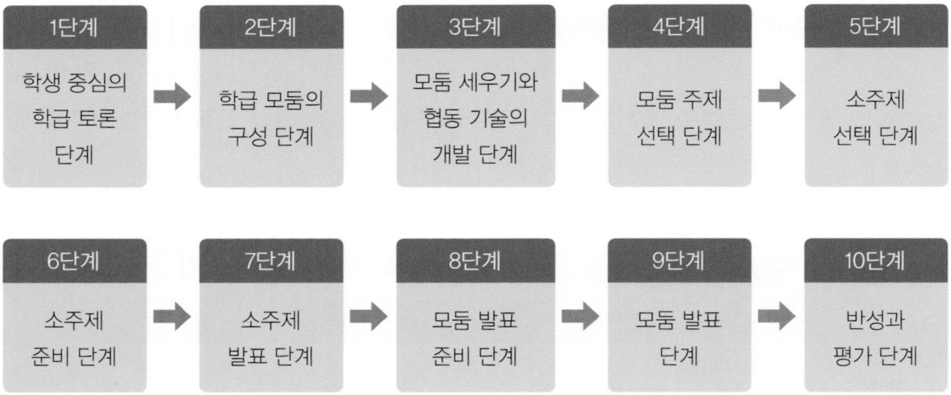

[그림 7-3] 자율적 협동학습 모형의 단계

3) 음악수업을 위한 자율적 협동학습 모형의 단계 적용 방안

(1) 1단계: 학생 중심의 학급 토론

이 단계는 학급 토론을 통한 학습 주제를 선정하는 것을 목표로 한다. 토론의 목적은 학생들이 특정 주제에 대하여 호기심을 유발하여 주제에 대한 참여도를 높이는 것으로, 자율적 협동학습 모형의 성공은 이 단계에서 학생들이 얼마나 적극적으로 흥미를 보이는가에 달려 있다(전성연 외, 2010). 학생들은 주제에 대해 알게 된 것, 더 알고 싶은 것에 대해 브레인스토밍을 하고 교실 전체 토의 · 토론을 한다. 이 과정에서 한 주제에 대한 다양한 소주제가 학생들의 토의 · 토론 과정에서 만들어진다. 언급된 주제들을 모두 열거한 뒤에 토의 · 토론을 통해서 주제를 분류하고 최종적으로 다룰 주제를 정한다(정문성 외, 2002).

(2) 2단계: 학급 모둠의 구성

이 단계는 주제 선택에 따른 학습 집단 구성을 위하여 학생들이 선택한 주제를 중심으로 모둠을 편성한다.

(3) 3단계: 모둠 세우기와 협동 기술의 개발

이 단계는 각 모둠별로 구성원들 간의 긍정적인 상호작용과 자아존중감을 형성하여 공동체 의식을 심어 주도록 교사들은 다양한 집단 세우기 방법을 활용할 수 있다. 협동적 기술 계발 활동에는 상대방 말에 경청하기, 지원적인 질문, 도움이 되는 비판, 갈등 해결 기술 등이 포함되며, 이러한 소통 기술은 자율적 협동학습 모형의 전 과정에서 지속적으로 이루어져야 한다(전성연 외, 2010).

(4) 4단계: 모둠 주제 선택

이 단계는 모둠의 주제를 명확히 규정하고 이에 대한 구성원 간의 정체성을 확립한다.

(5) 5단계: 소주제 선택

이 단계는 미니 주제 선택과 분업의 과정으로, 모둠 구성원들은 정교화된 소주제를 몇 개의 미니 주제로 나누고 모둠 내에서 토론을 통하여 역할을 분담하고, 자신들이 맡은 소주제를 보다 정교한 형태로 구체화하고 연구 범주를 정한다.

(6) 6단계: 소주제 준비

이 단계는 개별 학습 및 준비의 과정으로, 학생들은 자신이 맡은 미니 주제를 개별 학습하고 모둠 내에서 발표할 준비를 한다. 이때 학생들은 소주제에 대해 토론하고 자료를 공유한다.

(7) 7단계: 소주제 발표

이 단계는 각자 탐구한 소주제를 집단 내에서 발표하고 토론하는 과정으로, 학생들은 자신이 맡은 소주제에 대한 활동을 완성한 후에 모둠 내에서 자신이 맡은 소주제에 대한 학습 및 조사 결과를 발표하도록 한다.

(8) 8단계: 모둠 발표 준비

이 단계는 모둠 주제에 대한 발표 내용 및 형식을 결정하고 소주제 발표 단계에서의 사항들을 수정 · 보완하여 나타난 결과를 종합적으로 모둠에서 발표할 수 있도록 준비한다.

(9) 9단계: 모둠 발표

이 단계는 모둠별로 전체 학급에 대해 발표하고 교실 전체가 토의 · 토론한다.

(10) 10단계: 반성과 평가

반성과 평가는, 첫째, 학습 전체 학생들로부터의 집단 발표 평가, 둘째, 집단 구성원들로부터의 집단 내 개인의 집단에 대한 기여도 평가, 셋째, 학생들의 소주제나 소주제 발표에 대한 교사 평가 등 세 가지 수준에서 이루어진다(전성연 외, 2010). 따라서 교사는 모둠 발표 후에 장단점을 학습 전체가 토론하도록 유도하고, 교사는 구성원이나 모둠의 기여도를 평가할 수 있다.

〈표 7-4〉 음악수업을 위한 UCC 활용 협동학습 모형의 단계 적용 예시

단계	내용		음악적 적용의 예
1단계	학생 중심의 학급 토론	주제 제시 및 선정	• 교사가 학습 주제를 제시한다. • 모둠별로 학습 주제에 연관된 다양한 소주제를 토의한다. • 모둠별로 원하는 소주제를 정한다.
2단계	학급 모둠의 구성	소주제 선택에 따른 학습 집단 구성	• 학생들이 선택한 주제를 중심으로 모둠을 편성한다.
3단계	모둠 세우기와 협동 기술의 개발	모둠의 활동적 기술 개발	• 모둠 형성과 집단 구성원 간의 공동체 의식을 형성한다.
4단계	모둠 주제 선택	소주제의 작은 주제 선정	• 모둠별로 마인드맵을 활용하여 브레인스토밍을 한다. • 소주제와 관련하여 다양한 생각과 아이디어를 낸다. • 아이디어 내용을 마인드맵을 통하여 정리하고, 쓰기를 활용하여 모둠 마인드맵을 진행한다.
5단계	소주제 선택	개별 학습	• 소주제에 관하여 자신이 맡은 작은 주제에 관하여 학습하고 정리한다.

6단계	소주제 준비	스토리보드 제작 (모둠 학습)	• 교사가 학생들에게 스토리보드에 대하여 설명한다. • 모둠별로 스토리보드 활용법을 익히면 이에 따라 모둠별로 토의하여 스토리보드를 제작한다. • 교사가 모둠별로 제작한 스토리보드를 점검한다.
7단계	소주제 발표	촬영 및 자료 수집	• 핸드폰이나 디지털카메라를 이용하여 사진이나 동영상을 제작한다. • 직접 촬영하기 힘든 것은 인터넷을 통하여 다양한 이미지나 동영상을 수집한다.
8단계	모둠 발표 준비	편집 및 동영상 제작	• 수집한 사진이나 동영상을 윈도우 무비 메이커 등의 편집 도구를 활용하여 동영상 작품을 제작한다.
9단계	모둠 발표	학급 전체 발표	• 모둠별로 완성한 동영상 작품을 학급 전체에서 발표한다. • 완성한 동영상 작품은 메일이나 CD, USB 등 이동식 디스크에 수록한다.
10단계	반성과 평가	평가	• 평가하는 데 있어서 기존의 교사 평가 방식에서 벗어나 동료 평가 방식을 과감히 도입하여 어떤 모둠에서 작품을 발표하면 발표 모둠을 제외한 나머지 모둠에서 평가한다.
		사이트 게시	• 완성한 작품을 UCC 사이트에 게시하여 불특정 다수에게 평가를 받도록 한다.

4. 반응중심학습 모형

1) 반응중심학습 모형의 특징

반응중심학습 모형은 문학비평이론 중의 하나인 반응중심학습 이론에서 발달한 모형이다. 현대에 들어 교육은 학습자가 의미를 구성하는 주체라고 보는 구성주의의 영향을 받았으며, 1960년대 이후 교수자 중심의 교육과 수동적인 학습자를 양성하는 교육의 대안으로 학습자의 수용과 반응을 중심으로 한 (문학)비평의 관점이 확산되어 로젠블랫(Rosenblatt)의 독자 반응 이론의 연구가 등장하였다. 로젠블랫의 이론은 텍스트와 학습자 모두를 고려하여 이를 토대로 다양한 후속 연구가 진행되었으며, 반응

중심학습 모형이 개발되었다(김창원 외, 2005). 기존의 신비평 이론은 문학작품의 외적인 측면을 철저히 배격하고 텍스트 자체만을 대상으로 작품을 비평하는 방법으로 의미의 원천을 작품에서 찾고자 하였기 때문에 독자나 작가는 철저히 제외되었으나, 독자 반응 이론이 등장하면서 텍스트만을 강조하는 것이 아니라 학습자를 중요하게 생각하게 되었다. 따라서 반응중심학습 모형은 텍스트 자체보다는 그것을 읽고 받아들이는 학습자의 다양한 반응을 존중하는 것을 기본으로 한다.

반응중심학습 모형은 일반적으로 반응 준비하기, 반응 형성하기, 반응 명료화하기, 반응 심화하기 단계로 구성된다. 반응중심학습 모형의 원리는 기본적으로 학습자들은 자신의 삶의 경험, 가치와 신념, 상황과 목적에 따라 작품을 접하기 때문에 (문학)작품에 대한 이해가 다르며, 개인마다 다른 의미의 작품을 만들게 된다. 이에 교수자는 학습자들이 자신의 삶과 관련지어 감상하여 학습자의 주체적인 감상으로 이어질 수 있도록 지도하고, 이러한 과정을 통해 학습자의 상상력을 계발하고 바람직한 심성과 인생관의 형성을 도울 수 있어야 한다는 것이 반응중심학습 모형의 기본적인 학습 원리이다.

2) 음악수업을 위한 반응중심학습 모형의 단계

반응중심학습 모형은 일반적으로 반응 준비하기, 반응 형성하기, 반응 명료화하기, 반응 심화하기의 4단계로 구성된다(권택환 외, 2010).

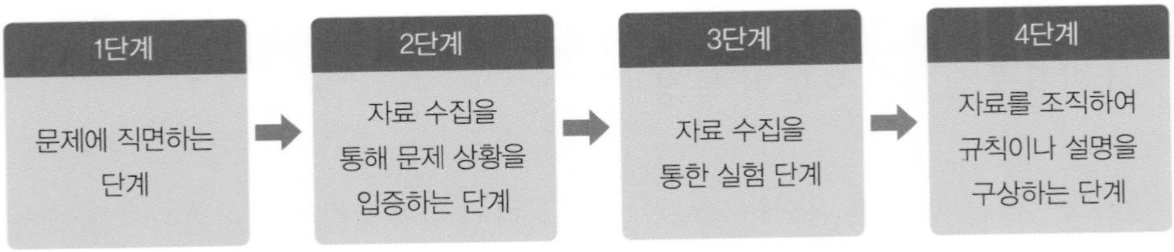

[그림 7-4] 반응중심학습 모형의 단계

3) 음악수업을 위한 반응중심학습 모형의 단계 적용 방안

(1) 1단계: 반응 준비하기

반응 준비하기 단계는 학습 문제를 확인하고 작품을 이해하는 데 필요한 배경지식을 활성화하는 단계이다(교육과학기술부, 2009). 교사는 학습자의 반응을 위해 작품과 관련된 자료, 그림, 사진 등을 보고 자신의 느낌과 일상, 경험 등을 이야기하면서 학습자의 배경지식을 활성화한다.

(2) 2단계: 반응 형성하기

반응 형성하기 단계는 학습자가 작품을 접하고 최초의 반응을 형성하게 되는 단계로, 작품을 통한 느낌, 생각 등의 학습자 자신의 반응을 기록을 통해 간단히 정리해 본다.

(3) 3단계: 반응 명료화하기

반응 명료화하기 단계는 각자 정리한 반응을 상호 공유하고 이를 바탕으로 자신의 반응을 정교화하거나 확장하는 단계이다(교육과학기술부, 2009). 교사는 개별적인 학생의 반응 형성에 머물지 않고 교사와 학생, 학생과 학생 간의 반응을 공유하는 과정을 통해 자연스럽게 반응을 조정하고 정교화하는 활동을 하게 된다(염창권, 2001). 이를 위해 교사와 학생, 학생과 학생 간의 토의 활동을 통해 개별 학생들의 반응을 이끌어 내고, 작품에 대한 반응을 동료들과 나누고 반성하는 활동을 할 수도 있다. 이처럼 학생들은 작품에 대한 각자의 반응을 토의 등을 통해 서로 공유하면서 자신의 반응을 정교화하고 다시 정리해 간다. 반응을 정교화할 때는 반성적 쓰기나 그리기 등을 활용할 수 있다.

(4) 4단계: 반응 심화하기

반응 심화하기 단계는 주제, 인물, 사건, 배경 등을 토대로 다른 작품과 관련지어 보면서 작품의 이해를 높이고, 자신의 삶 혹은 현실의 투영을 통해 반응을 심화하는 단계이다. 주제에 대한 토의나 토론 활동으로 반응을 심화할 수 있다. 반응의 심화를 위해 교사와 학습자는 다른 작품을 관련지어 보고 토의하면서 자신의 반응을 심화할 수 있다. 또한 학습한 반응을 자신의 경험과 연관 짓거나 자신이 주인공이 되어 '~하는 척' 하는 활동 등을 활용하여 각자의 문학적 체험을 수직적 · 수평적으로 확대하고 창작 경험으로 확대시키기 위한 일반화 과정에도 참여할 수 있다(전병운 외, 2013).

〈표 7-5〉 음악수업을 위한 반응중심학습 모형의 단계 적용 예시

단계	내용	음악적 적용의 예	
		수업 주제: 무조 음악을 듣고 자신의 느낌을 주관적으로 표현하기	비고
1단계	반응 준비하기	• 동기유발을 위해 달, 밤, 피에로 등과 관련된 사진, 그림 등을 보고 자신의 느낌, 일상, 경험 등을 이야기하고 배경지식을 활성화한다. • 자신의 느낌과 감정, 생각 등을 자유롭게 표현할 수 있도록 충분한 시간과 편안함을 줄 수 있도록 한다.	교사 비중 ⇧ PPT와 기자재 필요
2단계	반응 형성하기	• 표현주의 미학에 기초한 쇤베르크(Schonberg)의 〈달에 홀린 피에로〉를 감상한다. • 〈달에 홀린 피에로〉를 듣고 느낀 느낌, 생각 등을 기록한다.	학생 비중 ⇧
3단계	반응 명료화하기	• 작품에 대한 개인 반응 공유 및 상호작용한다. 비슷한 의견을 가진 학습자들끼리 소그룹을 이루어 의논하고 발표하도록 한다. • 자신의 반응을 정교화 및 재정리한다. 정교화할 때 그림을 그리거나 글을 활용한다. 학생들이 자신의 반응을 공유할 때 교사는 느낌에 대해 찬성 혹은 반대 의견의 제시보다 발문을 통해 스스로 반성하거나 정교화할 수 있도록 돕는다.	학생 비중 ⇧ 모둠별 토론 활동 교사의 피드백 제공
4단계	반응 심화하기	• 쇤베르크의 〈3개의 피아노 소품〉, 〈바르샤바의 생존자〉를 듣고 〈달에 홀린 피에로〉와 관련지어 보고, 〈달에 홀린 피에로〉에서 느낀 느낌을 자신의 삶에 투영해 본다.	학생 비중 ⇧

참고문헌

권낙원, 최화숙(2010). **현장교사를 위한 수업모형**. 동문사.

권택환, 강대식, 김상선, 김은주, 서혜정, 신재한, 신재훈, 이점조, 임문택, 정경렬, 하미애(2010).

특수교육 교과교육론: 수형모형에 따른 지도의 실제. 양서원.
김민환, 추광재(2015). 예비 · 현직교사를 위한 수업모형의 실제. 박영Story.
김영채(2009). 창의적 문제해결: 창의적 수업을 위한 코칭 가이드. 교육과학사.
김윤화, 이재영, 이은영, 김철성, 최명숙, 이용일, 박명옥, 박우정, 이미정(2015). 배움을 여는 미술 교수 · 학습 방법. 교육과학사.
김창원, 정유진, 우주연, 함욱, 이지영, 양경희, 김수진(2005). 국어과 수업 모형. 삼지원.
변영계, 김광휘(1999). 협동학습의 이론과 실제. 학지사.
신재한(2012). 다중지능이론에 기초한 주제 중심 통합 문화예술교육 교수 · 학습과정안 개발 및 적용. 한국예술교육, 5, 87-103.
윤기옥, 정문성, 최영환, 감문봉, 노석구(2009). 수업모형. 동문사.
이동연(2003). 문화예술교육 활성화를 위한 대안모색: 문화 인프라와 학교교육의 연계를 중심으로. 문화예술교육 활성화 방안 문화관광부 세미나 자료.
이미숙(2015). 중등학교 협동학습의 이론과 실제. 좋은땅.
이수태, 남영수(2014). 전래동화를 활용한 문화예술교육 통합프로그램 모형 개발. 한국상품문화디자인학회, 38, 79-93.
전병운, 김희규, 박경옥, 유장순, 정주영, 홍성두(2013). 국어교육의 이론과 실제. 학지사.
전성연, 최병언, 이흔정, 고영남, 이영미(2010). 협동학습 모형 탐색. 학지사.
정문성(2006). 협동 학습의 이해와 실천(개정판). 교육과학사.
조연순, 성진숙, 이혜주(2008). 창의성 교육. 이화여자대학교 출판부.
황금숙, 김영주, 김정선, 민경훈, 박지선, 서예원, 이정민, 장선연, 최재석(2007). 방과 후 교육을 위한 통합형 문화예술교육 모형 개발 연구. 원주문화재단.

···Music Teaching and Learning Method···

제2부

교수학습방법

(문화예술교육으로서 음악교육을 위한 다양한 교수법)

김신영

제**8**장

자크-달크로즈 교수법

자크-달크로즈는 학생들을 단순히 악기를 연주하는 연주자로 키우는 것이 목표가 아니라 개인의 감정을 표현하는 수단으로 악기를 다루게 되기를 바랐으며, 이를 위해 유리드믹스, 솔페즈, 즉흥연주의 세 가지 영역을 연계하여 독특한 교수법을 창안하였다. 그의 교수법은 학생의 '음악적 감수성'과 '청음능력 계발'에 중점을 두고 있다. 이 장에서는 자크-달크로즈 교수법의 철학과 의미에 대해 살펴보고, 실제 수업에서 적용하는 사례를 제시한다.

"들리는 소리를 보이는 소리로"
"음악교육에 있어 가장 중요한 것은 아이들이 음악을 귀로만 듣는 것이 아니고 몸 전체로 들음으로써 음악을 느끼고 음악에 빠져들 수 있도록 해 주는 것이다."

– 자크-달크로즈

1. 에밀 자크-달크로즈(Émile Jaques-Dalcroze, 1865~1950)

에밀 자크-달크로즈[1]는 스위스 출신의 음악교육자이자 작곡가, 지휘자, 피아니스트이다. 그는 제네바 음악원을 졸업한 후 연극과 음악 분야를 접목함으로써 음악과 움직임의 조화를 깨닫기 시작하였다. 자크-달크로즈는 몸의 움직임을 통하여 음악을 경험하고 학습하는 방식인 유리드믹스를 고안하였다. 이는 음악 자체의 흐름과 신체에서 나오는 흐름과의 연관성에서 출발한 음악교육 방법이다. 그는 1892년부터 스위스의 제네바 음악원 교수로 활동하면서 정규 교과과정에 리듬체조 시스템을 개

[그림 8-1] 자크-달크로즈

1) 달크로즈의 원래 이름은 에밀 자크(Émile Jaques)였는데 그 당시에 활동하던 다른 작곡가와 이름이 같아 혼동을 피하고자 친구 레이몽 발크로즈(R. Valcroze)의 동의를 받아 V를 D로 바꾸고, 자신의 이름을 에밀 자크-달크로즈(Émile Jaques-Dalcroze)로 바꾸었다. 이때부터 달크로즈는 공식적인 이름이 되었다.

설하여 자신의 새로운 교수법을 확립하였다. 1911년 독일의 드레스덴(Dresden) 근교에 있는 헬러라우(Hellerau)에 리듬 · 음악 · 체육 학교를 창립하여 근대 무용 및 음악교육에 새로운 장을 열었다.

2. 자크-달크로즈의 음악교육 철학

자크-달크로즈의 음악교육 철학은 '모든 학습은 발견으로부터'라는 페스탈로치(J. H. Pestalozzi)의 교육 원리에 기초하고 있으며, 피아제(J. Piaget), 듀이(J. Dewey), 클라파레드(E. Claparède), 뤼시(M. Lussy) 등의 철학자 및 교육학자의 영향을 받았다. 그의 교수법은 기술의 전수과정으로서의 음악교육이 아닌 이성, 감성, 신체를 동시에 발전시키는 전인 교육을 목적으로 하여 음악적 감수성 계발에 초점을 두었다.

자크-달크로즈는 유리드믹스 수업을 통해 정신적(mental), 감성적(emotional), 신체적(physical) 측면이 학생들에게 매우 중요한 작용을 한다고 보았다([그림 8-2] 참조).

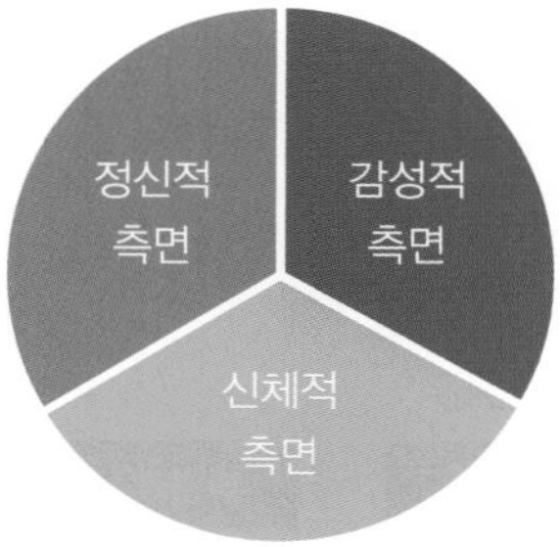

[그림 8-2] 자크-달크로즈 교수법의 세 가지 측면

1) 정신적 측면

음악은 인간의 마음을 움직일 수 있는 힘과 정신적인 면에 강한 감화력을 줄 수 있는 요소들로 구성된다. 음악의 원천은 인간의 정신세계와 직결되어 있으므로 음악을 동작으로 표현해 내는 유리드믹스 과정에서 학생들은 집중력, 인지력, 상상력, 창의력 등이 향상된다.

2) 감성적 측면

감성적 체험은 음악의 가장 기초적인 경험에서 중요한 역할을 한다. 귀를 통해 인지된 음악이 인간의 내적 감정을 자극할 때 비로소 인간 내면의 정서적 반응이 일어난다. 따라서 유리드믹스 수업을 통해 청음능력, 음악적 분석력, 표현력이 자연스럽게 증대된다.

3) 신체적 측면

청각예술인 음악은 듣는 경험으로부터 출발하며, 이러한 경험은 몸의 각 근육 및 신경들과 동시에 반응하고 작용한다. 따라서 신체의 움직임을 통한 학습은 음악적 지각능력을 발달시킨다.

결과적으로 자크-달크로즈는 모든 음악은 그 음악에 맞는 움직임이 있고, 모든 움직임에는 그 움직임에 맞는 음악이 있다고 보았다. 즉, 인간의 내면적인 감정은 여러 가지 신체의 움직임으로 표현하며 동작을 통해서 음악으로 전환한다는 것이다. 이러한 교육 철학과 원리에 기초하여 음악을 몸으로 표현하는 독특한 교육 방법인 유리드믹스를 창안해 냈다. 이 교수법은 정보를 교환하는 뇌와 신체적으로 수행하는 근육 사이에 일어나는 송환체계에 바탕을 두고 있다.

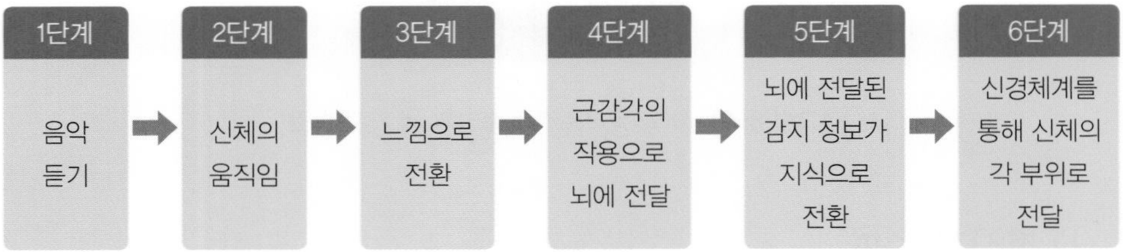

[그림 8-3] 뇌와 근육 사이 송환체계

3. 자크-달크로즈의 음악교육 방법

자크-달크로즈는 그의 음악교육 철학에 기초한 유리드믹스, 솔페즈, 즉흥연주의 3대 영역을 연계하여 그의 독특한 교수법을 창안하였다. 이 3대 영역을 이용한 교수 과정은 자크-달크로즈의 핵심 철학을 바탕으로 설계된다. 그 대표적인 내용은, 첫째, 직접 음악적 경험을 한 후에 이론을 배우기, 둘째, 모든 음악학습에서 청각 훈련을 우선적으로 다루기, 셋째, 학생이 경험한 음악을 심화시키고 발전시키는 수단으로 즉흥연주를 활용하기이다.

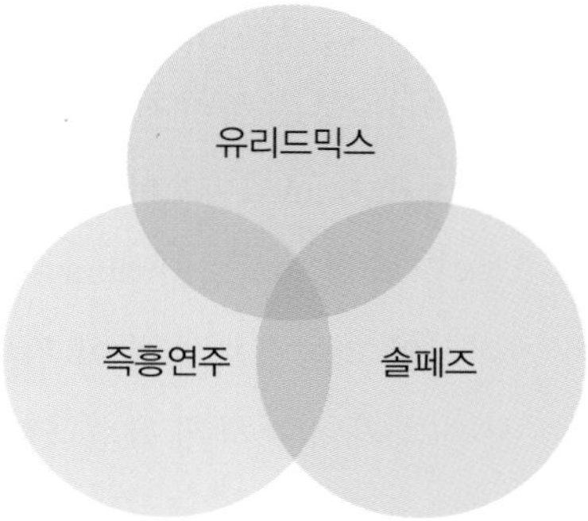

[그림 8-4] 자크-달크로즈 교수법의 3대 영역

1) 유리드믹스(eurhythmics)

유리드믹스는 몸의 움직임을 사용해서 음악을 배우는 과정으로 리듬, 박자, 프레이즈, 형식, 셈여림, 뉘앙스 등 다양한 개념을 음악적인 움직임으로 표현하는 과정을 통해 음악성을 키워 준다.

(1) 유리드믹스의 개념

유리드믹스는 '좋은 리듬(good rhythm)'이라는 의미로 '좋다(good)'라는 뜻의 'eu'와 '흐르다'라는 뜻의 그리스어 '리트머스(rhythmos: flow, river)'의 합성어이다. 이는 음악에 맞는 신체 동작을 통해서 음악이 잘 흐르도록 연주하는 것을 의미한다. 자크-달크로즈 교수법은 리듬이 음악의 근본이며 사람의 신체에서 나오는 자연적인 흐름결에 기초한다는 전제를 바탕으로 고안되었다. 즉, 유리드믹스는 '들리는 소리를 보이는 소리'로 만드는 과정이라고 볼 수 있다.

(2) 리듬의 의미

리듬은 시간과 공간 속에서의 흐름을 의미하며 수직적 · 수평적 움직임을 모두 포함하고 있다. 자크-달크로즈는 박의 개념에 대해 크루시스(crusis)[2], 메타크루시스(metacrusis)[3], 아나크루시스(anacrusis)[4]로 구분하여 공간 속에서 힘의 긴장과 이완을 설명한다. 그는 이러한 힘의 긴장과 이완의 흐름을 신체의 움직임으로 잘 표현할 수 있는 사람이 비로소 좋은 리듬을 갖고 있다고 보았다(Abramson, 1998 재인용).

자크-달크로즈는 학생들의 연주에서 나타나는 리듬을 세 가지 유형으로 분석하여 이를 해결하기 위해 고민하였다. 이 유형은 불규칙 리듬, 박절 리듬, 좋은 리듬이다(Chosky et al., 1986). 불규칙 리듬(arrhythmy)은 박이 불분명하고 공간 속에서의 움직임과 흐름이 없는 상태를 의미한다. 박절 리듬(errhythmy)은 규칙적이고 정확하게 박이 진행되지만 로봇과 같이 기계적인 리듬으로 흐름이 거의 없고 생동감이 없다. 좋은 리듬(eurhythmy)은 박의 흐름을 따라 정확하게 표현하며 음악의 모든 요소가 조화를 이루어 공간 속에서 흐르는 상태이다.

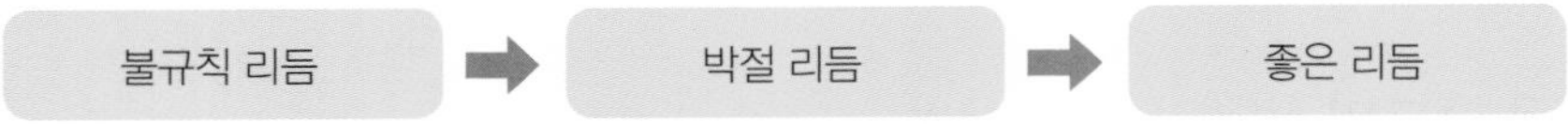

[그림 8-5] 리듬의 세 가지 단계

(3) 리듬의 34 요소

아브람슨(Abramson, 1986)은 그의 저서 『21세기의 음악 지도(Teaching Music in the

2) 4/4박에서 숨을 내쉬면서 긴장이 해소되는 첫 번째 박이며, 힘의 방향이 아래쪽으로 향하게 하는 수직적 움직임이다.

3) 4/4박자에서 둘째, 셋째 박이며, 첫 번째 박의 반동에 의해 힘의 방향이 수평적으로 움직이는 박이다.

4) 4/4박자에서 넷째 박이며, 힘의 방향이 위로 향하고 첫 번째 박으로 돌아가기 위해 숨을 들이쉬면서 힘이 모아진다.

21st Century)』에서 학생들의 좋은 리듬을 훈련시키기 위해 학습해야 할 리듬의 요소를 단계적으로 34 항목을 제시하였다. 그는 "좋은 예술가가 되기 위해서는 인간이 가지는 오감(시각, 청각, 후각, 미각, 촉각) 외에 근육 운동 지각 능력(kinesthetic sense)을 발달시켜야 하고 근육 운동 지각 능력을 발달시키는 것이 유리드믹스의 과정이다."라고 언급하였다. 학생들은 〈표 8-1〉에서 제시한 음악 개념들을 유리드믹스를 통해 배우면서 '보이지 않는 소리를 보이는 소리'로 바꾸는 경험을 하게 된다.

〈표 8-1〉 리듬의 34요소

유리드믹스에 적용되는 리듬의 요소					
1	시간, 공간, 힘, 무게, 균형, 유동성의 상호관계	13	패턴	25	부가리듬
2	규칙적인 박	14	내재된 박	26	혼합박자
3	빠르기	15	프레이즈	27	혼합박
4	변화하는 빠르기	16	단선율 형식	28	혼합박자와 혼합박
5	강약	17	축소	29	복합박자
6	변화하는 강약의 변화	18	확대	30	복합리듬
7	아티큘레이션	19	리듬적 대위법	31	해미올라
8	다양한 악센트	20	당김음	32	리듬적 변화
9	박자	21	빈주가 있는 단선율	33	12음 나누기
10	쉼표	22	대위적 형식	34	루바토
11	음의 길이	23	캐논		
12	음의 분할	24	푸가		

(4) 리듬과 몸동작

자크-달크로즈는 음악의 리듬에서 느껴지는 이미지나 좋은 아이디어를 몸의 움직임으로 표현함으로써 리듬감각을 향상시킨다고 보았다. 따라서 음악을 움직임으로 표현할 때 시간, 공간, 에너지의 상관관계는 강약, 템포, 음의 길이 등 여러 가지 음악적인 요소와 관련되며 신체의 움직임은 선율의 흐름, 화성의 변화 등 음악적인 요소와 개념을 파악하는 수단이라고 생각하였다.

[그림 8-6] 음의 강약

[그림 8-7] 음의 길이

신체의 움직임은 음악에 대한 신체적인 반응이며, 자크-달크로즈가 수업 시간에 사용했던 동작은 크게 이동 동작과 비이동 동작으로 구분된다. 이동 동작은 자유롭게 공간을 움직이면서 이루어지는 동작이며, 비이동 동작은 제자리에서 신체의 특정 부위를 움직이면서 이루어지는 동작이다.

〈표 8-2〉 유리드믹스에 적용하는 동작

이동 동작	비이동 동작
• 걷기(walking)	• 손뼉치기(clapping)
• 달리기(running)	• 좌우로 흔들기(swinging)
• 뛰기(jumping)	• 돌기(turning)
• 기어다니기(creeping)	• 밀기(pushing)
• 미끄러지기(sliding)	• 지휘하기(conducting)
• 말뛰기(galloping)	• 잡아당기기(pulling)
• 스킵하기(skipping)	• 뻗기(strething)
• 호핑하기(hopping)	• 구부리기(bending)

[그림 8-8] 좌우로 흔들기

〈표 8-3〉 공간에서 다양하게 걷기의 예시

- 제자리에서 빠르게 혹은 느리게 걸어 본다.
- 공간에서 삼각형, 사각형, 둥근 선을 그리면서 다양한 형태로 걷는다.
- 팔을 앞으로, 좌우로, 뒤로 다양한 방법으로 스윙하면서 걷는다.
- 손의 위치를 위로, 아래로, 뒤로 다양하게 변화시키면서 걷는다.
- 스카프를 박에 맞추어 흔들면서 걷는다.
- 교사의 연주에 맞추어 시선을 여러 방향으로 바꾸어 걷는다.

2) 솔페즈(solfege)

솔페즈는 유리드믹스 활동과 다양한 음악적 주제들을 결합한 노래 부르기, 청음, 이론교육을 통해 음감, 선율, 화성의 변화 등을 인식시킨다.

(1) 솔페즈의 의미

솔페즈는 '악보를 보고 계이름 부르기'라는 뜻의 프랑스 어원을 갖고 있으며, 귀도 다레초(Guido d'Arezzo, 991~1050경)의 계명창법을 기초로 하여 18세기부터 이탈리아와 프랑스에서 관행적으로 가르치던 성악의 기본 훈련법에서 유래되었다(민경훈 외, 2024: 234). 자크-달크로즈의 솔페즈 교육은 초견, 청음, 이론, 연주, 창작이 통합된 수업으로 이루어지며, 음의 높낮이(pitch), 리듬(rhythm), 음질(tone quality), 화성(harmony), 조성(tonality)에 대해 파악하는 능력을 동시에 계발시킨다. 솔페즈 수업은 단순히 악보를 읽고 정확한 음정으로 부르는 능력 외에 음의 상호관계, 음의 성질에 대한 움직임을 통해 다양하게 경험하도록 하여 학생들의 '내청능력(inner hearing)'을 키워 주고, 음악을 온몸으로 느끼고 표현하는 능력을 갖추게 해 준다(유승지, 2016).

(2) 솔페즈 교수법의 이해

자크-달크로즈는 솔페즈 수업에서도 유리드믹스를 적용시켜 교육하였다. 미드(V. H. Mead)는 자크-달크로즈 솔페즈 수업이 '신체적 경험'과 '청각적 경험'이 서로 연계되어 잠재된 '청음능력'을 효과적으로 발전시켜 주는 것이라고 말한다(Mead, 1994: 12).

자크-달크로즈 솔페즈 교육의 두드러진 특징은 계이름으로 노래를 부름으로써 음의 높낮이에 대한 의식이 생기며, 선율의 움직임을 몸동작[5]과 함께 연결하여 학습하는 것이다. 이러한 학습을 통해 학생들은 악보에 대한 이해력과 표현력을 계발하게 되고 마음속에 그 음향을 떠올릴 수 있다.

학생들에게 음의 감각을 기르기 위해 자크-달크로즈 솔페즈 수업의 이론을 기초한 활동의 예를 들면 다음과 같다.

① 유리드믹스의 적용

모차르트의 〈작은 별〉 노래를 부르면서 음의 높낮이 변화에 따라 손을 위, 아래로 움직이거나 걷기로 리듬을 표현하면서 앞뒤로 움직인다.

악보 1 **〈작은 별〉**

모차르트 작곡

② 내청 훈련

특정 음정이나 리듬을 소리 내지 않고 불러 본다. 〈악보 2〉에서 첫 두 마디의 선율을 큰 소리로 노래 부르고, 다음 두 마디는 침묵을 지키면서 불렀던 선율을 마음속으로 떠올리며 노래 부른다. 그다음 두 마디는 다시 소리 내어 노래를 부른다.

5) 이때 상행 선율에서는 근육의 움직임이 확대되고 하행 선율에서는 근육이 이완되는 성질이 있다. 호흡에 있어서도 상행 선율에서는 숨을 들이쉬고 하행 선율에서는 내쉬는 성질을 기초로 모든 동작이 만들어진다.

악보 2 〈잠자리〉

백약란 작사
손대업 작곡

③ 절대 음감 훈련

자크-달크로즈는 절대 음감을 기르기 위해 고정도법[6]을 사용하며 음의 높낮이, 음과 음 사이의 관계를 학습하기 위해 양손을 위, 아래로 올리고 내리면서 계이름과 음정을 익히는 손동작[7] 또는 몸동작을 사용한다. 예를 들면, 2명이 파트너가 되어 1명은

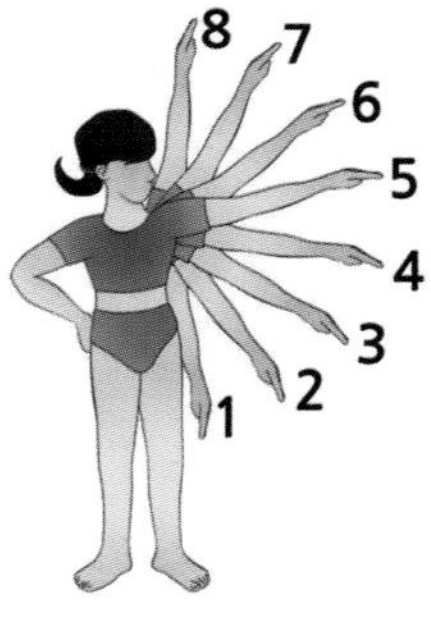

[그림 8-9] 음의 높낮이

6) '고정도법'은 학생들의 기억 속에 '도' 음정이 자연스럽게 자리 잡도록 유도하여 절대 음감을 키우는 데 효과적으로 사용된다. 각 조마다 '도'의 역할이 달라지면서 갖게 되는 음색의 미묘한 변화를 경험하면서 조성의 변화를 느끼게 된다.

7) 음의 높낮이를 손동작으로 표현할 때 높은 음을 나타낼 때는 천천히 숨을 들이쉬며 동시에 손을 들어 올리고, 낮은 음을 나타낼 때는 반대로 한다. 또한 팔 높이로 표시할 때 모두 8단계로 공간을 분할하며, 반음은 손을 비스듬히 하여 시각적으로 파악되도록 한다.

계속 '도'만 부르고, 다른 1명은 모차르트 〈작은 별〉의 선율을 계이름으로 부른다.

또한 자크–달크로즈는 시창할 때 고정도법을 이용한 시창을 주로 사용하였다(〈악보 3〉참조).

악보 3 고정도법을 이용한 시창

출처: 유승지(2001). p. 23.

④ 상대 음감 훈련

모차르트 〈작은 별〉의 선율을 번호로 시창하면서 시작 음을 다양하게 적용해 본다.

⑤ 화성 훈련

교사의 모차르트 〈작은 별〉 반주를 듣고 화음이 바뀔 때마다 다른 동작을 만들어 본다.

⑥ 즉흥연주의 적용

모차르트 〈작은 별〉의 선율을 다양하게 변화시켜 본다. 또한 자크 달크로즈의 솔페즈 수업에서 박자, 템포, 프레이즈, 아티큘레이션, 조성, 셈여림을 적용하여 다양한 스타일의 음악을 즉흥연주로 경험하는 것도 강조된다.

3) 즉흥연주(improvisation)

즉흥연주는 유리드믹스와 솔페즈에서의 경험을 피아노 등 다양한 매체를 활용하여 자연스럽게 발전시킨다.

(1) 즉흥연주의 의미

즉흥연주는 모든 음악적 요소들과 연주자 자신의 독창적인 아이디어가 결합되는 단계이다. 자크-달크로즈의 즉흥연주는 피아노뿐만 아니라 목소리, 악기, 신체 표현 등 다양한 방법을 사용해서 창의적으로 음악을 만들어 보는 것으로 이러한 경험을 통해 창의성이 계발된다. 자크-달크로즈는 음악교육에 있어서 즉흥연주의 중요성을 깨닫고 학생들에게 일정한 패턴(리듬 패턴, 강약, 프레이즈, 아티큘레이션 등)을 주어 그것을 즉흥적으로 전개시켜 음악성과 창의성을 기르는 훈련을 강조하였다(유승지, 2001).

자크-달크로즈는 유리드믹스와 솔페즈를 즉흥연주를 위한 창의적 과정의 수단으로 보았다(Schnebly-Black & Moore, 2008). 교사가 동작으로 하나의 프레이즈를 만들어 표현하면 학생들은 그 동작을 보고 교사의 움직임을 목소리 또는 피아노에서 표현해 볼 수 있다. 반대로 학생들의 움직임을 보고 교사가 즉흥적으로 연주할 수도 있다.

(2) 즉흥연주의 요소

즉흥연주는 리듬, 박자, 빠르기, 강약, 길이 등 동작과 관련되는 요소와 음높이, 음계, 화음 등 소리와 관련되는 요소를 창의적으로 배합하여 음악을 표현하는 과정을 통해 창의성을 기르게 된다.

즉흥연주는 유리드믹스와 솔페즈의 활동을 위해 절대적으로 필요한 영역이다. 자크-달크로즈는 유리드믹스에서 학생들의 움직임을 효과적으로 끌어내기 위해 즉흥연주를 사용하였다. 교사는 움직임에 적합한 음악을 만들어 내기 위해 학생들의 움직임을 잘 관찰해야 하고, 그 움직임을 효과적으로 표현할 수 있는 리듬, 아티큘레이

[그림 8-10] 즉흥연주 활동

선, 강약, 프레이즈, 템포, 음계, 조성, 음색을 선택해서 즉흥연주를 해야 한다.

4. 교수학습의 적용

1) 유리드믹스의 적용

자크-달크로즈 수업에서는 대부분의 활동이 음악 게임의 형태로 이루어진다. 수업 시간에 사용되는 음악 게임들은 눈으로 보고, 귀로 들으며, 입으로 노래 부르며, 머리로 생각하고, 몸으로 움직이는 활동으로 이루어지고, 이 과정을 통해 학생들은 음악을 이해하고, 상상하고, 느끼고, 표현하는 과정을 체험하게 된다.

(1) 따라 하기(follow)

교사가 연주하는 음악을 듣고 템포, 아티큘레이션, 강약 등 미묘한 뉘앙스의 변화를 정확하게 몸으로 표현하는 즉흥연주이다. 예를 들어, 교사가 고음부에서 연주하면 학생들은 '손뼉치기'로 반응하고, 저음부에서 연주하면 '발구르기'로 리듬을 표현한다.

악보 4 따라 하기

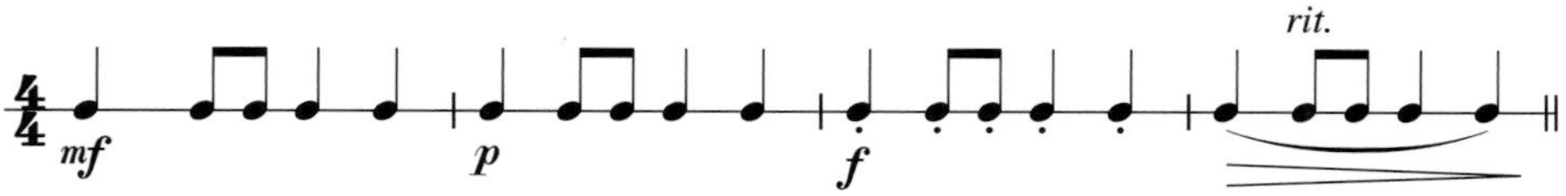

(2) 빠르게 반응하기(quick reaction)

교사가 즉흥연주를 하면서 강약, 템포, 박자 등 변화를 주면 학생들이 음악적인 변화를 즉시 대처하게 한다. 예를 들어, 노래를 부르다가 교사가 'hip'이라는 신호음을 주면 '두 배로' 빨리 노래를 부르고, 'back'이라는 신호음을 주면 다시 원래의 리듬으로 돌아온다.

(3) 보충 게임(replacement game)

익숙한 리듬패턴에 새로운 음악적 요소를 넣어 학생들이 그 변화에 알맞은 움직임을 만들어 내도록 한다. 예를 들어, 교사가 한 마디의 리듬패턴을 즉흥연주하면 학생들은 자신이 만들고 싶은 리듬을 '손뼉치기'로 즉흥적으로 만들어 본다.

(4) 메아리 모방(interruped canon)

교사가 리듬패턴을 악기, 목소리, 몸동작으로 표현하면 학생이 이를 기억하고 따라 한다. 예를 들어, 학생들을 모둠으로 나누어 교사가 연주하는 음악을 듣고 해당되는 리듬이 나오면 그 모둠만 리듬치기를 한다.

악보 5 메아리 모방

(5) 연속 모방(continuous game)

교사가 한 마디, 두 마디 앞서서 연주하고 학생들이 앞서 한 연주를 기억해서 표현한다. 예를 들어, 학생들이 모둠으로 나누어 두 마디 돌림노래를 부른다. 이때 마지막 모둠이 노래를 마칠 때까지 다른 모둠은 노래를 계속 반복해서 부른다.

2) 솔페즈의 적용

자크-달크로즈의 솔페즈 교수법은 음악의 요소를 몸의 움직임으로 표현하는 유리드믹스와 목소리, 움직임, 악기를 사용하여 개인의 정서와 생각을 표현하는 즉흥연주와 통합되어 서로 긴밀하게 관계를 갖는다.[8]

8) 데일(M. Dale)은 "유리드믹스, 솔페즈, 즉흥연주의 3대 영역은 별개의 개념이 아니고, 철학적으로 같은 뿌리를 가지고 밀접하게 연계되어 있다. 따라서 모든 음악적 주제는 3대 영역이 골고루 적용될 수 있는 요소를 가지고 있으며 수업에서도 이 3대 영역이 통합적으로 적용된다."고 언급한다(Dale, 2000).

(1) 유리드믹스를 통한 솔페즈

〈악보 6〉과 같이 교사가 음을 연주하고 학생들은 음 높이의 변화를 제시된 움직임으로 표현하면서 노래를 부른다. 이 과정을 통해 학생들은 선율의 진행에 따른 에너지의 변화를 몸으로 이해하고 음악적으로 표현하게 된다(Jaques-Dalcroze, 1939).

악보 6 유리드믹스를 통한 솔페즈

(2) 즉흥연주를 통한 솔페즈

〈악보 7〉은 3음 음계를 여러 가지 리듬과 박자로 변화시켜 노래 부르는 과정을 통해 리듬과 박자에 맞는 다양한 뉘앙스를 다른 동작으로 표현하는 예이다(강지혜, 2016: 9-10). 이러한 과정을 통해 학생들은 박자와 리듬의 변화를 귀로 듣고 그 음악에 반응해서 느끼는 감정을 즉흥적으로 몸으로 표현한다.

악보 7 즉흥연주를 통한 솔페즈

3) 즉흥연주의 적용

성공적인 자크-달크로즈 선생님이 되기 위해서는 상황에 맞는 음악과 동작, 노래 등을 즉흥적으로 만들어 낼 수 있는 능력이 요구된다. 피아노 즉흥연주는 자크-달크로즈의 유리드믹스 수업에서 아주 중요한 부분을 차지한다. 피아노를 이용한 즉흥연주 능력을 향상시키기 위해서는 기본적으로 화성 감각 익히기, 리듬 변주하기, 선율 변주하기의 능력이 중요하다.

(1) 화성의 즉흥연주

단순한 동요의 선율에 적절한 화성을 대입시켜 반주하는 것을 연습해 본다. 그다음 주어진 조성으로 연주하다가 다른 조로 바꾸어 본다. 같은 노래도 다른 조로 바뀌면서 새로운 느낌이 든다는 것을 경험하게 된다.

악보 8 〈옹달샘〉 주요 3화음의 연결: Ⅰ-Ⅳ-Ⅴ7-Ⅰ

윤석중 작사
독일 민요

(2) 리듬의 즉흥연주

주어진 리듬 모티브의 특징을 파악하고 반복, 변형시키는 과정을 통해 음악적인 프레이즈를 경험하게 한다. 다양한 동작에 맞는 음악을 연주할 수 있도록 동작을 보고 음악을 만들어 내는 연습을 해 본다.

악보 9 리듬의 즉흥연주

(3) 선율의 즉흥연주

주어진 선율의 아티큘레이션을 바꾸거나 선율 사이에 음을 추가해 본다. 선율을 변주하면서 색다른 느낌을 경험해 본다.

악보 10 **선율의 즉흥연주**

(4) 음악동화 만들기: 마술 장난감 가게(Dale, 2012)

[주제] 음악동화 〈마술 장난감 가게〉

[대상] 초등학교 3~4학년

[학습목표] 음악동화 이야기를 듣고 창의적으로 몸의 움직임 형태로 바꾸어 표현할 수 있다.

[도입] 움직임을 통해 즉흥연주하기
-이야기를 들으며 신체표현하기

[전개]

음악동화	아주 오래된 장난감 가게에 예쁜 인형, 공, 장난감 군인, 모든 종류의 동물인형이 있었어요. 음악상자에서 음악이 나오기 시작하면 인형은 춤을 추고, 공은 굴러가고, 팽이는 돌기 시작하고, 장난감 군인은 행진하고, 강아지 인형과 고양이 인형은 껑충거리며 뛰어다니고, 작은 곰 인형은 춤을 추지요. 음악상자의 음악이 멈출 때까지 장난감 가게의 모든 물건들은 아주 멋진 시간을 보낸답니다. 가게 주인은 음악이 끝난 후 장난감이 다른 자리로 옮겨져 있거나 다른 모양으로 진열되어 있는 것을 보고 깜짝 놀랐답니다.

① 장난감의 역할을 상상해 보기

먼저, 〈마술 장난감 가게〉 이야기를 들으며 장난감의 역할을 상상해 본다.

② 창의적 움직임 표현하기

교사가 〈음악상자〉를 연주하면 학생들이 이야기에 맞는 동작을 해 본다.

③ 박에 맞춰 즉흥적으로 움직임 만들기

교사는 가게 주인이 되고, 학생들은 장난감, 피아노는 음악상자의 역할을 맡는다. 교사가 피아노를 연주하는 동안 장난감들은 살아서 움직이고 춤도 춘다.

④ 변화된 음악을 인지하고 반응하기

교사는 연주 후 장난감들의 위치가 바뀌고 다른 동작을 하고 있는 것에 매우 놀라고 어리둥절한 표정을 짓는다.

악보 11 〈음악상자(The Music Box)〉

Monica Dale

참고문헌

강지혜(2016). 달크로즈 솔페즈 수업의 적용: 사교육현장의 초등학생을 대상으로. **한국달크로즈 저널, 26**, 3-29.

민경훈, 김신영, 김용희, 방금주, 승윤희, 양종모, 이연경, 임미경, 장기범, 조순이, 주대창, 현경실(2024). **음악교육학 총론**(4판). 학지사.

유승지(2001). **유승지 달크로즈 교실: 교사용 지침서**. 태림출판사.

유승지(2016). 달크로즈 솔페즈 교수법의 이해와 적용. **음악과 문화, 34**, 169-204.

임미경, 현경실, 조순이, 김용희, 이에스터(2016). **음악교수법**. 학지사.

Abramson, R. M. (1986). *Teaching music in the 21st century*. Printice Hall, Inc.

Abramson, R. M. (1998). *Feel it: Rhythms games for all*. Warner Bros. Publications.

Chosky, L., Abramson, R. M., Gillespie, A. E., & Woods. D. (1986). *Teaching music in the twentieth century*. Prentice Hall, Inc.

Dale, M. (2000). *Eurhythmics for young children: Six lessons for fall*. Musilinesis.

Dale, M. (2012). **달크로즈 유리드믹스 활동집**. 유승지, 원소연, 이소라, 최연선 역. 뮤직트리.

Jaques-Dalcroze, E. (1939). *Music movement ear training for children*. Ch. Huguenin.

Mead, V. H. (1994). *Dalcroze eurhythmics in today's music classroom*. Schott Music Cor.

Schnebly-Black, J., & Moore, S. F. (2008). **내면의 리듬: 음악을 통한 몸, 마음, 영혼과의 결합**. 이에스더 역. 상지원.

···Music Teaching and Learning Method···

이가원

제9장

코다이 교수법

코다이는 음악교육의 최종 목표를 전인적이고 조화로운 인간 육성에 두고 있다. 그는 인간이 글을 읽고 쓰듯이 음악을 읽고 쓸 수 있어야 한다고 생각하여 악보를 읽고 쓰는 능력 개발을 중요하게 생각하였으며, 가창 중심의 교수법을 개발하였다. 코다이 교수법은 전 세계적으로 채택되어 각기 그 나라의 문화적 배경과 교육적 여건에 맞추어 활용되고 있다.

"음악은 모든 사람의 것이다."
"적절한 음악교육을 받은 사람은 누구나 음악을 감상하고 즐길 수 있다."

– 코다이

1. 졸탄 코다이(Zoltán Kodály, 1882~1967)

졸탄 코다이는 헝가리의 작곡가, 음악교육가, 민족음악가, 지휘자이다. 벨라 바르톡(Béla Bartók, 1881~1945)과 함께 헝가리의 민족 음악을 연구하였으며, 이를 음악교육에 적용하여 코다이 교수법을 완성하였다. 민요 부르기를 통하여 내청을 개발하고, 음악을 읽고 쓰고 이해하는 음악적 능력 향상과 함께 정서적 발달을 도모할 수 있는 구체적인 지도 방법을 제시하고 있으며, 이를 통하여 헝가리뿐 아니라 전 세계적으로 음악교육 보급에 이바지하였다.

[그림 9-1] 코다이

2. 코다이의 음악교육 철학

코다이의 음악교육 철학은 "음악은 소수의 전유물이 아니라 모든 이의 것이다."에서 출발한다. 이는 "음악은 모든 사람의 인격형성에 대단히 중요하며, 모든 어린이는 음악교육을 받아야 한다."는 페스탈로치(Pestalozzi, 1746~1827)의 교육철학에 바탕을 두고 있다.

코다이는 음악교육의 목표를 전인적이고 조화로운 인간으로 육성하는 것에 두고, 이를 위하여 새로운 지도 방법을 고안하고, 실천함으로써 자신의 음악교육 철학을 실현하고자 노력하였다. 또한 음악교사의 자질과 역량 강화에도 관심을 가졌으며, 훌륭한 교사의 조건을 잘 훈련된 귀, 지식, 마음, 손으로 요약하고, 이 네 가지가 서로 균형을 유지하면서 발달되어야 한다고 했다.

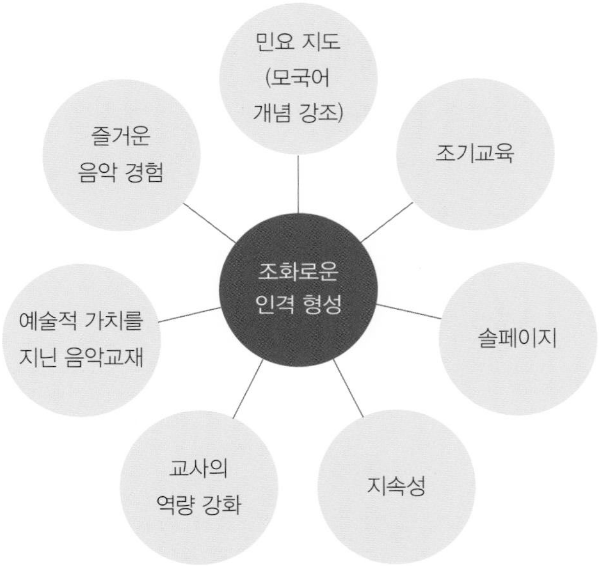

[그림 9-2] 코다이의 교육철학

3. 코다이의 음악교육 방법

코다이 교수법은 청음, 악보 읽기와 내청, 음악적 사고, 체험을 통한 음악적 감수성 개발, 기술적 음악 표현을 가능하게 하는 음악교육 방법이다.

1) 음정지도법

코다이는 세상에서 가장 아름다운 소리는 인간이 내는 소리라고 믿었다. '노래 부르기' 방법이 음악을 이해하고, 적용하고, 창작하는 모든 과정에 가장 효과적이며, 음악적 문맹 퇴치를 목적으로 하는 악보 읽기 교육을 위한 최선의 방법으로 보았다.

(1) 이동도법을 통한 계이름 부르기

코다이는 조옮김이나 조바꿈의 경우에도 상대적인 음정 높이를 감지할 수 있는 이동도법을 통한 계명창의 효율성을 강조하였다. 이동도법(movable-do system)은 조성에 따라 으뜸음의 위치가 달라지며, 그 으뜸음을 기준으로 하여 정해지는 음계의 각 음을 계이름으로 노래 부르는 방법이다. 코다이가 이동도법을 강조한 까닭은 특정 조성안의 다른 음들과의 상대적인 음정(relative pitch) 속에서 부르는 방법이 절대 음 높이(absolute pitch)를 기반으로 하는 고정도법(fixed-do system)보다 음정을 익히는데 쉬운 방법이라 생각했기 때문이다.

악보 1 고정도법과 이동도법

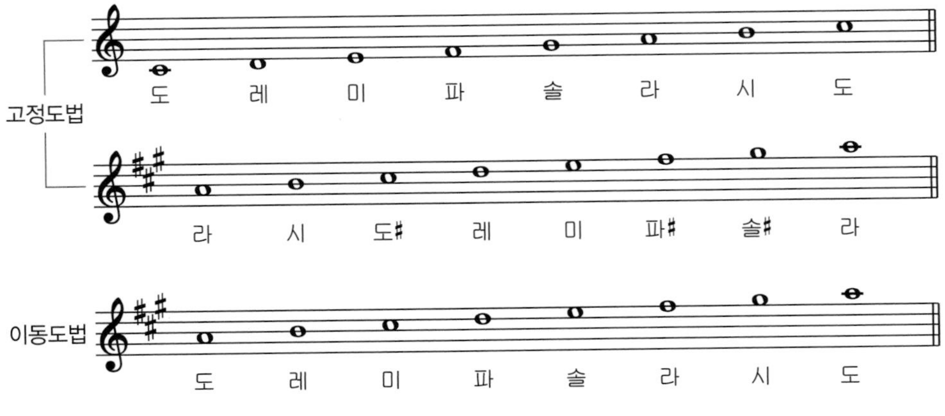

계이름의 사용을 간소화하기 위해 머리글자만을 사용하며, 계이름의 모든 음절을 모음으로 끝내기 위해 솔(sol)을 소(so)로 사용하고, 7음의 시(si)는 '솔'과 첫 글자가 같기 때문에 7음의 '시'를 티(ti)로 바꾸어 사용한다.

도	레	미	파	솔	라	시	도
do	re	mi	fa	sol	la	si	do'
d	r	m	f	s	l	t	d'

[그림 9-3] 계이름 표기법

반음의 음정 관계는 정확히 소리 내지 못하는 경우가 있으므로, 오음음계로 구성된 곡을 먼저 학습하도록 한다. 처음에는 솔(sol)과 미(mi), 하행의 단3도 두음으로 시작하며, 이후에 5음의 음계를 순차적으로 습득하게 한다. 그런 다음, 장 단음계를 좌우하는 '파'와 '시'가 도입되고, 그다음 반음 음정을 학습하도록 한다.

1	sol	mi											
2	la	sol	mi										
3	mi	re	do*										
4	sol	mi	re	do*									
5	la	sol	mi	re	do*								
6	la	sol	mi	re	do*	la*							
7	la	sol	fa	mi	re	do*							
8	mi	re	do	ti	ra	sol							
9	do'	ti	ra	sol	fa	mi	re	do*					
10	la	sol	fa	mi	re	do	ti	ra*					
11	do	ta (ti♭)	la	sol	fa	mi	re	do*					
12	la	sol	fi (fa#)	mi	re	do	ti	ra*					
13	la	si (sol#)	fa	mi	re	do	ti	ra*					
14	do*	di (do*)	re	ri	mi	fa	fi	sol	si	ra	li	ti	do

[그림 9-4] 음정 학습 단계

(2) 손기호를 통한 음정 지도

코다이는 초보자에게 악보 읽기의 어려움을 도와주기 위해 손기호(hand signs)를 사용한다. 손기호는 허리부터 이마까지 손의 위치와 음이름에 따른 손모양에 의해 공간에서 음높이를 지각할 수 있도록 도와주는 방법이다.

[그림 9-5] 손기호

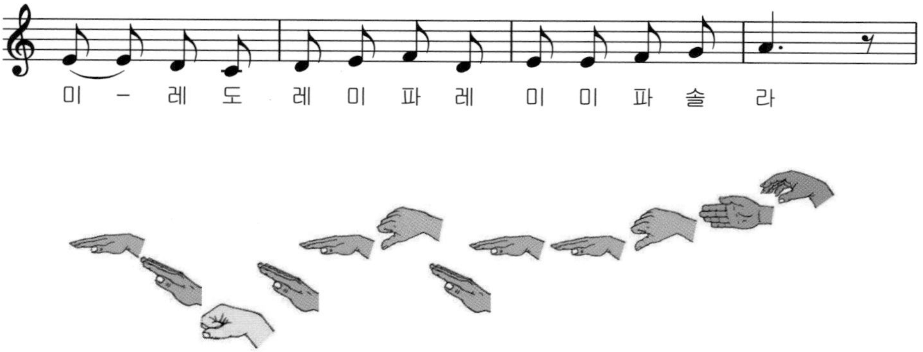

[그림 9-6] 노래의 계이름에 맞는 음높이를 손기호로 나타내기

(3) 날으는 음표(flying note)와 음계단

긴 막대기 끝에 음표의 머리를 고정시켜 놓고 오선 위에서 음표 막대를 움직이면 이를 보고 음정을 읽는 방법이다. 주로 이동도법에서 사용되며, 가락의 움직임을 표시하게 된다. 5선보뿐만 아니라, 2선보와 3선보 등 다양한 기보 형식에서의 사용이 가능하며, 학습자에게 가락의 시각적 흐름을 악보상에서 보여 줌으로써 음정을 읽고

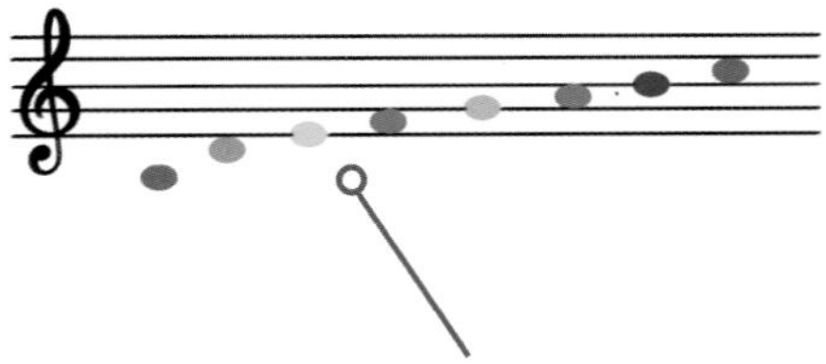

날으는 음표 막대로 오선보 가리키기

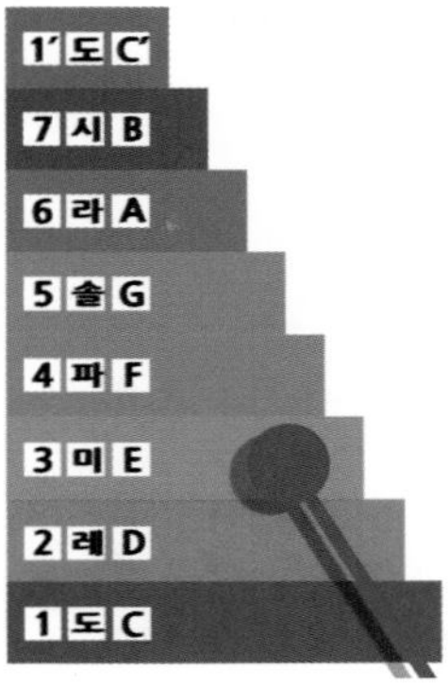

날으는 음표 막대로 음계단의 위치 가리키기

[그림 9-7] 날으는 음표와 음표 막대

익히는 데 효율적이다. 차례대로 음정을 익히는 음계단은 음의 높고 낮음을 시각적으로 보여 주어 음정의 간격을 이해하고 소리를 내는 데 도움을 줄 수 있다.

2) 리듬지도법

리듬감은 걷기, 뛰기, 손뼉치기, 발구르기, 무릎치기, 허리 굽히기 등의 동작과 함께할 때 더 효과적 학습이 가능하다.

(1) 음가음절에 의한 리듬지도(rhythm duration and syllables)

1800년대 슈베(Chevé)에 의해 고안된 것을 적용한 것으로, 리듬음절은 〈표 9-1〉과 같다. 음표를 처음 사용할 때에는 음표의 기둥(｜｜)만을 사용하고, 음절을 읽도록 지도하며, 4분음표, 8분음표 등의 이름은 음가음절을 읽을 수 있게 된 후에 가르치도록 한다. 즉, 기본박을 기준으로 하여 그리고, 다른 음표와의 관련 속에서 각 음표의 길이 차이를 확실하게 이해했을 때 음표의 이름을 지도한다.

〈표 9-1〉 코다이 기보와 리듬읽기

코다이식 기보	전통적 기보	음가음절	코다이식 기보	전통적 기보	음가음절
		따			리 팀
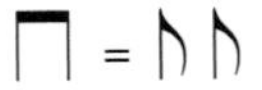		띠 띠			띠따띠
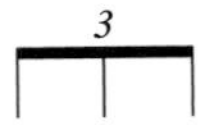	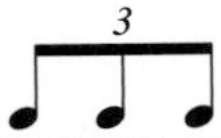	트리올라			리띠리
		띠리리리			따 아
		띠띠리			따아아아
		띠리띠	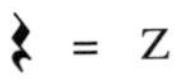		쉼
		팀 리			쉬

악보 2 〈즐거운 봄〉 음가음절 부르기

조지훈 작사
김성태 작곡

음표의 걷고, 뛰고, 달릴 때의 움직임이 주로 두 박자로 움직이기 때문에 2/4, 4/4 과 같이 두 박자 계열의 단순한 박자부터 차례로 학습하게 된다. 먼저, 4분 음표만 있는 리듬꼴을 연습하다가 8분 음표와 4분 음표가 혼합된 리듬꼴을 연습하고, 2분 음표, 점2분 음표, 온음표가 있는 리듬꼴을 차례대로 학습하도록 한다.

[그림 9–8] 박자와 리듬의 학습 순서

(2) 단순화된 악보와 그림에 의한 리듬지도

음표의 머리가 없이 기둥(| |)으로 나타낸 것과 같은 단순화된 악보, 시각적인 효과를 주기 위해 그림악보로 표현할 수도 있다.

악보 3 기둥 악보 표현

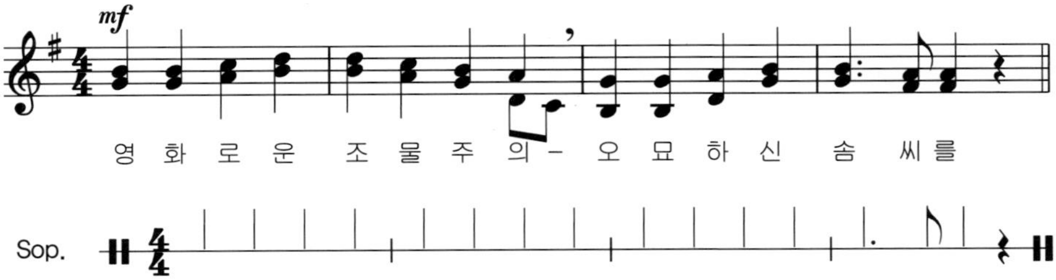

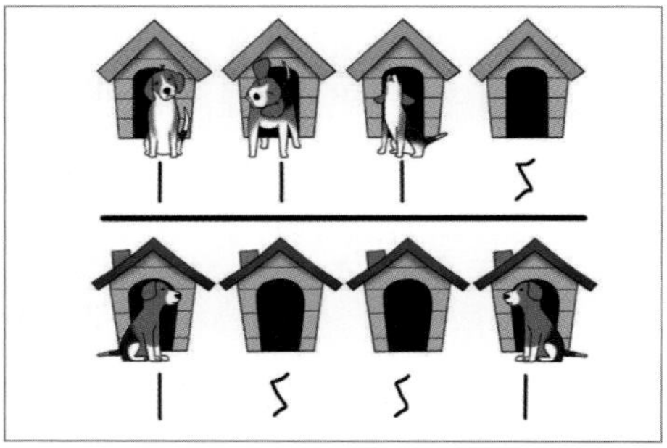

4분 음표와 4분 쉼표

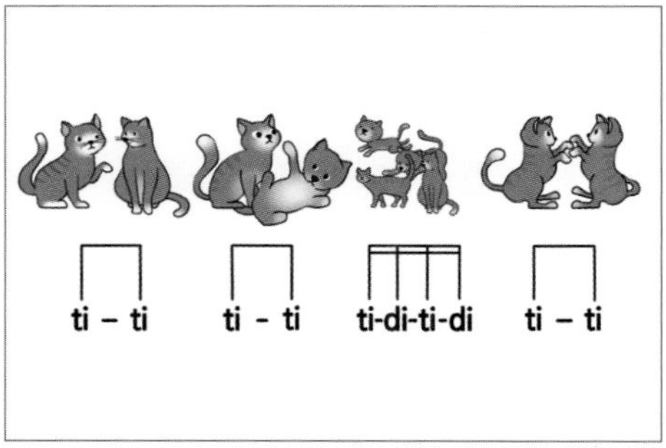

8분 음표와 16분 음표

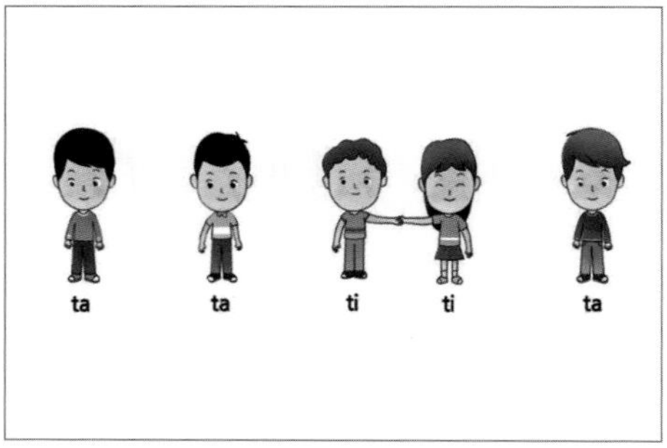

4분 음표와 8분 음표

4분 음표와 8분 음표

[그림 9-9] 그림악보

(3) 리듬캐논

교사의 리듬을 듣고 학생이 그대로 따라 하게 한다.

악보 4 **리듬캐논 예 1**

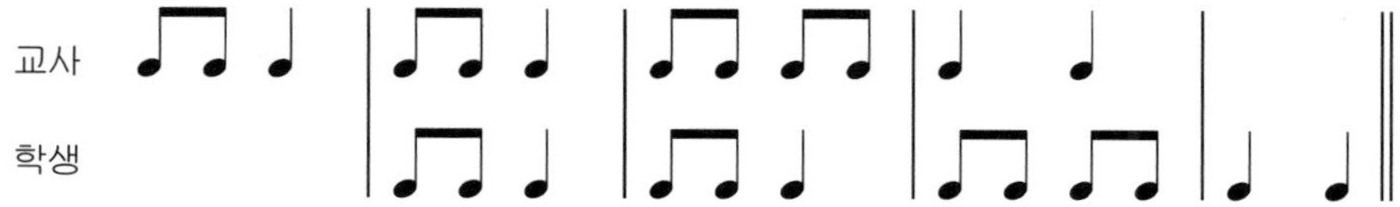

악보 5 **리듬캐논 예 2**

교사의 리듬을 듣고 학생들이 번갈아 가며 리듬창작을 하게 한다.

악보 6 리듬창작 놀이 예

참고문헌

이영미(2002). 코다이 개념의 솔페지 활용. **연세음악연구**, 9, 91-112.

이선채(2013). 코다이 음악교육철학과 교수법에 관한 연구. **영유아교육연구**, 16, 5-20.

임미경, 장기범, 함희주(2004). **음악교육의 이론과 실제**. 예종.

임미경, 현경실, 조순이, 김용희, 이에스더(2010). **음악교수법**. 학지사.

조홍기(2004). **코다이음악교육**. 세광출판사.

Szoenyi, E. (1994). **코다이 음악교수법**. 조홍기 역. 다라.

이가원

제10장

오르프 교수법

오르프는 언어, 음악, 신체동작이 결합된 '기초음악(Elementare Musik)'의 개념을 창안하여, 말하고, 노래하고 춤추거나 놀이를 통하여 자연스럽게 음악을 시작할 수 있는 교수법을 창안하였다. 음악의 구성 요소 중 리듬을 음악교육의 출발점으로 보았으며, 말하기, 노래 부르기, 신체동작, 악기연주, 듣기를 통한 음악의 탐색과 경험을 중심으로 하는 음악학습 방법을 고안하였다.

"음악은 인간 안에서 시작되며, 그로부터 학습되어야 한다. 그 첫 단계는 각자의 고유한 침묵이요, 자신의 내면에 귀 기울이며 자신의 심장박동과 호흡에 귀 기울이는 것이다."

– 오르프

1. 칼 오르프(Carl Orff, 1895~1982)

칼 오르프는 독일의 작곡가이며, 교육자이다. 뮌헨 음악 대학을 졸업한 후 제1차 세계대전에 참전하였으며, 그 후 독일의 여러 가극장에서 지휘자로 일하는 한편, 귄터 학교(Günter School)에서의 경험을 토대로 음악교수법을 창안하였다. 특히 어린이들의 음악교육을 중요하게 여겨 특별한 리듬교육을 주장하였는데, 리듬이 음악, 춤, 언어에 내재하는 기본 요소라는 관점에서 이들을 통합하여 하나의 언어로 재조직하는 것으로부터 음악교육을 시작했으며, 그 과정에서 즉흥연주와 창작이 가르침의 중심이 되도록 하였다.

오르프는 그의 교육적 개념들을 정리하여 '슐베르크(Schulwerk)'라 불리는『어린이를 위한 음악(Music for Children)』전5권을 출판하였다.

[그림 10-1] 오르프

[그림 10-2] 『어린이를 위한 음악』

2. 오르프의 음악교육 철학

오르프 교수법은 음악(music), 신체 동작(movement), 언어(language)가 결합된 '원초적 음악(elementary music, primitive music)'이라는 개념에 근거하고 있다. 원초적 음악은 인간 내면에 지니고 있는 음악에 기초하며, 그로부터 자발적 음악 활동이 이루어지도록 배려하는 데 최대한 주목한다. 오르프의 음악교육 철학은 〈표 10-1〉과 같이 설명할 수 있다.

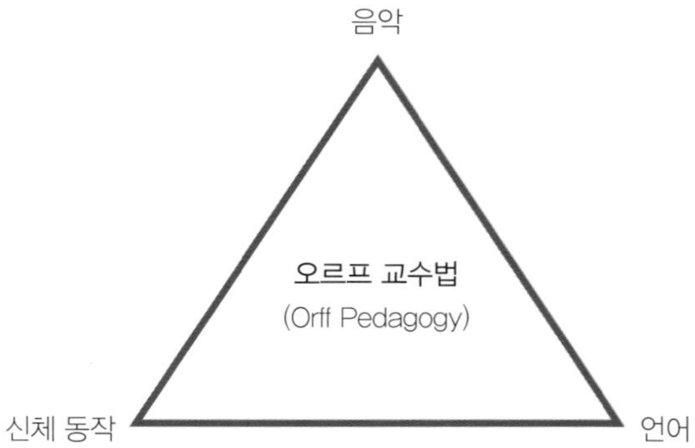

[그림 10-3] 오르프의 원초적 음악

〈표 10-1〉 오르프의 음악교육 철학

음악을 배우는 과정은 모국어를 배우는 과정과 유사하다.	어린이가 글을 읽고 쓰는 법을 배우기 전에 먼저 말하는 법을 배우게 되는 것처럼 음악을 배울 때도 먼저 충분한 음악적 경험을 한 후에 음악을 읽고 쓰는 법을 배우게 한다.
오르프 슐베르크는 모든 어린이를 위하여 만들어졌다.	음악은 뛰어난 재능을 가진 어린이들이나 특별한 계층의 몇몇의 어린이만을 위한 것이 아니다. 음악적 능력의 많고 적음, 장애 여부, 나이에 상관없이 모든 어린이가 참여하고 경험할 수 있다.
음악의 기본 요소인 리듬부터 교육하도록 한다.	음악과 움직임, 말하기를 하나의 영역 안에 결합시키고 그것들의 기본 요소인 리듬부터 교육하도록 제시하고 있다. 리듬이 선율을 선행하고, 선율이 화성을 선행한다.
인간이 진화해 온 과정처럼 음악을 배운다.	원시시대에는 음악과 무용이 하나로 통합된 영역이었다. 이를 구분해서 교육하는 것보다 통합적 개념에서 교육해야 한다.
다양한 악기들을 사용한다.	두드리거나 치기를 좋아하는 인간의 본능적 특성과도 잘 맞으며, 어린이들의 신체적 발달 특징, 즉 소근육보다는 대근육을 사용해서 연주하는 타악기를 음악수업에 이용하는 것이 바람직하다.
즉흥연주를 통해 창의성을 개발시킨다.	즉흥연주와 창작 활동을 통해 어린이들은 창의성과 독창적인 표현 능력을 발달시키게 된다.
그룹수업 방식으로 진행되며, 적극적인 참여를 요구한다.	개인화, 고립화로 점차 단절되어 가는 현대 사회에서 타인과 함께 어울릴 수 있는 방법과 타인과 함께 마음을 열고 서로 나누며 배울 수 있게 한다.

3. 오르프의 음악교육 방법

1) 학습 활동 매체(Orff media)

(1) 말리듬(speech)

리듬은 음악의 시작이며, 리듬을 가르칠 때 말리듬은 언어 자체의 장단, 고저 패턴을 사용한 가장 보편적인 방법이다. 익숙한 언어표현을 통해 자연스럽게 리듬표현에 접근할 수 있으며, 리듬 활동에서 노래 부르기로 발전시켜 자연스럽게 음악을 익힐 수 있다. 또한 말리듬은 손뼉치기, 무릎치기, 발구르기, 손가락 튕기기 등의 신체 타악기와 병행하여 사용할 수도 있다.

악보 1 말리듬 활동 예 1

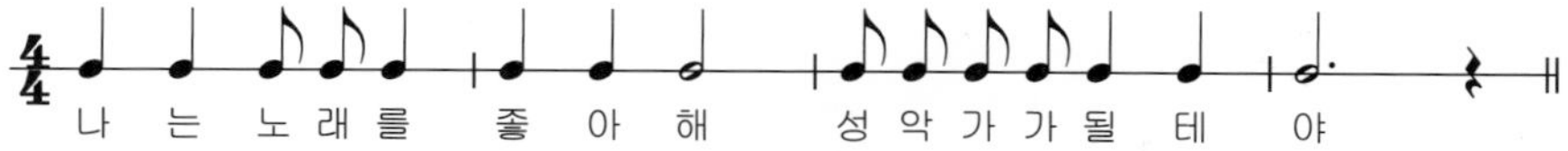

악보 2 말리듬 활동 예 2

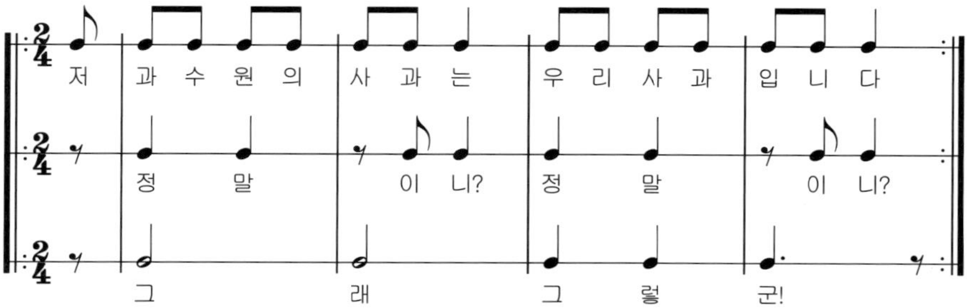

(2) 노래 부르기(sing)

노래 부르기에 사용하는 음정패턴은 단계적인 순서로 도입되어 지도한다. '솔미'의 2음 선율에 라(la) 음이 추가되어 '솔라솔미'의 노래가 되고, 그다음 차례로 도(do), 레(re)가 추가되어 '도레미솔라'의 5음 음계가 만들어진다. 그리고 마지막에 파(fa)와 시(si)가 첨가된다.

신체 타악기나 오르프 반주와 더불어 오스티나토, 보르둔을 함께 사용할 수 있다.

악보 3 2음 음정 노래 부르기

(3) 신체표현(movement)

신체표현은 자연스러운 움직임, 동작을 의미하며, 표현 욕구를 실현하는 매우 중요한 수단이 된다. 이는 놀이에서부터 점차 자신의 표현 욕구를 실현시키는 단계로 발전된다.

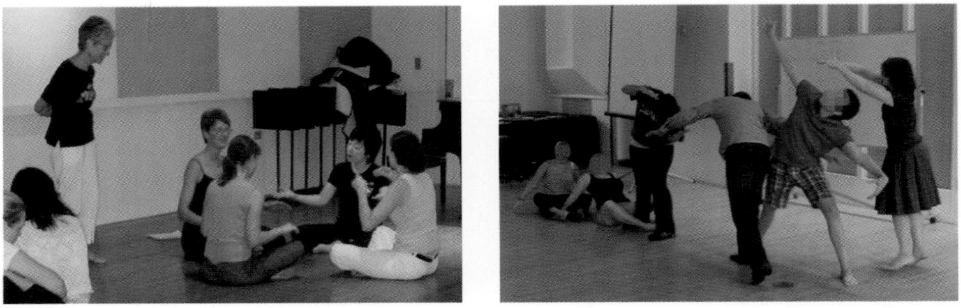

[그림 10-4] 신체표현 활동

(4) 악기연주(instruments)

오르프는 리듬교육을 위해 악기연주를 강조하였다. 오르프 악기에는 음악교육에 사용되는 거의 모든 종류의 악기가 포함된다.

[그림 10-5] 악기연주 활동

① 신체 타악기

신체 타악기란 신체의 악기화를 의미한다. 손가락 튕기기(finger snapping), 손뼉치기(clapping), 무릎치기(knee slapping), 발구르기(stamping) 등의 신체동작을 통해 소리가 나도록 하여 음악적 연주 및 반주에 사용하는 것을 말한다.

② 무선율 타악기

악기재료	재료에 따른 타악기 종류		
금속 울림	 핑거 심벌즈	 카우벨	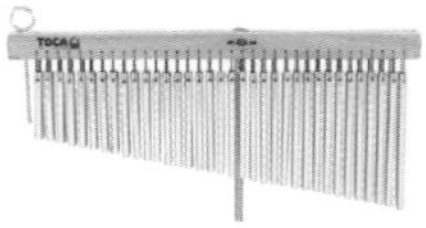 윈드차임
	 트라이앵글	 아고고벨	 카바사
	 D링방울 & 막대방울	 징글스틱	
나무 울림	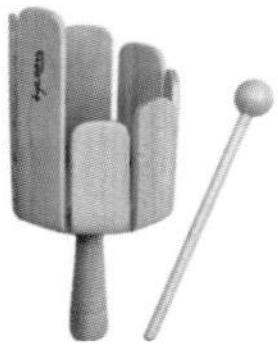 멀티톤블럭	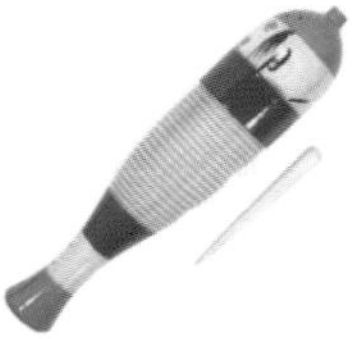 귀로	 클레이브스
	 템플블럭	 손잡이 캐스터네츠	 샌드블럭
	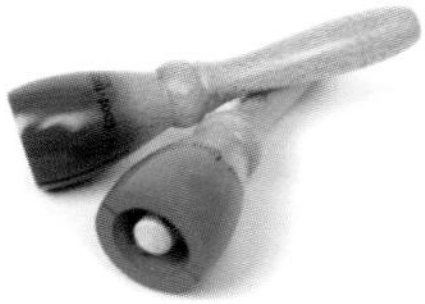 우든벨	 비브라슬랩	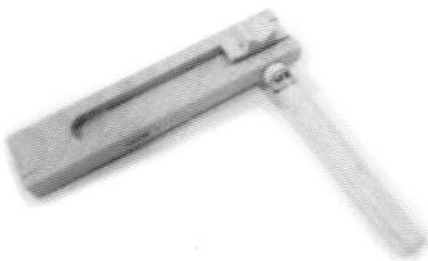 라쳇

가죽 울림	 롤리팝 드럼	 핸드 드럼	 젬베
	 봉고 스탠드	 오션드럼	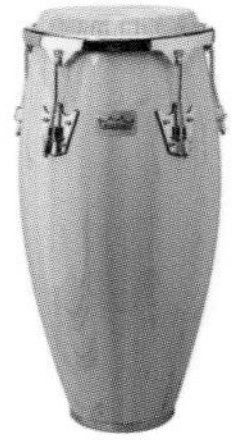 콩가

③ 선율타악기

오르프가 1920년대에 개발한 건반 타악기류로 선율적 · 화성적 반주에 쓰인다. 이 악기들의 특징은 크기를 소형화하였고, 음역을 소프라노, 알토, 베이스로 세분화하여 연주하기 쉽도록 하였으며, 건반의 탈착이 가능하여 필요한 건반만 선별적으로 선택하여 연주할 수 있다.

악기 종류	악기 형태	특징
글로켄슈필 (종금)		• 니켈 도금 음판을 사용한다 • 맑고 밝은 소리를 내며, 화려함을 표현하는 데 적합하다. • 소프라노, 알토
실로폰 (목금)		• 나무로 만든 음판을 사용한다 • 음향적 중심은 알토실로폰이 담당하며, 건조하고 또렷한 소리를 낸다. • 소프라노, 알토, 베이스
메탈로폰 (철금)	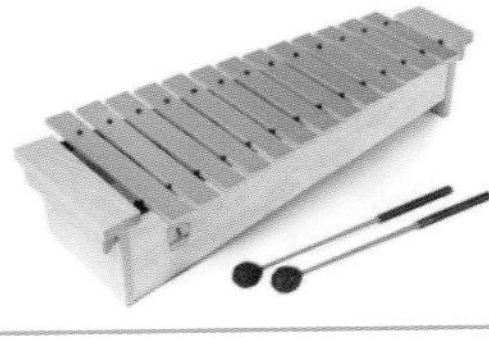	• 알류미늄 도금 음판을 사용한다. • 길게 울려 퍼지면서 부드럽고 신비한 느낌을 표현하는 데 적합하다. • 소프라노, 알토, 베이스

④ 관악기와 현악기

선율성부를 연주하는 악기로는 관악기인 리코더가 많이 사용되며, 음역에 따라 소프라노, 알토, 테너, 베이스리코더로 구분된다. 현악기의 경우, 소리를 실험적으로 연주하는 수준에서 사용할 수 있으며, 보르둔이나 단순한 형태의 저음 반주를 할 때 사용된다. 바이올린. 비올라, 첼로, 더블베이스를 비롯하여 우쿨렐레, 오토하프와 같은 악기를 사용할 수 있다.

구분	종류
관악기	 소프라노 리코더  알토 리코더  테너 리코더  베이스 리코더
현악기	 바이올린  비올라  첼로  더블베이스  우쿨렐레

악보 4 오르프 기악합주

Allegro
손뼉치기
발구르기
소프라노 실로폰
알토 실로폰
탬버린
작은 심벌즈
베이스 드럼
팀파니
손뼉치기
발구르기
소프라노 실로폰
알토 실로폰
탬버린
작은 심벌즈
베이스 드럼
팀파니

2) 오르프 이론(Orff theory)

오르프 교수법은 즉흥연주를 최종 목표로 하고 있으며, 이를 위해 사용되는 연주 방법에는 오스티나토와 보르둔이 있다. 이들의 반복적이고 단순한 형태는 즉흥연주를 용이하게 하고, 앙상블의 경험을 가능하게 한다.

(1) 오스티나토(ostinato)

- 악곡 전체나 하나의 프레이즈 안에서 지속적으로 반복되는 일정한 패턴으로, 선율, 화음, 리듬, 신체표현 등 음악의 어떤 요소로도 만들 수 있다.
- 오스티나토는 음악을 배우는 초기 단계에서도 앙상블을 연주하거나 노래할 수 있는 기회를 제공한다. 오스티나토를 청각적으로 인식하고 깨달음으로써 한 성부에 대한 다른 성부와의 관계, 즉 선율과 반주의 관계를 발견할 수 있다.
- 2~3개의 반주 오스티나토가 겹쳐 쓰이기도 하며, 안정적이고 정확한 리듬을 발달시킬 수 있다.

악보 5 신체표현 오스티나토의 예

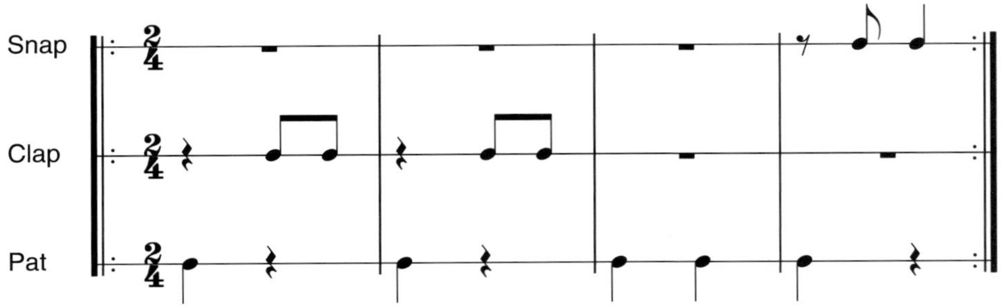

악보 6 말리듬 오스티나토의 예

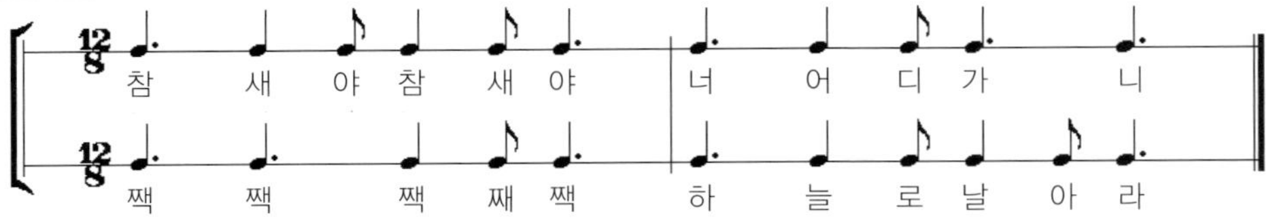

악보 7 노래 오스티나토의 예

악보 8 악기 오스티나토의 예

(2) 보르둔(bordun)

보르둔은 음계의 근음과 제5음으로 구성되는 선율 아래의 저음부 반주로, 가장 기본적인 화성반주이다. 기술적으로 어려운 연습 없이도 쉽게 즉흥적으로 반주하고 음악을 만들 수 있는 화성적 구조를 가진다.

악보 9 다양한 보르둔

악보 10 악곡에서의 보르둔 반주

3) 오르프 학습 활동 단계

오프르 학습 활동은 모방–탐색–기보–즉흥연주의 4단계로 구성되어 있다. 음악적 자료를 축적하고 음악 요소의 다양한 소리, 표현 방법을 탐색하며 새로운 음악적 아이디어를 만들어 내는 과정으로 발전하게 된다.

[그림 10-6] 오르프 학습 활동 단계

(1) 모방(imitation)

① 기억모방: 교사의 동작을 기억하여 그대로 모방한다.

악보 11 기억모방

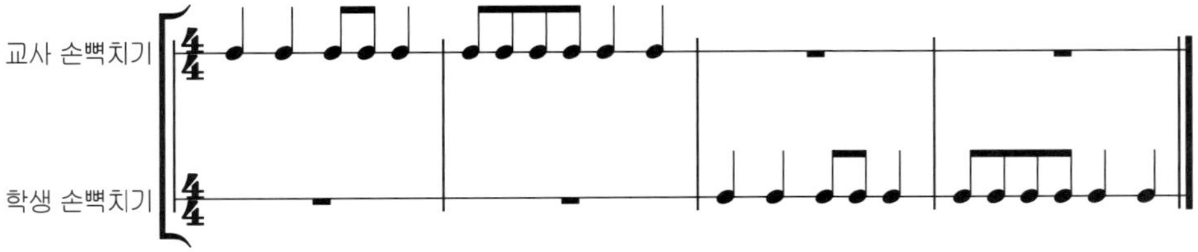

② **중복모방**: 교사가 먼저 A라는 동작을 학생에게 보여 주고 B라는 다음 동작으로 넘어갈 때 학생은 A 동작을 시작한다. 교사가 C 동작을 시작할 때 학생은 B 동작을 따라한다.

악보 12 **중복모방**

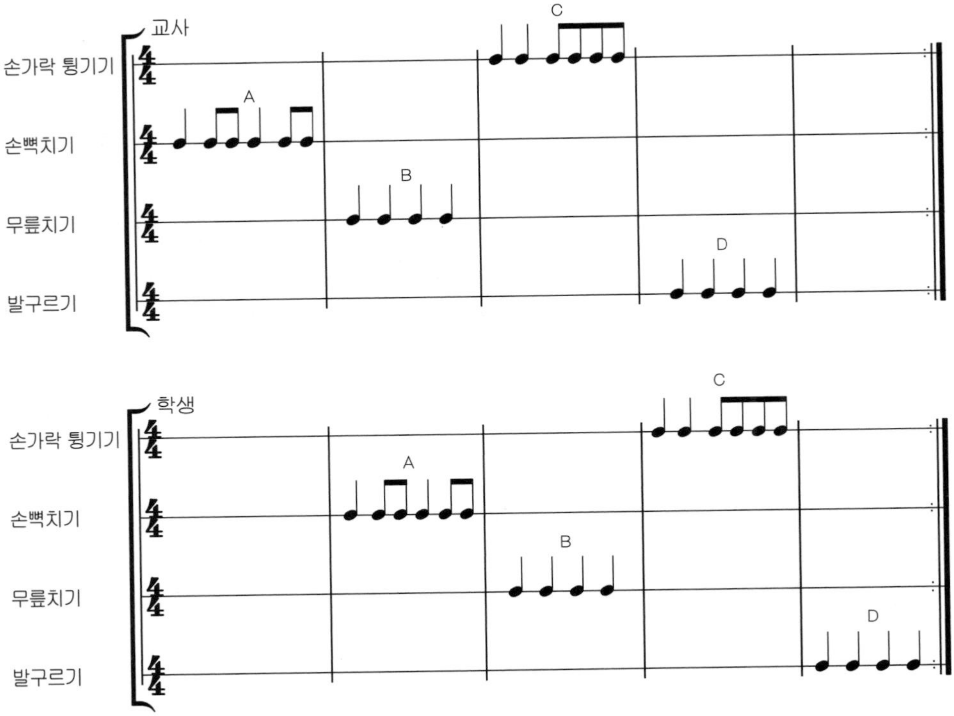

(2) 탐색(exploration)

- 새로운 아이디어를 적용하여 스스로 음악적인 체험과 발견을 하는 학습 과정으로, 즉흥창작 단계의 준비 과정이다.
- 같은 음을 더욱 빠르게 혹은 더욱 느리게 연주하기, 악구의 리듬을 점점 크게 혹은 점점 작게 연주하기, 곡의 박자를 바꿔 연주하기, 악기를 바꿔 연주하기, 음역을 바꿔 연주하기, 장조와 단조를 바꿔 연주하기, 선율을 반복할 때마다 악기를 추가하여 전체적인 음량을 증가하여 연주하기 등과 같은 활동을 통해 탐색할 수 있다.

(3) 악보 읽고 쓰기(literacy)

- 음악의 기보법을 배우기 전에 소리, 신체표현 등의 다양한 방법으로 음악을 체험하도록 한다.
- 그림 악보를 먼저 익힌 후 전통적인 기보법을 배우는 것처럼, 가시적 기보법으로 악보 읽기를 가르친 다음, 정식 악보를 배우게 한다.

(4) 즉흥연주(improvisation)

- 모방, 탐색, 악보 읽고 쓰기 과정을 바탕으로 새로운 음악적 아이디어를 만들어 내는 창작 활동이며 마지막 과정이다.
- 언어, 신체, 악기를 다양하게 사용할 수 있다.

4. 오르프 교수법의 실제

1) 비언어적 소리 활동

[학습목표] 악기의 음색의 특징을 살려 상황에 적합한 효과음을 만들어 연주할 수 있다.

[도입] 오늘 아침에 있었던 일 이야기하기

[전개]

- 여러 악기 탐색: 준비해 온 물건 및 악기를 다양한 방법으로 소리 내 보고 느낌 이야기하기
- 교사가 〈오늘 아침〉 이야기 들려주기
  –어떤 상황을 어떤 악기로 표현하면 좋을지 생각하면서 듣기

오늘 아침이었어요.
현정이는 7시를 알리는 종소리를 듣고 잠에서 깨어났어요(트라이앵글).
엄마는 부엌에서 맛있는 요리를 하고 계셨어요(빨래판 긁기).
"엄마, 안녕히 주무셨어요?"
"현정이 일어났구나!"
언제 일어나셨는지 마루에서 신문을 보시던 아빠께서 말씀하셨어요(큰북).
현정이는 얼른 달려가 아빠 무릎에 앉았어요.
"이렇게 앉아 있지 말고 어서 세수해야지!"

현정이는 아빠 무릎에 앉아 있고 싶었지만 학교에 갈 준비를 해야 되기 때문에 할 수 없이 일어났어요.
"우리 현정이 참 착하구나!"
엄마께서 웃으면서 칭찬해 주셨어요.
세수(실로폰)를 마치고 나오니 딸랑딸랑 바둑이의 방울 소리가 들렸어요(냄비 치기).
어디에 다녀오는지 대문 밖에서 막 달려들어 오고 있었어요(냄비 치기).
밖에서 쌩쌩 바람소리가 들렸어요(종이 구기기).
"이제 예쁘게 입고 밥 먹어야지?"
바둑이(냄비 치기)와 놀고 있으니, 어머니께서 부르시는 소리가 들렸어요.
현정이는 음식을 맛있게 먹고 학교에 갔어요.

- 등장인물과 상황 그림을 칠판에 붙이기
- 상황에 적합한 악기 및 연주법 정하기
  - 종소리: 트라이앵글
  - 요리하는 엄마: 빨래판 긁기
  - 신문 보는 아빠: 큰북
  - 강아지 방울 소리: 냄비 치기
  - 세수하는 소리: 실로폰
  - 전화벨 소리: 멜로디언
  - 바람 소리: 종이 구기기
- 배역 정하기: 대본 읽을 사람과 사물에 해당하는 악기 소리를 낼 사람을 정한 후 연습하기
- 효과음을 넣어 음악극 만들기: 1명은 이야기를 읽고 나머지 아동들은 자기가 맡은 부분에서 악기를 연주하기
- 각각의 상황에서 나는 소리를 그림으로 표현해 보기
- 그림 악보를 보고 즉흥연주하기

[정리] 음악극을 만든 느낌과 그림 악보를 보고 즉흥연주한 느낌 이야기하기

2) 오르프 음악극

오르프 학습 단계(Orff pedagogy)인 모방, 탐색, 악보 읽기, 즉흥연주를 통하여 창의적인 음악 활동을 구성하고, 오르프 학습 매체인 말하기(말장단으로 굿거리장단 익히기), 노래하기(제재곡 일부 편곡하여 부르기), 신체표현(산도깨비 가사 신체로 표현하기), 악기연주(론도형식의 즉흥연주) 등을 총체적으로 활용하여 음악극을 만들 수 있다.

[주제] 음악극 〈산도깨비〉

[대상] 초등학교 5학년

[학습목표] 이야기를 말리듬 만들기와 즉흥연주 등 창의적 음악극 형태로 표현할 수 있다.

[도입]

- 굿거리장단 익히기
  - 무릎과 바닥치기로 굿거리장단 익히기
  - 말리듬으로 굿거리장단 익히기

[전개]

- 〈산도깨비〉 가사, 음악 들으며 신체표현하기

가사 1	달빛 어스름 한밤중에 깊은 산길 걸어가다 머리에 뿔 달린 도깨비가 방망이 들고서 에루화 둥둥~
가사 2	깜짝 놀라 바라보니 틀림없는 산도깨비 에고야 정말 큰일 났네 두 눈을 감고 에루화 둥둥~
가사 3	저 산도깨비 날 잡아갈까 가슴소리는 콩당콩당 걸음아 날 살려라 꽁지 빠지게 도망갔네

- 즉흥연주 시 사용할 악기 다 함께 탐색하기
- 가사와 악보 살펴보고 굿거리장단에 맞추어 말리듬 만들기

〈산도깨비〉

조광재 작사
조광재 작곡
최정숙 편곡

- 론도형식의 음악극 구성 설명하기
  A 인트로 + 굿거리장단 1 + 주멜로디 연주와 노래 + 굿거리장단 1
  B 도깨비팀의 말리듬 + 신체표현 + 즉흥연주
  A 굿거리장단 1 + 주멜로디 연주와 노래 + 굿거리장단 1
  C 콩당콩당팀의 말리듬 + 신체표현 + 즉흥연주
  A 굿거리장단 1 + 주멜로디 연주와 노래 + 굿거리장단 1
  D 방망이팀의 말리듬 + 신체표현 + 즉흥연주
  A 굿거리장단 1 + 주멜로디 연주와 노래 + 굿거리장단 1 + 난타
- 팀별 말리듬과 즉흥연주 탐색하기

[정리] 음악극을 표현 한 후 상호 평가하기

출처: 최정숙(2011).

참고문헌

김영전(2008). **오르프 악기 편성법**. 음악세계.

오세규(2001). 오르프 교수법에 의한 기악실기. **청주교육대학교 논문집**, 41, 109-149.

윤영배, 정윤선(2005). **오르프(Orff) 접근법과 악기 앙상블**. 창지사.

임미경, 장기범, 함희주(2004). **음악교육의 이론과 실제**. 예종.

임미경, 현경실, 조순이, 김용희, 이에스더(2010). **음악교수법**. 학지사.

정윤선(2011). 오르프 접근법을 적용한 기초 피아노 교재의 앙상블에 관한 연구. **음악교수법연구**, 8, 121-153.

최정숙(2011). 음악극 '산도깨비'. 2011년 오르프 뮤직 센터 기본 지도자 과정 과제.

···Music Teaching and Learning Method···

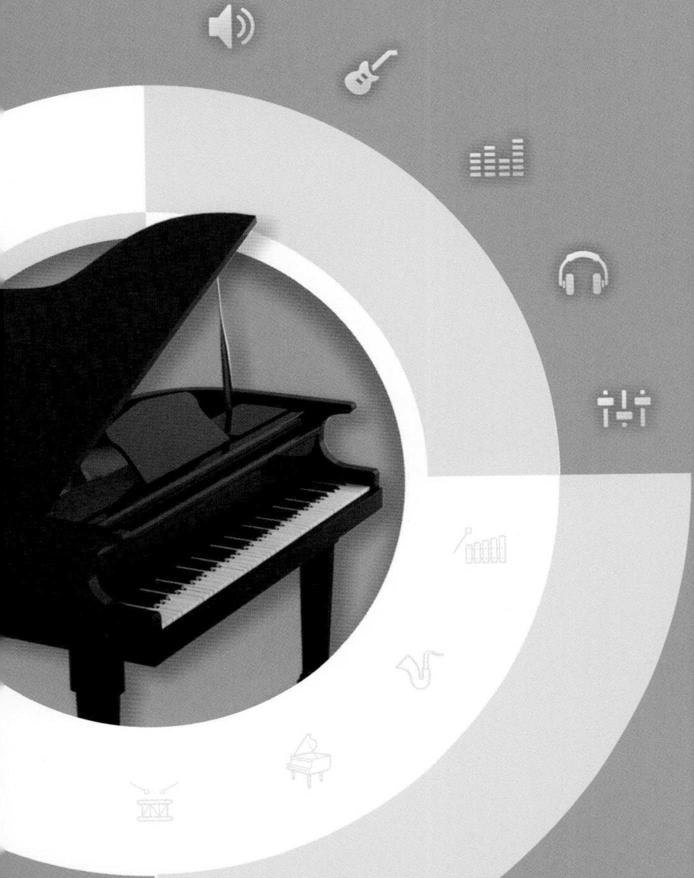

현경실

제11장

스즈키 교수법

스즈키는 음악교육과 인간성이 관련이 깊다고 생각했다. 그는 어린이들이 음악을 잘 배울 수 있다면 훌륭한 인간으로 자랄 것이라고 생각했다. 스즈키의 모국어 교수법은 모든 어린이에게 자연스럽게 모국어를 배우는 것과 같은 환경을 만들어 준다면 음악도 자연스럽게 배울 수 있다는 것이다. 모국어 학습의 모방과 반복이 스즈키 음악교수법의 키워드이다.

"나는 훌륭한 시민을 만들고 싶다. 만약 아이가 태어날 때부터 좋은 음악을 듣고 스스로 연주하는 법을 배운다면 그는 감수성, 규율, 인내를 기를 수 있을 것이다. 그는 아름다운 마음을 갖게 된다."

– 스즈키

1. 스즈키 신이치(Suzuki Shinichi, 1898~1998)

[그림 11-1] 바이올린 연주자이자 교육자인 스즈키

스즈키 교수법은 20세기 중반에 일본인 바이올리니스트인 스즈키 신이치가 시작하였다. 스즈키가 제2차 세계대전 후의 일본 아이들에게 삶의 아름다움을 가르치기 위해 개발한 음악교육법이다.

그는 일본 나고야에서 12형제 중 하나로 1898년에 출생하였다. 그의 아버지 스즈키 마사키치(Suzuki Masakichi)는 세계에서 규모가 가장 큰 바이올린 공장 스즈키 바이올린(Suzuki Violin Co., Ltd.)의 창업자이다. 어린 스즈키는 아버지의 바이올린 공장에서 바이올린을 가지고 놀며 많은 시간을 보냈다. 성장하여서는 아버지를 도와 바이올린을 만들었다. 그리고 바이올린을 독학으로 시작했다. 26세 때에 독일에 유학을 가 칼 클링글러(Karl Klingler) 밑에서 8년간 바이올린을 배웠다. 재미있는 사실은 독일에서 과학자 알버트 아인슈타인(Albert Einstein)이 스즈키의 후견인이었다는 사실이다.

유학 후 일본에 돌아온 스즈키는 그의 형제들과 현악 사중주단을 만들었으며, 도쿄에 있는 쿠니타치 음악학교의 임페리얼 학교(the Imperial School of Music at the Kunitachi Music School in Tokyo)에서 학생들을 가르치기 시작했고, 어린 학생들의 바이올린 교수법을 발전시키는 데 관심을 가지기 시작했다. 전쟁이 끝나자 그는 학교에서 학생들을 가르치도록 초빙되었으며, 그 학교에서는 스즈키가 갓난아이부터 어린아이들까지 음악을 가르치는 방법을 개발하도록 도와주었다.

그는 누구나 환경만 좋으면 음악을 잘 배울 수 있다고 생각하였다. 그래서 그는 그 당시까지는 사례가 없었던 아주 어린 나이부터의 교육을 시작하였고, 오디션 없이, 연주 능력과 상관없이 아이들을 가르친 것으로도 유명하다. 그는 이 같은 철학을 바탕으로 '스즈키 교수법'을 발전시켰다.

그는 뉴잉글랜드 콘서바토리(the New England Conservatory of Music)와 오블린 대학 음악 콘서바토리(the Oberlin College Conservatory of Music) 등 여러 곳에서 명예박사학위를 받았으며, 일본 국보(Living National Treasure of Japan)로 선포되었고 노벨 평화상 후보에 올랐다. 스즈키는 1998년 99세를 일기로 생을 마감했다.

스즈키와 그의 학생

스즈키가 어린이들을 가르친 초기에는 정기적으로 그의 어린 학생들을 데리고 산이나 공원 등 야외로 나갔다. 거기서 게임을 하며 논 후 바이올린으로 즐겁게 연주도 하였다. 여기서 그의 교육 철학을 엿볼 수 있다.

[그림 11-2] 스즈키의 수업

출처: Wartberg (2016). p. 16.

1926년 아인슈타인이 스즈키에게 그려 준 자신의 초상이다.

바이올린을 연주하는 아인슈타인의 모습이다. 스즈키는 아인슈타인을 유명한 과학자가 아닌 열정적인 바이올리니스트와 음악 애호가 동료로 생각했다.

[그림 11-3] 스즈키의 후견인 아인슈타인

출처: Wartberg (2016). p. 22.

2. 스즈키의 음악교육 철학

"모든 어린이는 잘 배울 수 있다."

– 스즈키

스즈키의 교육을 재능교육(talent education)이라 한다. 스즈키는 '사람은 누구나 개발할 수 있는 무한한 재능(잠재력)'이 있다고 생각하였다. 누구나 잘 개발만 하면 높은 수준의 능력을 가질 수 있다고 믿었다. 이것이 스즈키의 재능교육 이론의 핵심이다.

스즈키는 세계의 모든 어린이가 모국어를 어려움 없이 저절로 배우는 데 주목했다. 어린이가 자연스럽게 모국어를 습득하는 것을 보고 그 능력은 대단하다고 생각하였다. 그는 모국어를 배우는 것처럼 음악을 배운다면 효과적일 것이라고 생각하고 음악학습에 '모국어 학습법(mother-tongue method)'을 적용하였다. 그는 교육에 있어 '환경'의 중요성을 인식하고 '좋은 환경'만 갖추어진다면 '누구나' 음악을 잘 배울 수 있다고 생각하였다. 어린이들이 음악성이나 지적 능력과 상관없이 모국어를 배우는 것처럼 환경이 잘 주어진다면 누구나 음악적 능력자가 될 수 있다고 믿었다.

스즈키의 재능교육은 단순히 음악교수방법뿐만 아니라 아이들의 발달을 고려한 철학도 더해진 것이다. 그는 단지 훌륭한 바이올린 연주자들을 만들려고 하지 않았다. 그의 주요한 목표는 어린이들에게 음악을 통해 그들의 삶에서 더 큰 기쁨을 누릴 수 있는 아름다운 세상을 활짝 열어 주는 것이었다(Hermann, 1981). 스즈키 교수법의 원리는 인격이 먼저이며 능력은 그다음이라는 것과 모든 어린이는 잘 배울 수 있다는 것이다. 다음은 스즈키 재능교육 이론의 중요한 사상이다.

01.
인간은 환경의 산물

인간은 환경에 따라 달라진다. 좋은 환경이라면 누구나 잘 배울 수 있다.

02.
조기 교육

음악뿐 아니라 모든 학습이 일찍 시작할수록 더 효과적이다.

03.
반복학습

반복은 효과적인 학습의 중요한 요소이다.

04.
높은 수준의 음악성

교사나 부모는 높은 수준의 음악성을 위해 노력해야 한다.

[그림 11-4] 스즈키 재능교육 이론의 기초

3. 스즈키의 음악교육 방법

모든 인간은 큰 잠재력을 가지고 있으며 좋은 환경에서 잘 개발하면 훌륭히 그 능력을 키울 수 있다는 교육 철학을 가진 스즈키의 교육 방법 및 특징은 다음과 같다.

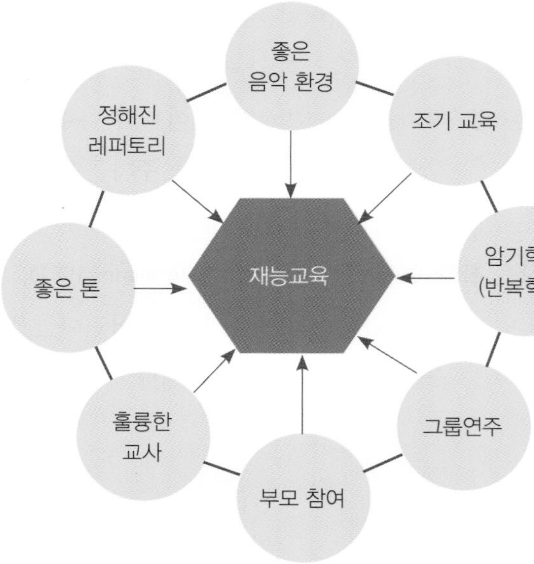

[그림 11-5] 효과적인 재능교육

1) 좋은 음악 환경

인간은 환경의 산물이기 때문에 모국어를 배우듯이 자연스러운 음악 환경 조성이 중요하다. 재능교육에서는 아기가 태어나기 전부터 수준 높은 음악을 환경의 한 부분으로 자주 들려준다. 또한 지역 클래식 음악회에 참여하고 음악을 하는 친구들을 사귀는 등 계속적으로 음악적인 환경을 만들어 주어야 한다.

2) 조기 교육이 중요

음악은 어릴 때부터 시작할수록 좋다. 바이올린은 3~5세가 되어야 시작하지만, 사실 아기가 태어나기 전부터 좋은 음악을 많이 들려주는 것에서 음악교육은 시작된다. 스즈키는 세 살부터 바이올린을 배우는 파격적인 음악교육을 시도하였다.

[그림 11-6] 태아 때부터 음악을 듣거나 어린 나이부터의 음악교육

3) 암기학습(반복학습)

스즈키는 아이들이 모국어를 배우는 과정을 관찰했다. 모국어를 배우는 과정은 일단 말을 주위에서 배우고 학교에 들어가면 비로소 읽기를 배우게 된다. 스즈키는 이 방법을 음악에도 똑같이 적용하였다. 아이들이 음악을 배울 때 일단 언어처럼 여러 번 들어서 먼저 익힌 다음 연주하게 하였다. 이는 연주할 곡을 여러 번 들려주어 외우게 한 다음 연주를 가르치는 것이다. 악기를 배우는 단계에서도 악보를 보지 않고 먼저 듣고 따라 하는 것을 매우 중요하게 생각하였다.

스즈키의 교수법에서는 유아기 때부터 좋은 음악을 반복해서 들려주는 것이 중요하다. 그러므로 스즈키 교실에서는 전문 음악가의 훌륭한 연주, 교사나 선배 학생의 음악을 듣는 것도 중요하게 생각한다. 초견이나 독보는 암기한 음악을 통해 나중에 배우며, 강조하지 않는다. 악보 없이 듣고 따라 하는 식의 수업은 처음 2년 정도 이루

[그림 11-7] 듣고 따라 해서 암기하며 학습

어진다. 그 후에도 아이들의 수준에 따라 더 오래 할 수도 있다. 또한 악보를 배우기 시작하더라도 듣고 따라 하는 연주지도는 계속된다. 스즈키 교육에서 반복은 매우 중요하다. 연주 실력이 향상하여 어려운 곡을 연주하게 된다 하더라도 처음에 배운 〈작은 별〉 등의 곡 연주를 계속한다. 제법 나이가 든 학생들도 마찬가지이다.

4) 그룹연주

개인 레슨은 기본 과정이며, 개인의 집중력에 따라 그 시간이 결정된다. 모든 레슨은 좋은 자세와 자유로운 움직임을 위하여 기본적으로 서서 이루어진다. 스즈키 교수법에서는 정기적으로 그룹 연주하는 것을 장려한다. 그리고 그룹연주는 악보를 읽고 음악성을 기르는 데 효과적이다.

5) 부모 참여

부모는 반드시 레슨에 참여해야 하며, 매일매일 연습을 도와야 한다. 부모의 참여는 바이올린 실력을 높이기 위해서뿐만 아니라 바이올린 공부가 가치 있다는 인식을 심어 준다. 부모들은 어린 학생이 매일 악기를 연습하는 데 감독해야 하며, 절대로 혼자 연습하게 내버려두어서는 안 된다. 그리고 레슨 때마다 필기한 노트를 이용해 학생을 효과적으로 코치할 수 있도록 해야 한다. 이것은 매우 중요한 사항이기 때문에

[그림 11-8] 학생과 부모가 같이 레슨을 받는 그룹연주 장면

혹자는 스즈키 교수법을 '엄마 중심의 교수법(the momcentric method)'이라고 말한다.

6) 훌륭한 교사

스즈키 교수법에서 교사는 반드시 잘 훈련받은 교사여야 하며 훌륭한 음악가여야 한다. 세계의 스즈키 협회는 좋은 교사들을 길러 내기 위한 과정들을 진행하고 있다.

[그림 11-9] 어린이들과 같이 연주하는 스즈키

7) 좋은 톤(음질)

음악이 이미 마음에 있고 육체적으로 바이올린을 다룰 준비가 되어 있을 때 바이올린을 배우기 시작한다. 스즈키는 비록 초보자라고 하더라도 좋은 음질로 연주하는 것을 매우 중요하게 생각하였다. 따라서 처음부터 좋은 음질을 내기 위한 노력을 한다. 예를 들어, 어린 학생이 전통적인 방법으로 활을 잡기 어려워할 때는 쉬운 방법으로 활을 잡게 하고, 음정이 정확하지 않을 때는 바이올린 지판에 테이프를 붙여 누를 자리를 표시해 준다.

어린 나이에 시작, 자유로운 활 잡기, 활 중간에 표시

초보자의 모형 바이올린과 발판

초보자의 활 잡기

초보자 바이올린의 지판 운지 표시

[그림 11-10] 초보자의 바이올린 학습

8) 정해진 레퍼토리

스즈키 교수법은 모든 학생에게 같은 레퍼토리를 사용한다. 같은 곡을 반복하는 것은 매우 중요하고, 또한 같이 연주할 수 있다는 사실도 중요하다. 매년 열리는 스즈키 페스티벌에서는 수천 명의 학생들이 연주에 참가하는데, 같은 레퍼토리를 배우기 때문에 다 같이 연주하는 것이 가능하다. 이들은 배운 곡 중 가장 높은 수준의 곡부터 연주를 하여 낮은 수준의 곡으로 연주를 계속한다. 가장 높은 수준의 학생이 맨 먼저 연주를 하면 그 수준의 곡까지 연주가 안 되는 학생들은 기다리게 된다. 가장 수준 높은 곡부터 연주가 시작되면 그 아래 그룹의 학생들은 본인이 연주가 가능한 차례가 되면 합세해서 다음 곡을 연주하고, 또 그 아래 그룹이 다음 곡의 연주에 합세해서 연

주를 이어 나가 결국 가장 초보 수준의 학생이 연주에 합세해서 같이 연주한다.

그룹레슨을 할 때도 상급자와 초보자가 같이 연주를 하게 된다. 같은 레퍼토리를 처음부터 연주하며 학생은 배운 데까지만 연주하고 나머지는 듣게 된다. 이것은 배울 곡을 미리 선행 학습하는 효과가 있다.

[그림 11-11] 제52회 도쿄 대연주회에서 학생들이 스즈키 학교의 졸업의 일환으로 연주하고 있는 모습

참고문헌

Cook, C. (1970). *Suzuki education in action.* Smithtown, Exposition Press.

Hermann, E. (1981). *Shinichi Suzuki: The man and his philosophy* (Senzay Edition). Ability Development Associates.

Suzuki, S. (1969). *Nurtured by love*. Exposition Press.

Suzuki, S. (1981). *Ability development From age zero* (Senzay Edition). Ability Development Associates.

Suzuki, S. (1990). *Man and talent. Search into the unknown*. Shar Products Company.

Wartberg, K. (2009). Suzuki's family background - Life between tradition and progress. *Shinichi Suzuki: Pioneer of Music Education.* Deutsches Suzuki Institut, pp. 8-29.

현경실

제**12**장

고든의 음악학습이론

고든의 음악학습이론은 음악심리학에 기초하여 음악학습과정을 잘 설명해 놓은 이론이다. 고든의 음악교육은 '음악을 상상할 수 있는 오디에이션 능력'을 키우는 것이 목표이다. 이 목표을 이루기 위해 음악성에 근거한 패턴학습을 강조하고 있다.

1. 에드윈 고든(Edwin Gordon, 1927~2015)

에드윈 고든은 미국에서 태어나서 이스트만 음악학교(Eastman School of Music)에서 더블 베이스로 학사와 석사를 하였으며, 아이오와 대학교(University of Iowa)에서 박사 학위를 하였다. 그는 1980년 음악학습이론을 발표하였으며, 말년에는 특히 갓난아이들의 음악교육에 관심을 보였다. 음악적성에 관심을 두어 음악적성검사를 다수 개발하였다.

[그림 12-1] 고든

2. 고든의 음악학습이론

고든의 음악학습이론(music learning theory)은 음악심리학에 기초하여 사람이 음악을 학습하는 과정을 정리해 놓은 이론(theory)이다.

1) 음악적성

고든은 음악학습을 하는 데 있어 음악적성이 매우 중요한 역할을 한다고 생각하였다. 음악수업은 반드시 학생들의 음악적성의 개인차를 고려하여 기획 · 실행되어야 한다고 주장하였다. 고든은 그의 학습이론을 수업에 적용하는 데 수업 전 학생들의 음악적성을 측정하여 학생들의 음악적성에 따라서 자리를 배치하고, 각 학생의 음악적성을 고려하여 수업한다. '음악을 배울 수 있는 잠재력'으로 정의되는 음악적성은 모든 학생이 가지고 태어난다. 그 후 환경과 교육에 따라 그 수준이 결정되며, 음악적성은 만 9세까지 계발된다. 학생들의 음악적성을 모르면 고든의 수업 방법대로 수

〈표 12-1〉 고든의 음악적성검사

제작자	음감	리듬감	선호도	대상	사용기구	실시시간
AUDI	가락	리듬		3~4세	전자악기	10분
MAP (Musical Aptitude Profile)	① 멜로디 ② 화성	① 빠르기 ② 박자	① 악절감 ② 균형 ③ 스타일	10~18세	바이올린, 첼로	3시간
PMMA(Primary Measures of Music Aptude)	음감	리듬감		5~9세	전자악기	20분
IMMA (Intermediate Measures of Music Aptude)	음감	리듬감		6~10세		
AMMA(Advanced Measures of Music Aptude)	음감	리듬감		음악전공자 (13세 이상)	전자악기	20분

[그림 12-2] 음악적성검사 MAP

[그림 12-3] 음악적성검사 PMMA

업을 할 수가 없기 때문에 고든은 나이별로 필요한 음악적성검사를 개발하였다(〈표 12-1〉, [그림 12-2], [그림 12-3] 참조).

2) 오디에이션

오디에이션(audiation)은 '음악이 들릴 때뿐만 아니라 들리지 않을 때도 음악을 이해하는 능력'이다. 고든은 음악을 '실제 음악이 들리지 않는 상황에서 음악을 상상하는 것'이라고 정의하였다. 고든은 '이미지를 상상한다'는 의미의 'imagination'에서 착안하여 '소리를 상상한다'는 의미의 'audiation'이란 단어를 만들었다.

오디에이션은 연주하기, 악보 읽기, 창작하기 등 모든 음악적인 활동에서 나타난다. 고든은 오디에이션이 모든 음악적 활동의 기초이며 사람의 따라 오디에이션하는 능력도 각기 다르다고 하였다. 오디에이션에는 여러 가지 단계가 있으며 그 능력을 키우기 위해 노력해야 한다고 주장하였다. 고든은 음악수업의 목표가 오디에이션 능력의 향상이라고 생각한다.

[그림 12-4] 오디에이션

3) 음악학습위계

음악학습위계(music learning sequence)는 고든의 음악학습이론의 가장 중요한 개념 중의 하나이다. 음악학습위계는 사람이 음악을 학습하는 순서를 체계화한 것이다. 고든의 음악학습위계는 음악기술학습위계(music skill learning sequence)와 음악내용학습위계(music contents learning sequence)로 이루어져 있다. 음악기술학습위계

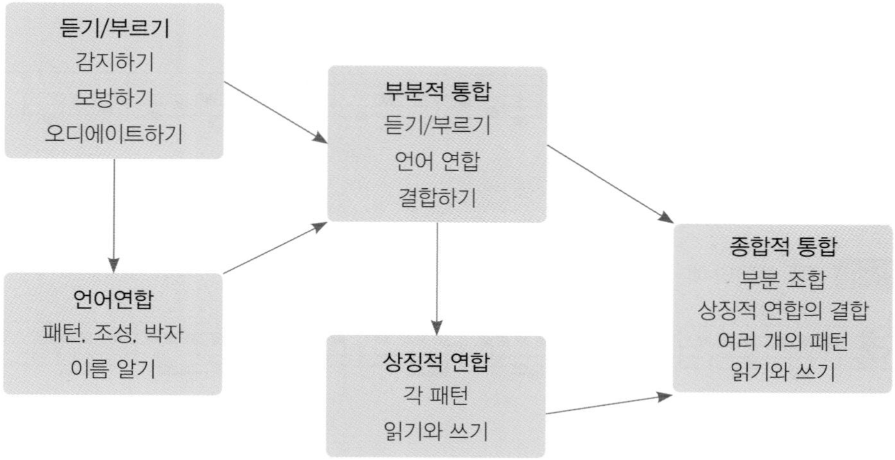

[그림 12-5] 고든의 음악기술학습위계

는 음악을 들을 때, 연주할 때, 악보를 읽을 때, 작곡할 때 일어나는 일련의 과정을 심리학적으로 설명해 놓은 것이며, 음악내용학습위계는 다시 음학습위계(tonal learning sequence), 리듬학습위계(rythm learning sequence)로 되어 있다. 음학습위계는 장조, 단조, 모드 등의 음의 학습 내용을 순서대로 정리해 놓은 것이고, 리듬학습순서는 두박자계, 삼박자계 등 리듬학습 내용을 순서대로 정리해 놓은 것이다. 음악적 기술은 음악 내용 없이는 학습할 수 없기 때문이다.

4) 패턴학습

고든은 오디에이션 능력을 키우기 위해 매 수업 음패턴(tonal pattern)과 리듬패턴(rhythm patterns)을 학습한다. 음악에서의 패턴은 언어에서의 단어와 같다. 음악을 잘 이해하기 위해서는 패턴학습이 필요하다고 생각하였다. 고든의 음악학습이론에는 수도 없이 많은 패턴을 난이도별로 체계화시켜 놓아 교사가 매시간 학생들의 적성수준에 맞추어 음패턴과 리듬패턴을 학습하도록 한다.

악보 1 **음패턴의 예**

출처: Mark (1986). p. 168.

악보 2 **리듬패턴의 예**

출처: Mark (1986). p. 170.

3. 수업의 실제

고든의 음악수업은 크게 두 부분으로 이루어진다. 학습순차활동과 일반수업활동으로 나뉘어 있다. 학습순차활동은 매시간 5~10분 정도 실시하고, 나머지 시간은 일반적인 음악수업으로 진행한다.

1) 학습순차활동

학습순차활동(Learning Sequence Activities: LSA)은 매시간 수업 시작부분이나 끝부분에 5~10분 동안 패턴을 중심으로 진행된다. 고든의 학습기술위계에 따라 진행된다. 나이와 상관없이 고든의 수업을 처음 시작할 때는 기초 단계부터 시작된다. 매시간 리듬패턴과 음패턴으로 나누어 진행한다. 같은 시간에 음과 리듬을 한꺼번에 할 수는 없다. 학생들의 음악적성에 따라 미리 좌석이 정해지며, 학습순차활동은 한 시간에 10분을 초과해서는 안 된다. 고든은 수업시간의 언어 사용은 최소화하는 것을 권장하지만, 특히 학습순차활동에서는 말의 사용 없이 제스처로 수업을 진행하며 패턴만을 계속적으로 부르는 것이 좋다.

2) 일반수업활동

고든의 수업에서 일반수업활동(classroom activities)은 말 그대로 일반 보통의 음악 수업과 같이 다양한 활동을 한다. 감상하기, 노래하기, 연주하기, 창작하기(즉흥연주) 등 모든 활동을 자유롭게 한다. 일반수업을 위한 교재에는『Jump Right In』이 있다. 고든이 일반수업에서 강조하는 지도법에는 특징이 있다. 다음은 고든 음악수업의 특징이다.

고든은 음악학습 중 가장 중요한 것이 듣기라고 주장한다. 모든 활동은 듣기에서 시작한다. 그리고 어릴수록 효과적이다.

교사는 모든 수업에서 듣기를 강조한다.

[그림 12-6] 고든 음악수업의 특징

(1) 듣고 따라 부르기

고든의 음악수업에서는 음악기술학습위계에 따라 모든 활동을 듣고 따라 하기부터 시작한다. 음악적 경험이 없는 어린이들은 이 단계가 꽤 오래 지속된다. 그러나 음악적 경험이 많은 어린이는 계명으로 부르기 등 다음 단계로 빠르게 넘어갈 수 있다. 예를 들어, 가창수업이라면 처음에는 노래를 '듣고 따라 부르기(rote singing)'로 배우게 되는 것이다. 많은 음악적 경험이 쌓이게 되면 계명으로 부르기, 악보 보고 부르기 등 다음 단계로 넘어가게 된다. 개인의 차이와 수업의 양에 따라 달라지겠지만 보통 듣고 따라부르기 단계는 수년간 걸린다. 기악수업도 가창과 마찬가지로 처음 단계에서는 악보를 보지 않고 듣고 따라서 연주를 하게 된다.

(2) 가사 없이 부르기

고든 수업에서는 언어는 가능하면 사용하지 않는다. 고든은 보통의 어린이들이 음악적 발달보다는 언어적 발달이 훨씬 빠르기 때문에 음악수업에서는 언어 사용을 최소화하는 것을 권장한다. 많은 부분을 제스처와 표정으로 리드하고, 노래를 부를 때도 가사 없이 '밤' '라' 등 의미 없는 한 음절로 부르는 것을 권장한다. 그렇게 해야 음악적인 발달이 빠르다고 믿는다.

[그림 12-7] 가사보다는 '밤~'이나 '라~'의 한 음절로 노래를 부르는 고든의 수업 모습

(3) 기본박과 중심음 강조하기

음악에 가장 기본이 되는 학생들의 박자감과 음감을 기르기 위해 기본박(macro and micro beats)과 중심음(resting tone)을 강조하여 가르친다. 모든 음악은 기초는 기본박과 중심음(으뜸음)이 기본이 된다고 생각하기 때문이다. 패턴이나 곡을 부르기 전에 반드시 기본박과 으뜸음을 강조하는 준비 패턴을 부르고 시작한다. 그리고 노래를 부를 때도 노래 중간 중간을 끊어 으뜸음을 오디에이트해서 부르는 활동을 하게 된다.

악보 3 **장조 준비 패턴의 예**

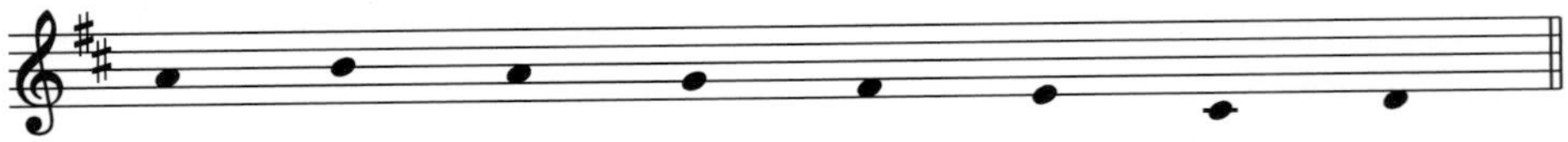

출처: Gordon & Woods (1990). p. 1.

악보 4 2박자계 준비 패턴의 예

출처: Gordon & Woods (1990). p. 3.

악보 5 곡의 준비 패턴의 예

(4) 신체를 이용하기

고든은 나이를 불문하고 모든 수업에서 신체 표현하기를 권장한다. 신체로 다양한 음악을 표현하는 것은 음악성 발달과 오디에이션 능력을 키우는 데 도움을 준다고 생각한다. 감상이나 노래를 부를 때는 물론이고 어린아이들의 경우 패턴을 부를 때도 신체를 이용한다. 어린이들은 온몸을 이용하여 음악을 표현한다. 가락과 리듬뿐만 아니라 셈여림, 느낌 등 여러 가지 음악의 요소도 신체를 이용하여 표현한다.

어린이들은 으뜸음을 몸으로 표현한다. 보통 바닥이나 북 등을 두 손으로 치면서 중심음을 부른다.

[그림 12-8] 온몸을 이용하여 음악을 표현하는 어린이

[그림 12-9] 신체를 이용한 수업 모습

〈표 12-2〉 고든의 일반수업활동 특징

특징	내용
듣고 따라 부르기	음악의 경험이 적은 초기 단계에 노래를 배울 때는 반드시 듣고 따라 부르기로 시작한다. 상당히 오랜 기간 실시한다.
가사 없이 부르기	노래를 부를 때는 가사 없이 부르는 것을 권장한다. 아이들은 음악적 능력보다 언어적 능력이 먼저 발달하기 때문에 가사로 부르면 음악보다 가사에 집중하기 때문이다.
기본박과 중심음 강조하기	음악적인 활동을 할 때는 기본박과 중심음을 강조한다. 기본박과 으뜸음이 음악의 가장 기초라고 생각하기 때문이다.
신체를 이용하기	음악적인 요소를 신체를 이용하여 표현한다. 특히 아동들은 온몸을 이용하여 음악적인 패턴이나 가락, 리듬, 셈여림 등을 표현한다.

참고문헌

Boyle, D. (1992). Evaluation of music ability. In R. Colwell (Eds.), *Handbook of research on teaching and learning* (pp. 594-601). Music Educators National Conference.

Boyle, D., & Radocy, R. (1987). *Measurement and evaluation of musical experience*. Schirmer Books.

Cuddy, L., & Upitis, R. (1992). Aural perception. In R. Colwell (Eds.), *Handbook of research on teaching and learning* (pp. 333-343). Music Educators National Conference.

Gordon, E. E. (1967). *Three-year longitudinal predictive validity study of the musical aptitude profile*. The University of Iowa Press.

Gordon, E. E. (1982). *Intermediate measures of music audiation*. G. I. A. Publications, Inc.

Gordon, E. E. (1986). *Primary measures of music audiation*. G. I. A. Publications, Inc.

Gordon, E. E. (1987). *The nature, description, measurement, and evaluation of music aptitudes*. G. I. A. Publications, Inc.

Gordon, E. E. (1988/1965). *The musical aptitude profile*. The Riverside Publications.

Gordon, E. E. (1989). *The advanced measures of music audiation*. G. I. A. Publications, Inc.

Gordon, E. E. (1993). *Learning sequences in music*. G. I. A. Publications, Inc.

Gordon, E. E., & Woods, D. G. (1990). *Jump right in: The music curriculum, reference hand book for using learning sequence activities*. G. I. A. Publications, Inc.

Mark, M. L. (1986). *Contemporary music education*. Schirmer Books.

Shuter-Dyson, R., & Gabriel, C. (1981). *The psychology of musical ability* (2nd ed.). Methuen.

김신영

제**13**장

포괄적 음악성

‘포괄적 음악성’은 모든 음악적 경험의 통합을 강조하는 접근이다. 이 장에서는 포괄적 음악성이란 무엇이며, 그 배경과 영향, 그리고 포괄적 음악성의 원리를 살펴본다. 또한 미래 사회가 요구하는 학생들의 잠재력과 창의성 계발을 위해 실제적으로 어떻게 지도하고 학습해야 하는가를 포괄적 음악성의 원리에 기초하여 교수학습의 적용을 제시한다.

"포괄적 음악성은 교수법이나 과정의 구조개혁이라기보다는 음악에 대한 과정, 접근, 태도이다. 포괄적인 학습은 창의적 사고력을 계발시키기 위해 모든 음악의 근원을 탐색한다."

—윌러비

1. 포괄적 음악성의 개념

미국의 음악교육학자 윌러비(D. Willoughby, 1971: vii)는 포괄적 음악성에 대해 "모든 음악 학습의 자료는 음악의 문헌이며, 음악학습에서—교실, 개인 레슨, 그룹 레슨, 앙상블 리허설—모든 면의 통합을 증진시키는 접근이다."라고 정의를 내린다. 이러한 접근은 학생들이 하고 있는 모든 면에서 상호관계를 이해하고, 자료를 종합하게 하는 음악 전반의 커리큘럼에 초점을 두고 있다. 이는 학생들에게 더욱 완전한 음악적 경험을 가능하게 한다.

포괄적 음악성(Comprehensive Musicianship: CM)이라는 용어는 1965년 노스웨스턴 세미나에서 처음 공식적으로 사용되었다. 포괄적 음악성은 창작(creating), 연주(performing), 비판적 감상과 분석(critical listening and analysing)이 서로 연관(통합)되어져야 한다는 것을 강조하는 접근이다. 미국의 음악교육학자 볼(C. Ball)은 "음악은 하

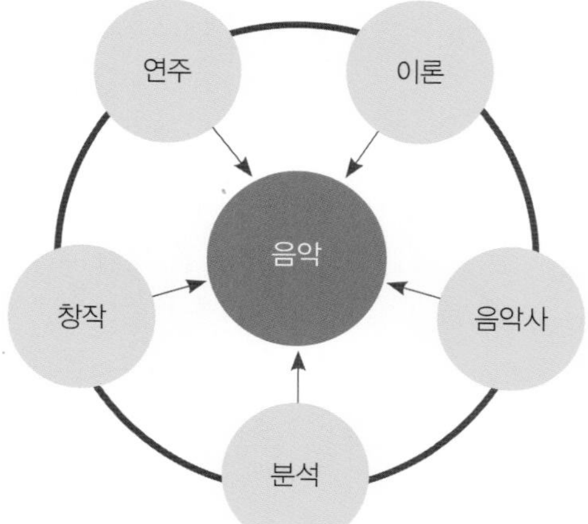

[그림 13-1] 포괄적 음악성

나의 예술이다."라고 주장한다. 그러나 음악 교사들은 연주, 이론, 음악사 등의 과목들을 서로 분리된 방식으로 가르친다(Willoughby, 1971: 15). 결과적으로 학생들은 모든 음악학습을 전체로 보기보다는 교과과정의 교과목들을 뒤섞여진 필요 없는 사실들로 보고 실기 학습의 기술 지향적인 면(skill-oriented aspects)에 집중하는 경향이 있다.

포괄적 음악성은 모든 음악적 경험의 통합을 강조하는 접근이다. 이러한 접근을 통해 학생들은 창작, 연주, 비판적 감상과 분석을 할 수 있는 음악가적 기능을 계발하게 된다. 음악 교사는 학생들에게 사실적인 지식을 채우려고 시도하기보다는 그들 스스로 발견하는 학습 과정을 촉진시키기 위해 자료들을 조직하고 연관 지어야 한다는 것이다. 그리하여 음악학습의 기본적인 영역들—분석, 연주, 창작—을 연관시키는 프로그램인 포괄적 음악성은 교과과정을 통합하는 효과적인 수단이다(Kim, 2000). 이와 같은 음악가적 능력을 가지지 않고는 학생들의 진정한 음악적 능력은 불균형적이고 제한적이다. 포괄적 음악성은 평생교육(life-long learning)의 차원에서 음악의 확고한 기초를 다지고 최상의 예술에 대한 즐거움을 창조하려는 시도이다.

2. 포괄적 음악성의 배경

포괄적 음악성이라는 개념은 현대음악 프로젝트(Contemporary Music Project for Creativity in Music Education: CMP)에서 발생하였다. 현대음악 프로젝트는 1959년 시작된 청년 작곡가 프로젝트(Young Composers Project: YCP)에서 계승되어 1973년까지 수행되었다. 이 프로젝트는 미국의 저명한 음악가, 음악학자 및 음악교육가 등이 참여하여 이루어졌다. 프로젝트의 명칭에서 볼 수 있듯이, 이 프로젝트의 중요한 목표

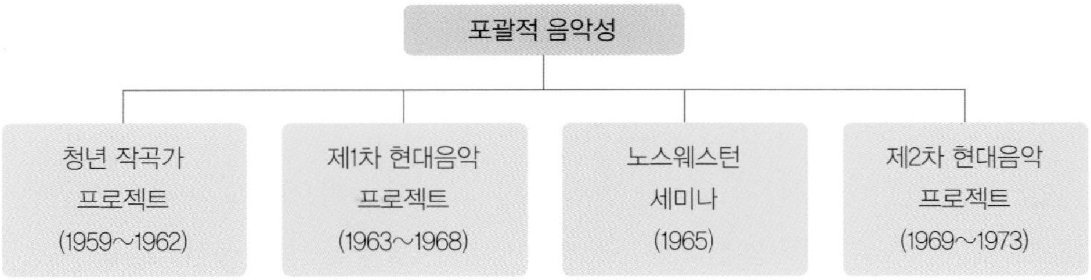

[그림 13-2] 포괄적 음악성의 배경

는 '학생들의 창의성 계발'에 있다.

1) 청년 작곡가 프로젝트

청년 작곡가 프로젝트는 1957년 스푸트니크 충격(sputnik shock) 이후 미국에서 일어난 교육 개혁 운동과 관련된다. 스푸트니크 충격은 냉전시대 옛 소련이 세계 최초로 인공위성 스푸트니크호를 발사하여 미국인들이 큰 충격을 받았던 사건이다. 미국의 과학지도자와 교육자들은 옛 소련이 우주 경쟁에서 앞지르게 된 것은 미국 교육체제에 결점이 있기 때문이라고 느끼고 과학과 이에 관련된 과목의 강화를 위한 교육체제 개혁 운동을 벌였다. 이러한 움직임은 음악교육 분야에도 영향을 주어 여러 프로젝트로 연결되었다.

미국음악교육자협회(Music Educators National Conference: MENC)는 1959년부터 3년간 포드 자동차 그룹의 핸리 포드 재단(Henry Ford Foundation)의 지원을 받아 청년 작곡가 프로젝트를 수행하였다. 이를 수행하기 위해 포드 재단은 작곡가 델로 조이오(N. Dello Joio, 당시 줄리어드 음악대학 학장)에게 미국 사회에서 예술이 차지하는 위치에 대한 현황조사를 의뢰했다. 그는 미국 사회에 현대음악이 제대로 수용되고 있지 못한 사실에 주목하였다. 델로 조이오는 작곡가들을 초·중등학교에 파견하여 밴드, 합창단, 오케스트라 등의 다양한 연주 그룹들을 위해 현대음악을 작곡하게 하는 창의적인 방안을 제안하였다(Mark, 1996).

청년 작곡가 프로젝트의 회장이었던 델로 조이오는 음악적 재능이 뛰어난 31명의 젊은 작곡가들을 선정하였다. 이들은 미국 전역의 공립학교에 파견되어 2년간 현대음악을 작곡하였다. 이 프로젝트를 통해 학생과 교사들은 현대음악이 창작되는 과정을 목격하고 연주하며 감상을 하였다. 그 결과, 어린 학생들은 거부감 없이 현대음악을 받아들이는 반면에 교사들은 현대음악에 대해 심한 거부감을 보였다. 이는 교사들이 대학에서 단지 고전 음악에 관한 이론과 실기를 배웠으나 현대음악에 대해서는 무지한 상태로 교육 현장에 투입되었기 때문이었다.

이와 같은 인식은 대학의 교육과정, 교수법, 교육 내용의 재검토가 필요하다는 결론에 이르게 되었다. 청년 작곡가 프로젝트의 기본 방향은 대학 음악교육을 재검토하자는 차원으로 확대되어 현대음악 프로젝트로 이어졌다.

2) 제1차 현대음악 프로젝트

미국음악교육자협회는 청년 작곡가 프로젝트를 연장하고자 하는 새로운 제안서를 포드 재단에 제출하였다. 이 제안서에는 청년작곡가 프로젝트를 확대하여 교사 교육을 포함시키자는 내용과 음악대학 교육과정을 개편하자는 내용이 포함되어 있었다. 미국음악교육자협회가 제안했던 현대음악 프로젝트의 목표는 다음과 같다(Mark, 1996).

- 공립학교에서 음악의 창의적인 측면을 강조한다.
- 현대음악의 어법을 이해하고 수용할 수 있는 적절한 환경을 조성한다.
- 음악교육과 작곡 분야 사이에 존재하는 간격을 줄인다.
- 음악 교사와 학생들이 수준 높은 현대음악의 질을 판단하고 선호할 수 있는 능력을 기른다.
- 음악에 창의적인 재능이 뛰어난 학생들을 발굴한다.

제1차 현대음악 프로젝트에서는 3개의 중점 사업이 진행되었다. 첫째, 작곡가 73명은 공립학교에 배치되어 학생들을 위한 현대음악 작곡에 전념하였으며, 『현대음악 프로젝트 총서(Contemporary Music Project Library)』라는 책을 출판하였다. 둘째, 예비교사와 현직 교사들에게 현대음악을 소개하는 다양한 활동을 하였다. 셋째, 초·중등학교의 학생들에게 현대음악을 체계적으로 지도하고 즉흥연주와 작곡을 통해 그들의 창의적 재능을 계발하였다(CMP5, 1971).

3) 노스웨스턴 세미나

1965년 현대음악 프로젝트는 노스웨스턴대학교에서 세미나를 개최하였는데, 이를 노스웨스턴 세미나(Northwestern Seminar)라고 부른다. 리머(B. Reimer), 마이어(L. B. Meyer) 등 저명한 교수들이 모인 세미나에서 음악대학의 교과과정 및 음악교육의 바람직한 교수 내용 및 방법을 토론하였다.

노스웨스턴 세미나 참석자들은 대학 음악교육에서 몇 가지의 문제점을 지적하였다. 첫째, 학생들의 창의성 계발이 충분히 이루어지지 않고 있다. 둘째, 대학에서 음악문헌이 17세기 말에서 19세기 중반에 이르는 제한된 범위를 다루고 있다. 셋째, 학생들은 화성학, 대위법, 음악분석, 음악사 등의 과목들을 전공실기와 서로 연관성을 보지 못하며 풍부한 음악성을 기르는 데 연결되지 않는다(CMP2, 1965).

이러한 문제점을 해결하기 위해 제안된 견해가 '포괄적 음악성'이었다. 포괄적 음악성의 개념은 학생들이 현대음악, 종족음악 등 폭넓은 레퍼토리를 접함으로써 그들의 음악성과 창의성을 계발하고, 다양한 이론 교과들과 전공실기의 상호 연관성을 볼 수 있도록 하고자 하는 것이다.

노스웨스턴 세미나에서 포괄적 음악성의 계발을 위해 제안된 내용은 다음과 같다(Willoughby, 1970: 16-18 재인용).

- 포괄적 음악성을 계발하기 위해서는 작곡 기술을 훈련해야 한다.
- 청각적 훈련과 분석적 훈련의 목표는 음악구조에 관한 예리한 통찰력을 키우는 것이며, 이는 최고의 심미적 반응을 위한 필수 조건이다.
- 포괄적 음악성은 3단계의 점차적인 경험, 즉 개념의 도입, 기술지도, 예술작품의 직접적 경험을 요구한다.
- 음악사와 이론적 연구, 연구와 연주 사이에 존재하는 내재적 연관을 보는 것에 중점을 둔다.
- 전공에 관계없이 모든 학위과정의 학생들에게 적용되어야 한다.
- 모든 음악학습의 지식들을 통합시켜야 한다.
- 현대적 사고와 실천을 과거의 그것들과 연관시켜야 한다.
- 음악은 열린 교과로 간주되어야 한다. 학생들에게 공식적 음악교육 안팎에서 자료를 찾고 다룰 수 있는 도구를 주어야 한다.
- 학생들은 자기감독력을 계발하고, 상상력을 발휘하고, 비평적 판단력을 연마하도록 양성되어야 한다.

노스웨스턴 세미나에서 제안된 포괄적 음악성의 개념은 1966년부터 1969년 사이에 이루어진 '현대교육에서의 음악학교들(Institutes for Music in Contemporary Education: IMCE)'이라는 프로그램과 버지니아주의 에얼리 하우스(Airlie House)에서 이루어진 심포지엄(1967)에 의해 계속적으로 발전되었다.

4) 제2차 현대음악 프로젝트

1968년 포드 재단과 미국음악교육자협회의 지원으로 현대음악 프로젝트가 5년 연장되었다. 제2차 현대음악 프로젝트는 현대음악 보급뿐 아니라 노스웨스턴 세미나에서 결정된 사항을 반영하여 포괄적 음악성에 대한 개념의 보급과 전파에 중점을 두었다.

제2차 현대음악 프로젝트에서는 3개의 중점 사업이 진행되었다. 첫째, 제1차 현대음악 프로젝트의 공립학교 작곡가들 프로그램에 연주자들까지 포함시켜 확장하였다. 둘째, 포괄적 음악성의 현장 실천을 위해 초등학교에서 대학원에 이르는 다양한 수준의 교수요목, 강의계획서, 교재들을 개발하였다. 셋째, 전국 포럼, 지역 포럼, 상담서비스, 워크숍 및 연수, 학회발표, 출판물, 뉴스 레터 등 다양한 활동이 이루어졌다(CMP, 1973).

현대음악 프로젝트의 정책위원장이었던 담스(D'Arms, 1973)는 현대음악 프로젝트에 대해 몇 가지 점에서 중요한 의미를 강조하였다. 첫째, 지금까지 시도되지 않은 새로운 프로젝트와 세미나를 실시하였다. 둘째, 현대음악 프로젝트의 내용들은 그 범위나 유형에서 엄청난 유연성을 보여 주었다. 셋째, 현대음악 프로젝트를 통해 작곡가, 음악교육가 등 다양한 음악계 인사들과 미국음악가협회, 국제음악가협회 등 여러 기관들이 하나가 되는 기회를 제공하였다.

3. 포괄적 음악성과 관련된 프로그램

최초로 노스웨스턴 세미나에서 제안된 포괄적 음악성의 개념은 하나의 '태도'로서 유치원에서 대학원에 이르기까지 폭넓은 음악교과, 그리고 일반 음악뿐 아니라 연주, 개인 레슨 등 모든 음악교육에 적용되는 개념으로 확대되었다. 그 이후에 나타난 포괄적 음악성과 관련된 몇 가지의 프로그램을 소개한다.

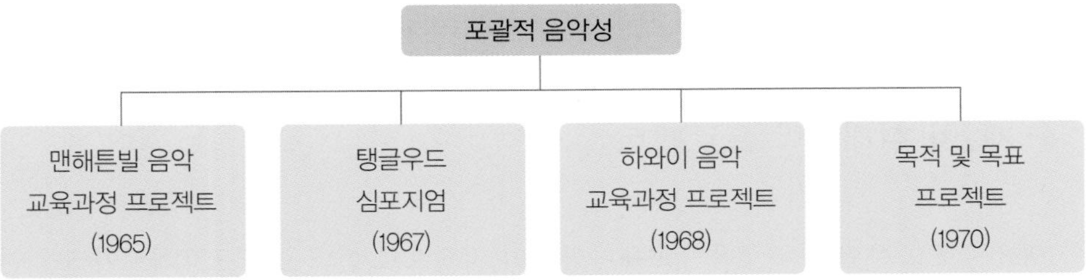

[그림 13-3] 포괄적 음악성의 영향

1) 맨해튼빌 음악교육과정 프로젝트

1965년부터 5년간 수행된 맨해튼빌 음악교육과정 프로젝트(Manhattanville Music Curriculum Project: MMCP)는 기술 중심의 음악교육에서 벗어나 포괄적 음악성 계발을 위한 음악교육과정을 구안하는 데 목적이 있었다. 이 프로젝트는 그 전 교육과정이 포괄적 음악성의 원리를 충실히 반영한다는 점에서 CMP와 일맥상통한다.

토머스(Thomas, 1979)는 [그림 13-4]와 같이 네 가지 원칙을 제시하였다.

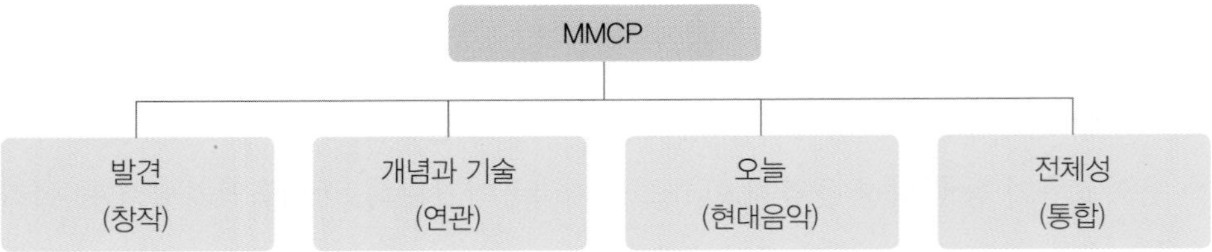

[그림 13-4] MMCP의 원칙

MMCP에서 사용된 교육과정은 초등학교 1학년부터 고등학교 3학년까지의 전 과정이 음악의 기본 개념(음높이, 리듬, 형식, 셈여림, 음색)에 근거한 브루너(J. Bruner)의 나선형 교육과정을 기초로 하고 있다. 또한 리머의 심미적 음악교육 철학을 수용하여 학생들이 먼저 경험을 한 후에 학습이 이루어지도록 하였다. MMCP의 주요한 특징은 발견의 원리, 개념의 원리, 통합에 의한 원리를 적용하여 학생 스스로 문제를 해결해 나가는 창의적 접근 방법을 중요시한다는 점이다.

다음은 MMCP 교육과정에서 제시된 개념에 관한 나선형의 예이다.

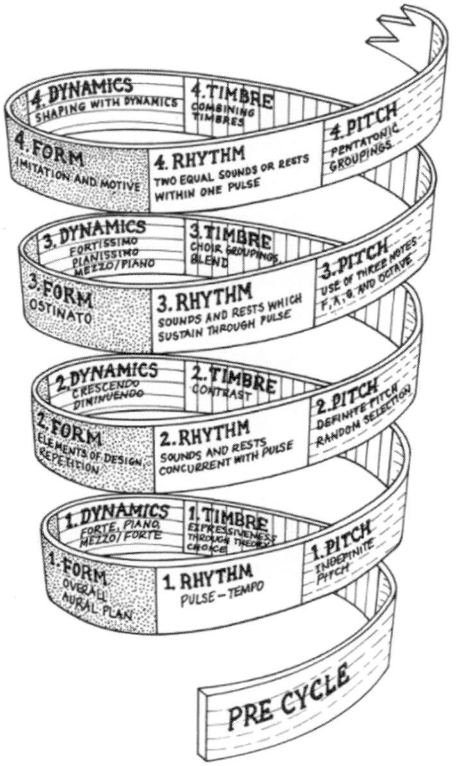

[그림 13-5] MMCP의 나선형 교육과정

출처: Thomas (1979). p. 39.

MMCP는 학생들이 바람직한 예술 체험이 이루어질 수 있도록 하기 위해서는 교육과정이 섬세하게 조직되어야 함을 잘 나타내고 있다. 토머스가 『MMCP 종합(MMCP Synthesis)』에서 제시한 지침을 요약하면 다음과 같다(Thomas, 1979).

- 음악학습에서 학생은 음악가로서 활동하도록 격려되어야 한다.
- 음악학습은 음악의 공통 요소 개념을 이해시키는 데 초점을 맞추어야 한다. 그러나 각 개념은 독립적이 아니라 통합적인 형태로 이해되어야 한다.
- 음악의 개념은 구조화된 상태의 나선형으로 제시되어야 한다.
- 음악학습은 탐색하고, 발견하고, 판단하는 것을 기본적인 학습 과정으로 해야 한다.

- 음악학습은 작곡하고, 연주하고, 감상하고, 평가하는 등의 음악행위를 직접 경험하는 것이어야 한다.
- 음악학습은 개념과 원리, 음악행위들을 통합적으로 체험하게 함으로써 포괄적 음악성을 계발해야 한다.
- 음악학습은 학생들 자신의 방식으로 탐색하고, 상상하고 표현하는 창의적인 활동을 통해 이루어져야 한다.
- 음악학습은 음악의 아름다움과 의미를 발견할 수 있는 심미적 안목을 길러야 한다.

2) 탱글우드 심포지엄

1967년 탱글우드 심포지엄(Tanglewood Symposium)에서는 음악교육자, 사회학자, 과학자 등 다양한 계층의 지도자들이 모여 '미국 사회의 음악'이라는 주제에 대해 논의하였다. 이 심포지엄은 현대음악 프로젝트와 직접적으로 연관되지는 않지만 논의된 주요 내용은 포괄적 음악성과 관련된 내용을 심도 있게 다루고 있다. 그 예를 들면 다음과 같다(Mark, 1996: 44-45).

- 모든 시대, 양식, 형식, 문화의 음악이 교육과정에 포함된다. 음악 레퍼토리는 현재 인기 있는 십대들의 음악과 전위음악, 미국 민속음악, 그리고 다른 문화권들의 음악을 포함한 우리 시대의 다양한 음악으로 확대되어야 한다.
- 학생 개개인의 요구, 목적과 잠재력이 성취될 수 있도록 도와주는 데 더 역점을 두어야 한다.
- 음악교사들이 고등학교에서 '음악의 역사와 문헌' '인문학 및 관련예술' 등을 잘 가르칠 수 있도록 교사 교육 프로그램이 확대되고 개선되어야 한다.
- 초등학교 음악의 새로운 교육과정은 네 가지의 음악학습 방법을 강조한다. 첫째, 안내된 감상 혹은 연주를 통한 많은 양식의 음악을 이해한다. 둘째, 가창, 악기연주, 율동 혹은 이들의 결합을 통하여 음악을 학습한다. 셋째, 악기와 성부들을 위해 음악을 편곡하거나 작곡을 한다. 넷째, 음악 기보법을 이해하고 사용한다(Dello Joio et al., 1968: 43-44).

3) 하와이 음악교육과정 프로젝트

1968년 시작된 하와이 음악교육과정 프로젝트(Hawaii Music Curriculum Project: HMCP)는 개념적 접근법을 강조하고 포괄성을 전제로 하는 음악교육과정을 구안하고자 하였다. 이 프로젝트에서는 공립학교 음악교육을 위한 교육 프로그램을 체계적으로 만들고 그에 필요한 교수학습 자료들을 개발하는 데 목적이 있었다(Mark, 1996).

이 교육과정은 음, 리듬, 가락, 화음, 형식, 조성, 성부조직의 일곱 가지 기본 개념을 기초로 하여 나선형으로 제시하고 있다. 유치원부터 고등학교까지의 단계에서 지도할 내용을 5단계로 나누고, 연주, 작곡, 감상 분야의 교육 내용과 수준을 체계화하였다. 이 프로젝트에서는 학생들이 그 수준에 맞춰 작곡가로서, 연주가로서, 감상자로서 다양한 경험을 할 수 있도록 기회를 제공함으로써 그들의 포괄적 음악성을 계발하고자 하였다.

4) 목적 및 목표 프로젝트

1970년 미국음악교육자협회는 탱글우드 심포지엄에서 제안된 내용을 수행하기 위해 목적 및 목표 프로젝트(Goals and Objectives Project: GOP)를 실시하였다. 이 프로젝트에서 제시된 35개의 목표들 중 23개에서 포괄적 음악성, 혹은 현대음악 프로젝트에 관련되어지며 미국 교육에 지속적으로 영향을 주었다. 그중 몇 개의 예를 보면 다음과 같다(김용희, 2016 재인용).

- 음악의 연주, 창작, 감상을 연관하며 다양한 음악행위를 포괄하는 학습 프로그램을 개발하도록 한다.
- 모든 시대, 양식, 형식 및 문화의 음악에 대한 교수를 발전시킨다.
- 심미적 교육을 위한 지도 프로그램을 개발한다.
- 학생 구성원이 더 많이 참여하고 헌신하도록 프로그램을 확장한다.
- 음악지도의 모든 영역과 학령에서 교육과정, 교수학습방법 및 테크놀로지 등에 관해 중요하고 새로운 발전을 적용한다.

4. 포괄적 음악성의 원리와 실제

포괄적 음악성은 몇 가지 특징적 원칙을 갖는다. 이 절에서는 포괄적 음악성의 원칙들과 함께 그 원칙에 해당하는 실례를 들어 설명한다. 작성된 예들은 포괄적 음악성이 다양한 형태로 나타낼 수 있음을 보여 준다.

1) 개념학습

포괄적 음악성은 머셀(J. Mursell)과 브루너(J. Bruner)의 인지학습 이론을 수용한다. 머셀과 브루너는 행동주의적 학습이론이 세세한 사실과 기술의 암기와 반복을 강조하는 것에 비하여 전체적이고 포괄적인 개념의 이해를 강조한다.

• 수업 사례: 종지

악보 1 〈방울꽃〉

임교순 작사
이수인 작곡

① 교사는 칠판에 〈방울꽃〉 악보를 동기단위로 무작위로 붙여 놓고 가사를 생각하며 순서대로 나열하게 한다.
② 교사의 피아노 반주에 맞추어 가락선을 그리며 학생들은 노래를 한다. 노래를 부른 후 첫째 줄과 둘째 줄의 느낌이 어떻게 다른지 질문을 한다. 교사는 계속되는 느낌을 '반종지'라 하고 끝나는 느낌은 '완전종지'라고 함을 알려 준다.

③ 교사는 4/4박자 두 마디의 가락을 제시하고 학생들은 네 마디 가락으로 발전시킨다. 3번째 마디는 자유롭게 창작하고 4번째 마디는 '도'를 사용하게 한다. 교사는 학생들이 창작한 가락들을 칠판에 기록한다.
④ 학생들이 창작한 가락들 중 2개를 연결하여 여덟 마디 가락을 만든다. 그리고 학생들은 연결시킨 가락을 노래한다.
⑤ 교사는 여덟 마디 가락이 어떤지 질문한다. 학생들은 첫째 줄 가락이 둘째 줄과 연결되는 느낌이 들지 않음을 발견한다.
⑥ 교사는 첫째 줄 4번째 마디를 둘째 줄 가락과 연결되는 느낌이 들도록 바꾸게 한다. 학생들은 계속되는 느낌이 들도록 다른 음으로 바꾸려고 시도한다.
⑦ 학생들은 4번째 마디의 '도'가 끝나는 느낌을, V의 구성음(솔, 시, 레)이 계속되는 느낌을 준다는 것을 발견한다.
⑧ 교사는 '계속되는 느낌'과 '끝나는 느낌'에 대하여 설명을 한다.

2) 연관(통합) 학습

포괄적 음악성은 음악 내 다양한 전공 및 요소들 사이의 연관성에 관한 학습, 혹은 이 모든 것을 통합하여 학습할 것을 강조한다. 또한 포괄적 음악성은 음악과 음악 외적인 배경, 맥락, 다른 예술과의 연관 및 통합도 강조한다. 예를 들면, 음악사 수업에서 '고전주의'라는 시대를 학습한다면, 이 시대적인 특성은 실기와 연관되어 학습이 이루어져야 한다. 고전시대의 작품에는 시대적인 맥락이 반영되어 있기 때문이다.

3) 악곡 범위 확장

포괄적 음악성은 음악교육에서 보다 넓은 범위의 음악 레퍼토리를 사용할 것을 강조한다. 40여 년 전에는 미국에서 조성음악만을 음악수업에서 다루었다. 조성음악은 고전주의와 낭만주의 작곡가들이 사용하던 어법이다. 이것은 인류가 가지고 있는 폭넓은 음악 유산에 비추어 볼 때 서유럽이라는 한정된 지역에서 사용된 양식이다. 윌리비는 이와 같은 좁은 범위의 음악학습에서 벗어나 전 세계의 민속음악, 현대음악, 대중음악, 르네상스 음악, 중세음악, 비서구 음악 등이 음악의 효과적 학습을 위해 사용되어야 한다는 것을 주장하였다(Willoughby, 1971).

4) 공통요소 접근

포괄적 음악성은 공통요소 접근법을 사용한다. 공통요소 접근은 모든 시대와 모든 문화의 다양한 음악에서 공통점이 '소리'라는 점이다. 따라서 공통요소 접근법은 단순히 두 가지 음악 사이의 공통점을 찾기보다는 소리의 속성에 근거하여 다양한 양식과 시대의 음악에 접근한다는 의미를 지닌다. 공통요소 접근법은 학생들이 처음 접하는 문화권의 음악을 학습할 때 효과적으로 사용될 수 있다.

- 수업 사례: 다문화 음악(김용희, 2016: 337-338)

악보 2 〈펠레가 온다 하와이로〉

하와이 민요

출처: Hausman (1968). p. 14.

① 교사는 학생들에게 하와이 민요 〈펠레가 온다 하와이로(Aia o Pele I Hawaii)〉를 한 마디씩 제시한다. 학생들은 듣고 노래를 익힌 후, 악보를 보고 노래를 부른다.

② 교사는 다음과 같이 질문을 한다.

–이 곡은 어떤 음으로 이루어져 있는가?

–모두 몇 개의 음이 사용되었는가?

–이 곡은 어떤 리듬으로 이루어져 있는가?

–이 곡의 음색은 어떠한가?

–이 곡은 어떤 형식을 가지는가?

–다른 음악적 특징은 무엇인가?

③ 학생들은 이 악곡을 통해 하와이 전통 훌라(hula)의 특징(악곡의 구성음, 리듬, 형식 등)을 찾아보게 한다. 교사는 하와이 민요의 특징을 자세하게 설명한다.

5) 음악가적 기능

포괄적 음악성에서 말하는 음악의 가장 기초적인 기능 세 가지는 창작, 연주, 비판적 감상과 분석[1)]이다. 이것을 포괄적 음악성에서는 음악가적 기능이라고 부른다. 포괄적 음악성 수업에서는 이 세 가지 기능이 모두 포함되어야 한다. 이 기능들은 특정 전공자나 특정 교과에서만 강조되는 것이 아니라 모든 학생에게 모든 음악수업에서 강조되어야 한다.

6) 창의성

포괄적 음악성에서의 '창의성'이란 주로 학생들의 창작 활동과 연관되어 강조한다. 여기서 창작 활동이란 전공에 관계없이 모든 음악 분야의 교육에서 장려되어야 한다. 포괄적 음악성의 창작은 소재에 구애받지 않으며, 창작 결과보다는 과정을 중시하고, 학생들의 자유로운 사고와 표현을 중요시한다.

7) 교수 전략

포괄적 음악성은 현대의 교육심리학을 비롯한 인접 학문의 이론을 수용하여 교육과정 개발에 적용하였다. 특히 포괄적 음악성 수업에서 '학습 내용을 어떻게 제시하고 접근할 것인가'를 결정하는 일은 매우 중요하다.

- 포괄적 음악성의 원리는 한 가지의 개념을 분석, 연주, 창작 등 다양한 활동을 통해 음악적 개념을 강조하는 것이다. 이러한 과정을 통해 학문에 대한 지식은 점

1) 창작이란 작곡 및 즉흥연주를 말한다. 연주란 독보를 포함하는 기술로, 악보를 보고 악곡을 재창조하는 것이다. 감상이란 음악을 들으면서 음악의 구성요소들을 지각하고 그것을 설명하는 것이다.

차 깊어지고 넓어지는 것이다.

- 포괄적 음악성 수업은 학생들의 자발적인 참여를 중요시한다. 포괄적 수업의 전제는 학생 스스로 참여하고 발견함으로써 학습한 내용을 실제로 적용할 수 있는 능력을 키워야 한다는 것이다.
- 포괄적 음악성은 교사 중심의 교육이 아니라 학생 중심의 교육이다. 포괄적 음악성에서 학생들을 개인 과제에 참여시킴으로써 그들의 자립적 능력을 키울 수 있다. 따라서 포괄적 음악성 수업에서는 교사의 지시나 강의보다 학생 중심의 교육 환경이 필요하다.

참고문헌

김용희(2016). 포괄적 음악성. 임미경 외 공저. **음악교수법**. 학지사.

민경훈, 김신영, 김용희, 방금주, 승윤희, 양종모, 이연경, 임미경, 장기범, 조순이, 주대창, 현경실(2024). **음악교육학 총론**. 학지사.

Abeles, H. F., Hoffer, C. R., & Klotman, R. H. (1984). *Foundations of music education*. Schirmer Books.

CMP (1973). Contemporary music project. *Music Educators Journal, 59*(9), 33-48.

CMP2 (1965). *Comprehensive Musicianship: The foundation for college education in music*. Contemporary Music Project, Music Educators National Conference.

CMP5 (1971). *Contemporary Musicianship: An anthology of evolving thoughts*. Contemporary Music Project, Music Educators National Conference.

D'Arms, E. F. (1973). CMP in perspective. *CMP Newsletter, 4*(3), 4-5.

Dello Joio, N., Mailman, M., Halgedahl, H., Fletcher, G., Beglarian, G., & Wersen, L. G. (1968). Contemporary music project for creativity in music education. *Music Educators Journal, 54*(7), 41-72.

Hausman, R. L. (1968). *Hawaii music in its history*. Charles E. Tuttle Company, Inc. of Rutland.

Kim, S. Y. (2000). *Development of materials and teaching strategies for comprehensive musicianship in group piano instruction for college-level piano majors*. Teachers College, Columbia University.

Mark, M. (1996). *Contemporary music education* (3rd ed.). Schirmer Books.

Thomas, R. (1979). *MMCP synthesis: A structure of music education*. Americole.

Willoughby, D. (1970). *Institutes for music in contemporary education: Their implications for the improvement of undergraduate music curricula*. Eastman School of Music of University of Rochester.

Willoughby, D. (1971). *Comprehensive musicianship and undergraduate music curricula(CMP6)*. Contemporary Music Project, Music Educators National Conference.

주희선

제**14**장

스마트러닝

스마트러닝(smart learning)은 스마트 기기(스마트폰, 태블릿 PC 등)를 활용한 학습 방법으로서 시간과 장소에 구애받지 않고 학습이 이루어지는 것이 특징이며, 정보 공유를 통해 학습자가 스스로 지식을 재구성하는 학습자 중심의 교육 방법이기도 하다. 스마트러닝은 스마트기기의 사용이 일상화된 우리 사회에서 반드시 필요한 교육 방법이라고 할 수 있다.

1. 모바일 환경의 확산과 스마트러닝의 등장

모바일 환경이 대중화되고 모바일 러닝(무선인터넷 기술을 활용한 학습)의 중요성이 강조되면서 '스마트러닝'이란 용어가 생겨났다. 스마트러닝은 사실 공식적인 학술용어라고 보기는 어렵다. 스마트러닝이라는 용어는 다양한 스마트 기기가 등장함에 따라 이를 이용하여 학습을 수행하는 방식을 지칭하는 개념으로 사용되기 시작하였다. 즉, 모바일 기술의 급속한 발달로 인해 스마트폰, 태블릿 PC 등 다양한 스마트 기기를 활용한 학습을 포괄하는 개념으로 인식되고 있다.

[그림 14-1] 각종 스마트기기들

스마트러닝의 개념은 2011년 교육과학기술부가 'SMART'의 개념을 설명하면서 구체화되었다. 교육과학부(2011)에서는 스마트러닝의 SMART라는 용어를 자기주도적(**S**elf-directed), 학습 흥미(**M**otivated), 수준과 적성(**A**daptive), 풍부한 자료(**R**esource enriched), 정보기술 활용(**T**echnology embedded)이라고 설명하였다. 이에 따르면 스마트러닝이란 자기 주도적이고 흥미를 유발하며 학습자 수준과 적성에 맞는 풍부한 자료를 가지고 정보 기술을 활용하는 학습이라고 정의할 수 있다.

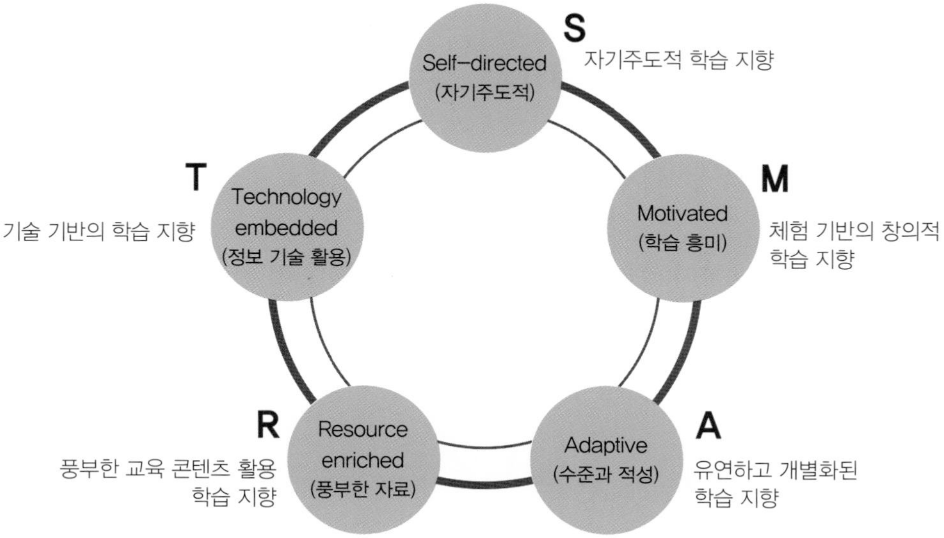

[그림 14-2] 스마트러닝의 개념

따라서 스마트러닝은 교육 교재의 디지털화, 스마트 기기를 통한 콘텐츠 이용 등의 좁은 의미에만 국한되지 않는다. 더 넓은 의미로 자기주도적인 스마트 교육환경을 구축하여 교사, 학생, 학부모 간 커뮤니케이션을 가능하도록 하는 방법과 학습 형태 등 교육 산업 전반에 나타나는 교육적 변화를 포함한다. 종합해 보면, 스마트러닝은 스마트 기기를 포함한 최첨단 기술과 환경을 기반으로 시간과 장소에 구애받지 않고 양방향 간의 소통에 의한 협력적인 학습 과정이 이루어지며, 정보 공유를 통해서 학습자가 스스로 지식을 재구성하여 자기주도적인 학습을 하는 학습자 중심의 교육 방법을 말한다.

스마트러닝의 개념이 등장한 이후 테크놀로지는 계속 발전해 왔고 이로 인해 사회 전반에 많은 변화가 있었다. 이러한 변화는 교육 분야에서도 예외 없이 일어났으며, 현재도 새로운 테크놀로지를 적용한 스마트러닝은 계속 발전하며 진화하고 있다. 이에 따라 2022 교육과정에서는 '디지털 소양 교육'을 강조하고 있으며 음악과 교육과정에서도 '인공지능' '가상악기' '메타버스' '디지털 플랫폼' 등을 활용한 음악 활동이 권장되고 있다. 또한 코로나19 시기를 거치며 온라인 화상 수업이 보편화되었고 온·오프라인 수업을 효율적으로 적용한 블렌디드 수업의 필요성도 대두되었다. 이에 따라 스마트러닝을 활용한 교수학습 방안에 대한 관심은 더욱 뜨거워지고 있다.

2. 다양한 스마트러닝 학습유형

1) 소셜미디어 활용 학습

소셜미디어를 통하여 학습 활동을 할 경우 학습자들 간의 지식 공유 및 토론을 유도할 수 있으며 교사와 학습자 간의 상호작용과 즉각적인 피드백이 가능하다.

① SNS

SNS는 소셜 네트워크 서비스(Social Network Services)의 약자로서 페이스북(Facebook), 인스타그램(Instagram) 등의 웹 기반 서비스를 지칭한다. 대부분의 SNS는 네트워크, 커뮤니케이션, 미디어 공유 등 많은 기능을 가지고 있어 최근 사회적·문화적으로 큰 영향력과 파급효과를 보여 주고 있다. SNS를 수업에 활용하면 교사와 학생, 학생과 학생 간의 자료 공유가 가능하며, 실시간 댓글을 통한 의사소통, 1:1 상담 등도 가능하다.

[그림 14-3] 교육에 활용 가능한 각종 SNS

② 블로그

블로그(blog)는 웹(web)과 로그(log)의 합성어로서, 인터넷상에 작성하는 일지 혹은 저널을 말한다. 블로그에는 글, 의견, 느낌 등을 시간별, 주차별로 올릴 수 있으며, 그림, 사진, 음악, 동영상 등 다양한 미디어를 사용한 자료를 올릴 수 있다. 수업에서 교육용 블로그를 활용하면 교수자의 수업자료 제시, 소집단 토론, 프로젝트 학습 등이 가능하다.

[그림 14-4] 대표적인 블로그

교육용 블로그의 활용

1. 교사는 학기 초에 음악수업용 교육 블로그를 개설한다.
2. 메뉴는 '음악감상자료' '과제알림장' '음악학습관련 사이트' '수업활동 동영상' '수행평가 관련방' 등 교수자의 필요에 맞추어 구성한다.
3. 교사는 블로그에 자료들을 꾸준히 올리고 학생들이 자유로이 블로그에 방문하여 둘러보도록 한다.
4. 교사는 블로그 안에서 학생들과 댓글 등을 통해 활발한 소통을 하도록 한다.
5. 수업에서도 블로그에 있는 수업자료나 학생들의 활동 동영상 등을 적극 활용한다.

2) 앱 활용 학습

앱(app)은 애플리케이션(application)의 줄임말로 어플이라고 지칭하기도 한다. 앱은 스마트폰에 설치하여 여러 가지 기능을 할 수 있도록 하는 응용 프로그램으로 수업에 활용할 수 있는 앱은 무궁무진하다. 하루에도 수백 개의 새로운 앱이 등장할 정도로 빠르게 늘어나고 또 동시에 없어지기도 한다. 현재 음악수업에 활용 가능한 앱은 많이 개발되어 사용되고 있다. 앱을 활용하여 악기연주, 음악감상, 음악기보, 리듬창작, 작곡 등 많은 음악 활동이 가능하다.

〈표 14-1〉 음악수업에 활용 가능한 앱의 예

운영체제		특징	영역
Android	IOS		
플레이 우쿨렐레, 산조가야금, 리얼 드럼, 리얼 피아노, 리얼 기타, 장구	플레이 우쿨렐레, 산조가야금, 리얼 드럼, 리얼 피아노, 리얼 기타, 장구	피아노, 우쿨렐레, 기타, 드럼, 장구 등 다양한 악기 연주	기악
코디터 (코드 에디터), 뮤직 메이커 잼	가라지 밴드, 뮤직 스튜디오	비트나 코드 등을 포함, 음악을 창작할 수 있고 저장과 재생 가능	창작
유튜브, 실내악 시리즈	유튜브, 클래식 음악 (마스터 컬렉션)	다양한 장르의 음악 감상	감상
음악 용어 사전	클래식 음악과 교향곡 사전	여러 가지 음악 용어 설명	이해

출처: 문수진(2015)을 재구성함.

① 가라지 밴드(Garage Band)

애플이 자체 개발한 가라지 밴드는 아이패드2와 함께 공개된 핵심 앱으로, 기타, 피아노, 드럼, 베이스 등 다양한 악기를 연주하면서 학습하고 쉽게 음악을 작곡할 수 있는 음악 앱이다. 꽤 다양한 종류의 악기가 들어 있어 '홈 스튜디오'를 방불케 한다. 또한 터치 세기에 반응해 셈여림(강약)을 조절하여 연주할 수 있고, 스마트 인스트루먼트(smart instrument) 기능을 통해 저절로 화음에 맞는 음악이 실행된다. 이렇게 악기별로 만들어진 음악을 조합하면 순식간에 하나의 곡이 완성되고, 초보자도 쉽게 악기를 연주하고 음악을 만들 수 있어 이용자들의 큰 호응을 얻고 있다. 가상 세션 연주자인 드러머(drummer) 기능이 있으며, 열 가지 새로운 EDM 및 힙합 드러머는 물론 20여 개의 새로운 전자 드럼 키트가 기존의 어쿠스틱 비트에서 추가돼 풍성함을 더하고 있다.

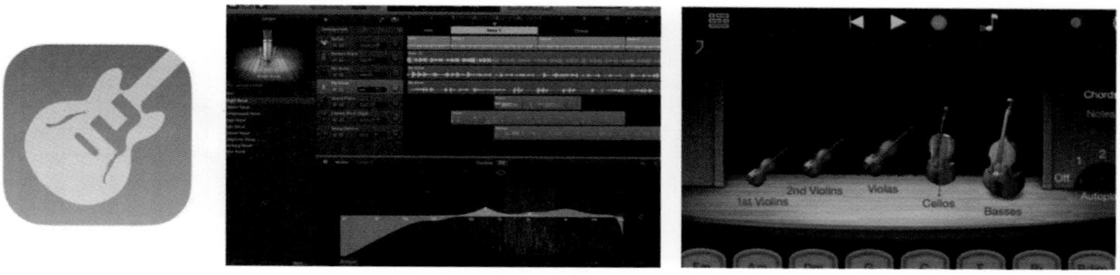

[그림 14-5] 가라지 밴드 앱의 화면

② 노션(Notion)

노션은 작곡 및 사보를 할 수 있는 스마트러닝 프로그램으로 IOS 운영체제의 스마트 기기에서 앱을 통해 이용할 수 있다. 악보를 사보하는 방법이 비교적 간단해서 쉽게 배울 수 있다. 노션에는 다양한 악보가 제공되는데, 이 악보들을 보면서 음악을 감상할 수도 있다.

[그림 14-6] 노션 앱의 화면

③ 리얼 피아노(Real Piano)

리얼 피아노는 IOS와 Android 기반 기기에서 모두 사용할 수 있는 앱으로서 실제 피아노 건반의 모습을 그대로 나타내고 있으며, 기악수업에 건반악기 대용으로 활용할 수 있다. 화면의 건반을 누르면 피아노 소리가 나기 때문에 실제 피아노 건반을 연주하듯이 건반을 터치하여 소리를 낼 수 있다. (−) (+)를 누르면 화면에 나타나는 건반의 수가 적어지기도 많아지기도 한다. 페달 효과도 낼 수 있으며, 설정에 들어가면 일반 업라이트 피아노 소리와 그랜드 피아노 소리를 선택할 수 있다.

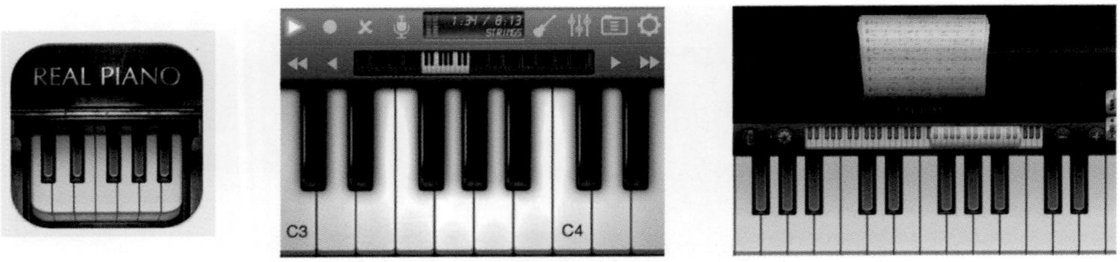

[그림 14-7] 리얼 피아노 앱의 화면

④ 리얼 드럼(Real Drum)

리얼 드럼은 Android와 IOS 기반 기기에서 모두 사용할 수 있는 무료 앱으로 스마트폰이나 스마트패드의 화면을 손가락으로 터치하여 드럼을 연주할 수 있다. 앱 화면에는 13개의 드럼 패드가 있어 이를 손가락으로 두드려 드럼을 연주한다. 또한 이 앱에는 리듬 연습을 할 수 있는 60개의 드럼 레슨 튜토리얼(tutorial)과 33개의 노래가 있어 노래를 틀어 놓고 이에 맞추어 드럼을 연주할 수 있다. 또한 드럼 연주를 녹음할

[그림 14-8] 리얼 드럼 앱의 화면

[그림 14-9] 리얼 드럼 앱 사용 모습

수 있는 기능도 있어 이를 수업 시간에 활용할 수 있다.

3) 원격화상회의 시스템 활용

원격화상회의 시스템을 활용한 온라인 비대면 수업은 이미 코로나19 시기에 전 세계적으로 오프라인 대면 수업을 대체하는 수업의 형태로 우리 사회에 자리잡았다. 대표적인 원격화상회의 시스템으로는 줌(Zoom), 구글미트(meet), 스카이프(Skype) 등이 있다. 이런 화상회의 시스템들을 활용하면 공간적인 제한 없이 온라인상에서 한 공간에 모여 수업을 진행할 수 있다. 따라서 블렌디드 러닝(blended learning), 즉 대면/비대면 수업의 효율적인 운용을 통해 비대면 수업과 대면 수업의 장점을 잘 살릴 수 있다. 이를 잘 활용한다면 학생들은 교실에서 국내외 전문가의 특강을 수강할 수도 있고, 각자의 집에서 화상 미팅을 통해 다른 지역의 학습자들과의 공동 프로젝트도 가능하다.

[그림 14-10] 스카이프의 화면

[그림 14-11] 화상통화를 활용한 수업

4) 인공지능 활용

인공지능(Artificial Intelligence: AI)은 기계가 인간과 유사한 지능을 가지도록 설계하고 구현하는 기술이나 시스템을 말한다. 최근 인공지능은 매우 발전하여 우리의 일상생활에 여러 가지 편의를 제공하고 있으며, 사회 전반의 다양한 분야에 적용되고 있다. 인공지능을 활용한 교육 역시 활발히 이루어지고 있으며 흥미로운 발전을 이어나가고 있다. 음악교육에서도 다양한 인공지능 기술이 적용되어 학습 경험을 향상시키고 창의성을 높이는 데 도움을 주고 있다. 인공지능은 음악수업의 창작, 연주, 가창 등 다양한 영역에 활용이 가능하다. 그 중 음악 창작에 도움을 주는 인공지능 플랫폼들은 음악 생성, 악보 작성, 음악 분석 등 다양한 기능을 제공한다.

대표적인 음악 창작 인공지능 플랫폼으로는 AIVA(Artificial Intelligence Virtual Artist), Amper Music, IBM Watson Beat 등이 있다. 이 음악 생성 플랫폼들은 모두 다양한 음악 스타일과 장르로 작곡을 할 수 있으며, 사용자는 원하는 스타일, 분위기, 길이 등을 설정하고 그에 맞는 텐션과 에너지의 음악을 생성할 수 있다. 인공지능을 통한 가상 협연도 가능한데, 플랫폼 Endlesss의 경우 여러 사용자가 함께 참여하여 음악을 만들 수 있으며, 실시간으로 협연을 하며 상호작용을 할 수 있다. 이처럼 인공지능을 활용한 음악수업을 통하여 학생들은 자신의 음악적 흥미와 수준에 맞게 개인화된 교육 경험을 얻을 수 있으며, 교사는 학생의 선호도, 강점, 약점을 파악하여 맞춤형 레슨 및 연습 과제를 제공할 수 있다는 장점이 있다.

〈표 14-2〉 인공지능을 활용한 프로그램

프로그램		내용
	Song maker	간단한 작곡을 할 수 있으며 가락악기와 리듬악기를 선택할 수 있다.
	Google Doodles, AI Bach	내가 간단한 멜로디를 입력하면 인공지능이 바흐 스타일의 화음을 만들어준다.
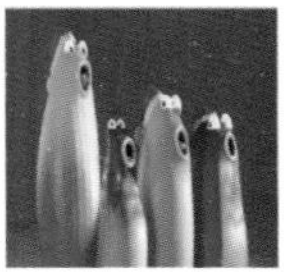	Blob Opera	자연스러운 화음의 오페라를 만들 수 있는 프로그램이다. 각 음역대의 블롭들을 드래그하면 블롭들의 소리가 달라지고 내가 만든 오페라를 녹음하고, 공유도 가능하다.
	Semi-Conductor	팔을 움직여서 가상의 오케스트라를 지휘할 수 있다.
	AI. Duet	내가 먼저 피아노를 연주하면, 나의 연주에 어울리는 음을 인공지능이 이어서 연주해 준다.

출처: 김송희(2023). p. 20.

5) 메타버스를 활용한 음악수업 방안

메타버스(metaverse)는 메타(meta)와 유니버스(universe)의 합성어로 '초월의 세상' 또는 '가상 세계'라는 뜻을 가지고 있다. 온라인 기반의 가상 세계에서 개인을 대변하는 아바타가 상호작용을 할 수 있기 때문에 현실 세계에서 갖는 교육적 시공간의 한계를 극복할 수 있다. 메타버스는 3D 차원의 입체감 있는 가상 세계이므로 교육에 활용하였을 때 학생들은 흥미와 몰입감을 느낄 수 있다. 따라서 교사는 메타버스 플랫폼을 활용하여 수업 목표와 내용에 맞는 교실 환경을 창의적으로 제작할 수 있으며, 학생들은 실제 세계에서 여러 가지 현실적인 이유로 어려웠던 적극적인 활동과 협업 등 상호작용을 할 수 있다는 장점이 있다(이순희, 2023). 우리나라에서 교육적으로 활용할 수 있는 대표적인 메타버스 플랫폼으로는 제페토(Zepeto), 이프랜드(eFriend), 잽(Zep), 게더타운(gather town) 등이 있다.

[그림 14-12] 메타버스 플랫폼을 활용한 음악수업-뮤지컬 관람하기

참고문헌

강성주, 김현진, 박영민, 이동주, 신재홍, 권용주, 김영훈, 조성화(2014). **스마트 교육으로 미래 교육을 연다**. 북수힐.

김송희(2023). 인공지능을 활용한 중등음악 지휘수업의 효과. 숙명여자대학교 교육대학원 석사학위논문.

김정랑, 김대연, 김은하, 김황, 박수철, 이용제, 최창훈, 한국인(2013). **스마트 교육**. 교육과학사.

교육과학기술부(2011). **스마트 교육 추진 전략 실행 계획**. 교육과학기술부.

류진(2013). 스마트 교육 기기를 활용한 효과적인 음악수업 방안. 경북대학교 대학원 석사 학위논문.

문수진(2016). ASSURE 모형을 적용한 디지털 매체 활용 국악창작수업 지도안 연구. 숙명여자대학교 교육대학원 석사학위논문.

박영주(2014). 스마트폰 앱을 활용한 중학교 음악교과 수업방안 연구. **음악교육공학**, 21, 119-140.

이수희(2010). **스마트러닝 어떻게 할 것인가?** 한국이러닝산업협회.

이순희(2023). 메타버스의 교육 사례분석 연구. **방과후학교연구**, 10(1), 73-94.

이영민, 남정권, 장상필 편(2008). **블로그 활용 수업의 실제**. 교육과학사.

임걸(2011). 스마트러닝 교수학습 설계모형 탐구. **한국컴퓨터교육학회**, 14(2), 33-45.

최지은(2016). 스마트러닝 시스템을 적용한 음악감상학습. 공주대학교 대학원 석사학위논문.

···Music Teaching and Learning Method···

김선미

제15장

통합적 교수학습

통합적 교수학습(integrated approach)은 서로 다른 영역, 교과, 학문을 유기적으로 연계하여 효율적 학습 효과를 유도하는 교수학습방법이다. 통합적 접근은 분리되어 있는 교과 간의 통합을 통하여 학생들이 다양하고 복잡한 문제들이 존재하는 실제 삶의 현장 속에서 그들의 학습을 지속적으로 적용시킬 수 있는 능력을 기르는 데 목적이 있다.

1. 통합적 교수학습의 이해

학교 교육에서의 통합교육은 한 교과의 지식 습득을 넘어서 학습 주제에 대한 학생들의 흥미와 동기를 부여해 주고, 보다 통시적이고 확장된 사고를 개발시켜 주며, 다양한 방식으로서의 이해력과 문제 해결 능력을 길러 줄 수 있다. '다중지능 이론(multiple intelligence theory)'을 근거로 세워진 통합적 교수학습방법은 학생들에게 다양한 학습 경험과 실제 삶에서 적용 가능한 학습을 제공함으로써 급변하는 사회에 대처할 수 있게 해 주고, 서로 다른 학문의 연결을 통해 그 의미와 유용성을 확대시키며, 학생들의 협동심과 소통 능력, 문제 해결 능력, 전인적인 인성 계발을 통해 개인과 사회의 조화로운 융합을 추구할 수 있다

통합의 유형으로는 대표적으로 드레이크(Drake, 2006)와 포가티(Forgaty, 1991)가 제시한 것으로 영역 간의 관련성과 통합의 정도 및 방법에 따라 각각 다음과 같다.

1) 드레이크의 통합 유형

- 다학문적 통합(multidiciplinary curriculum): 둘 이상의 교과가 동일한 주제를 선정하여 개념, 이해 학습을 실시하는 형태
- 간학문적 통합(interdisciplinary curriculum): 공통 주제를 중심으로 각 교과가 유기적 관계를 맺는 형태

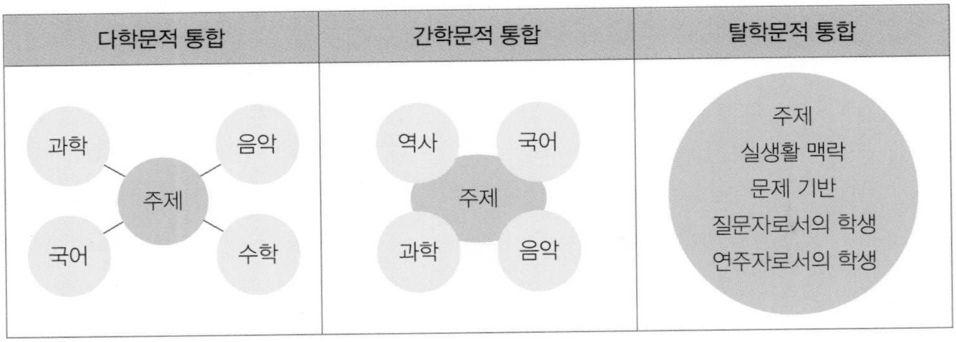

[그림 15-1] 드레이크의 통합 유형

- **탈학문적 통합**(tradisciplinary curriculum): 교과 중심이 아닌 실생활의 맥락에서 벌어지는 문제를 학습자 중심에서 해결하는 형태

2) 포가티의 통합 유형

- **단일 교과 내에서의 통합**: 단절형, 연관형, 동심원형
- **여러 교과 간에 걸친 통합**: 계열형, 공유형, 거미줄형, 실로 꿰어진 형, 통합형
- **학습자들 간의 통합**: 몰입형, 네트워크형

2. 음악교과에서의 통합적 교수학습의 적용

다양한 활동을 통하여 음악의 아름다움을 경험하고 전인적 인간의 육성이라는 음악교육의 목적은 음악과 밀접한 관련을 맺는 여러 분야와의 통합적 교수학습방법을 통하여 성취될 수 있다. 음악교육에서의 통합적 접근은 학습자로 하여금 음악적 느낌을 다양한 방식으로 체험하고 표현하게 할 수 있고, 음악적 개념과 원리 등의 이해 학습을 보다 명확하게 이해시킬 수 있으며, 흥미로운 음악수업과 효율적인 학습효과를 얻을 수 있다. 또한 음악적 주제에 대한 다양한 시각과 창의적 사고를 촉진하며, 사회적 · 문화적 · 역사적 맥락 안에서 발전해 온 음악에 대한 본질적인 이해를 심화시킬 수 있다. 음악을 목표로 다른 예술 영역의 내용들을 통합하여 운영하는 통합형 음악교육의 기능은 전인교육을 실현하게 하고, 효과적인 음악학습과 음악적 성장을 촉진하며, 창의성과 문화예술 능력을 향상시키고 예술 교육적 시스템의 대안이 될 수 있다(민경훈, 2007: 194).

음악 교과에서 활용할 수 있는 타 교과와의 통합의 유형은 각각의 영역이 같은 학습 소재 또는 주제를 공유함으로써 이루어지는 주제 중심의 거미줄 구성과 교육 주제나 소재에 대한 서로 다른 접근을 순차적으로 진행하는 선형 구성(실로 꿰어진 형), 연계된 영역 간의 경계를 허물어 학습 주제와 방법 모두를 공유하는 상호 포용적 구성(네트워크형), 그리고 예술 전반에 관한 통합적 경험을 중심으로 이루어지는 예술 영역 간 통합이 있다(정진원, 2008). 음악과 타 예술 영역과의 통합을 통해 학생들은 음

악을 다양한 방식으로 체험하고 맥락적으로 이해하며 창의적으로 표현할 수 있고 이를 통해 음악적 성장을 촉진할 뿐 아니라 문화예술교육과 전인교육의 목표를 지향할 수 있다. [그림 15-2]는 음악교과와 타 교과를 통합한 거미줄 유형의 예시이다.

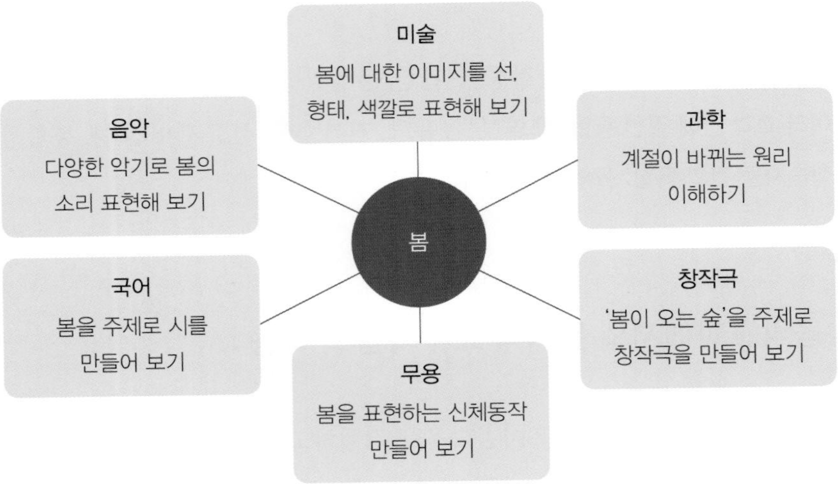

[그림 15-2] '봄' 주제 중심의 거미줄 구성

3. 통합적 교수학습의 실천 방안

초·중·고등학교 음악교과에서 통합적 교수학습을 활용하여 수업할 수 있는 영역들은 다양하다. 음악에 대한 다양한 생각과 느낌을 자기 나름대로 표현하고자 할 때 학생들은 음악뿐 아니라 다른 표현 양식을 통해 나타낼 수 있다. 신체적 표현이나 그림, 시와 같은 타 교과적 표현 활동은 학생들의 흥미를 유발하고 음악의 더욱 폭넓고 깊이 있는 체험을 유도할 수 있다. 자칫 수동적 활동으로 되기 쉬운 감상 영역의 활동도 통합적 교수학습방법을 적극 활용할 수 있다. 음악작품의 역사적·사회적·문화적인 맥락적 감상을 위하여 다양한 타 교과 지식과 문화예술 경험으로 한 시대의 음악작품에 대한 이해와 경험의 폭을 넓힐 수 있다. 또한 다양한 문화권의 음악을 학습하는 다문화 음악교육에서도 그 문화의 음악뿐 아니라 국가와 민족, 문화와 사회 등의 다양한 영역에서의 통합적 접근은 매우 효과적인 학습이 될 수 있다.

다음은 통합적 교수학습을 활용한 초등학교와 중학교의 음악수업 지도안 예시이다.

1) '봄'을 주제로 다양한 방식으로 표현하고 이해하기(초등)

- **학습 목표**: '봄'을 주제로 하여 여러 교과별 영역 활동을 체험하고 다양한 방법으로 봄을 체험하고 표현할 수 있다.
- **통합교과**: 음악, 국어, 미술, 과학, 무용
- **활동 1**: 음악
  - 제재곡을 불러 보고 가사에 대하여 이야기해 본다.
  - 봄의 소리에는 어떤 것들이 있을까 생각해 본다(예: 봄비 소리, 새소리 등).
  - 모둠별로 다양한 악기를 가지고 봄의 소리를 묘사해 본다(리듬악기, 가락악기, 민속악기 등을 활용).

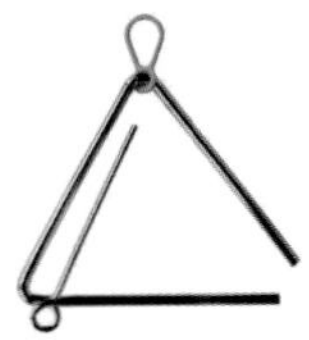

  - 네 마디 길이의 봄의 소리를 창작하여 악보에 적고 연습해 본다.

  - 봄의 어떤 소리를 다양한 음색을 가지고 어떻게 표현했는지 이야기해 본다.

- **활동 2**: 미술
  - 봄에 대한 이미지 사진들을 보면서 어떤 느낌인지 이야기해 본다.
  - 모둠별로 봄에 대한 느낌을 선, 형태, 색깔로 어떻게 표현할 것인지 상의해 본다.
  - 나누어 준 도화지에 함께 그려 완성한다.
  - 봄의 어떤 느낌을 그림으로 어떻게 표현했는지 이야기해 본다.

• **활동** 3: 과학
–봄에 나타나는 자연 현상에 대하여 이야기해 본다.
–계절이 바뀌는 원리를 이해한다.
–우리나라 봄 날씨에 대해 기상청 홈페이지를 통해 조사해 본다.

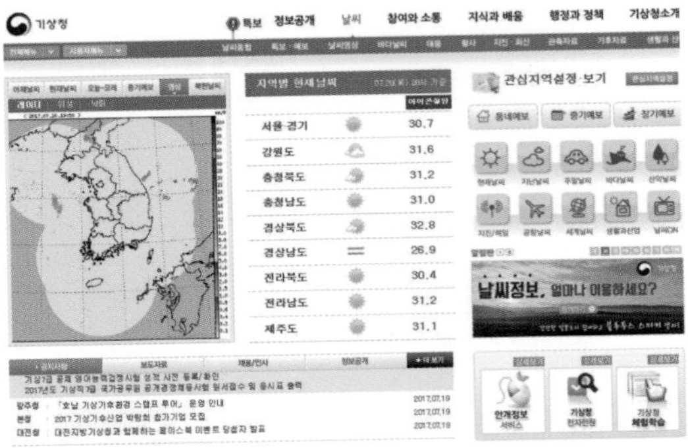

• **활동** 4: 국어
–'봄' 하면 떠오르는 단어들을 적어 본다(예: 초록, 개나리, 싱그러운 등).
–봄을 주제로 사행시를 만들어 본다.
–봄에 경험할 수 있는 자연의 형태나 소리 등의 표현을 넣어 가며 완성해 본다(예: 쪼로롱, 반짝반짝, 졸졸, 폴짝, 아롱아롱 등).

• **활동** 5: 무용
–'봄'을 표현하는 신체동작들을 생각해 보고 함께 해 본다.
–제재곡을 듣고 노래의 느낌에 어울리는 동작들을 구상한다.
–음악에 맞추어 동작을 정하고 함께 연습한다.

• 정리

–모둠별로 각각의 통합적 활동을 활동지와 함께 한 후 전체 발표의 시간을 갖는다.

–모둠별로 발표하면서 각각 봄의 느낌을 어떻게 표현했는지 이야기해 본다.

2) 역사적 · 사회적 · 문화적 배경을 통한 중세시대 음악 이해하기 (중등)

• **제재곡**: 그레고리오 성가 〈천주의 어린양(Agnus Deil)〉

• **학습 목표**: 중세시대의 역사, 문화적 배경을 통하여 그 시대의 음악을 학습하고 다양한 방법으로 표현해 볼 수 있다.

• **통합교과**: 음악, 역사, 사회, 미술, 무용, 국어

• **활동 1**: 맥락적 학습

맥락적 학습의 단계에서는 그 시대의 역사적 · 사회적 · 문화적 배경을 학생들이 직접 알아보고 발표하는 시간을 갖는다. 학생들의 보다 능동적인 참여를 위하여 음악사에서 한 시대의 역사, 그 시대의 사회적인 일반적 배경에 대하여 수업 시간 전에 과제로 조사해 오도록 하고 수업시간에 발표하도록 한다. 역사적 · 사회적 배경에 대한 학습이 끝나면 교사는 그 시대의 문화적 배경의 학습을 위하여 동시대 같은 예술 분야인 미술, 건축, 문학 등의 작품들을 사진이나 영상으로 준비하여 학생들에게 보여 주고 설명해 준다. 학생들은 시청각 자료를 통해 간접적으로 그 시대의 예술 문화를 경험하고 각자의 느낌 등을 서로 이야기해 본다. 교사는 각각의 예술이 지향했던 사조들은 무엇이고 그 시대의 어떠한 특성들을 담아내고 있는지를 설명해 준다. 이러한 활동을 통해 학생들은 그 시대의 역사적 · 사회적 · 문화적 배경에 대해 이해하고 그것이 음악에 어떤 영향을 주었는지 생각해 볼 수 있는 시간을 갖게 된다.

① 중세시대 성당에서 예배의식으로 부르는 성가 동영상을 감상한다(https://youtu.be/UiRpXsWlZK4?list=RDUiRpXsWlZK4). 동영상을 보고 난 느낌에 대하여 서로 이야기해 본다. 중세시대의 기독교 문화에 대하여 설명해 주고 모둠별 과제 발표를 준비한다.

② 모둠별로 미리 과제로 조사해 온 12~14세기 중세 유럽의 역사적 사건과 사회적 배경에 대한 조사를 발표한다. 발표가 끝나면 중세시대의 일반적 배경을 교사가 정리하고 요약하여 설명해 준다.

③ 중세시대의 다양한 미술작품과 건축물의 사진 자료들을 함께 감상한다. 중세 문화의 다양한 예술 작품을 감상하고 역사적 · 사회적 배경과 연관하여 함께 이야기해 본다. 처음 감상한 성가 동영상을 다시 보고 중세시대의 음악과도 연계하여 중세시대의 문화를 체험하고 느껴 본다.

• **활동 2**: 음악적 학습

음악적 학습의 단계는 음악사 학습의 주요 내용을 다루는 단계로서 감상활동과 이해학습으로 이루어진다. 실제적인 음악작품을 직접 감상하고 그 시대의 음악적 특징과 스타일, 작곡가의 생애 및 활동, 그리고 작품 속에 포함된 음악적 개념에 대한 학습을 한다. 제재곡은 그 시대를 대표하고 그 시대의 음악적 어법이나 기법을 잘 보여 주는 곡을 선택한다. 특징적인 부분을 집중해서 듣도록 하고 학습 내용으로 정해진 음악적 개념에 대한 설명을 프레젠테이션 자료와 함께 설명해 준다.

① 그레고리오 성가 〈천주의 어린양〉을 감상한다(https://www.youtube.com/watch?feature=player_detailpage&v=2zGyeRczFOA). 악보를 보며 다시 들어 본다.

〈천주의 어린양〉

② 그레고리오 성가의 특징에 대하여 프레젠테이션 자료를 보며 설명한다.

그레고리오 성가

- 모노포니
- 교회선법
- 아카펠라
- 마디줄, 박자표가 없다(non metric)
- 산문성의 리듬
- 순차 진행
- 제한된 음역
- 라틴어
- 네우마기보법

③ 중세 음악의 기초 음계가 되었던 교회 선법에 대해 알아보고 도리아 선법을 들어 본다.

④ 라틴어 가사 해석을 통해 기도문의 내용을 알아보고 곡의 종교성을 이해한다. 기독교 예배 의식에서 불린 그레고리오 성가의 기독교적 문화를 이해한다.

⑤ 다시 한번 그레고리오 성가를 들어 보고 중세시대의 음악적 특징을 정리한다.

천주의 어린양

하나님의 어린양
세상의 죄를 없애 주시는 주여
우리를 불쌍히 여기소서
하나님의 어린양
평화를 주소서

• **활동 3**: 통합적 표현

통합적 표현의 단계에서는 음악적 개념과 지식에 대한 이해를 좀 더 적극적으로 경험하고 능동적으로 학습하기 위하여 다양한 양식으로의 표현 활동을 시도한다. 음악작품을 듣고 그림 그리기나 신체표현, 이야기나 시 등으로 그 시대의 음악에 대한 느낌과 생각을 다른 방식으로 표현해 봄으로써 학생들은 보다 흥미롭고 다양한 경험으로 그 시대의 음악과 음악사를 학습할 수 있다. 기존의 듣기 활동 위주의 감상 수업이나 음악사 수업에서 보다 적극적인 표현활동으로 학생들의 음악에 대한 경험을 확장시켜 주고 음악적 사고를 개발해 줄 수 있다.

① **신체표현 활동(무용)**: 모둠별로 제재곡을 듣고 음악의 느낌을 신체의 움직임으로 표현해 본다. 활동지를 활용하여 음악과 어울리는 4개의 동작을 구상하고 연습해 본다. 각각의 신체표현은 음악의 어떠한 점을 표현한 것인지 이야기해 본다.

② **그리기(미술)**: 제재곡을 듣고 음악의 느낌을 그림으로 표현해 본다. 활동지와 별도의 도화지, 색연필을 준비하여 선, 형태, 색상 등으로 표현해 본다. 음악의 어떠한 느낌을 그림으로 표현했는지 이야기해 본다.

③ **이야기나 시 짓기(국어)**: 제재곡의 느낌과 어울리는 짧은 이야기나 시를 지어 본다. 활동지에 구상한 이야기, 시를 적고 낭독 연습을 한다.

④ 활동지를 다 완성한 후 모둠별로 발표해 본다. 모둠원들은 음악의 느낌과 생각에 대해 토론하고 다양한 표현방법이 어떻게 이루어졌는지를 이야기한다.

〈표 15-1〉 통합적 표현 활동지

1. 모둠 이름: ....

2. 모둠원 이름: ....

3. 중세시대의 음악을 듣고 각각의 활동으로 표현해 보고 준비하여 발표해 봅시다.

① 제재곡을 듣고 음악의 느낌을 신체의 움직임으로 표현해 봅시다.

1번 동작	2번 동작	3번 동작	4번 동작

② 음악의 느낌을 어떤 동작으로 표현하려 했는지 이야기해 봅시다.

....

③ 제재곡의 느낌을 선, 형태, 색깔 등의 그림으로 표현해 봅시다(별도의 도화지를 준비).

그림

④ 음악의 느낌을 어떤 모양과 색으로 표현했는지 설명해 봅시다.

....

⑤ 음악에 어울리는 이야기나 시를 지어 봅시다. 발표할 때는 음악을 배경으로 낭송합니다.

....

....

....

참고문헌

교육과학기술부 편(2010). **중학교 교육과정**. 교육과학기술부.

교육과학기술부 편(2015). **중학교 교육과정**. 교육과학기술부.

김미숙, 현경실, 민경훈, 장근주, 김영미, 조성기, 김지현, 조대현, 송주현, 박지현, 최윤경, 김지현(2015). **음악과 교재 연구**. 학지사.

김선미(2011). 맥락적 감상을 위한 지도방안 연구. **음악교육공학**, 12, 93-108.

김선미(2016). 통합적 교수학습방법을 활용한 서양음악사 지도방안연구. **음악교육공학**, 27, 45-65.

김정인(2007). 초등 음악 감상 수업에서의 통합적 접근에 관한 연구. **음악교육공학**, 6, 71-89.

모채남(2006). 음악교육의 통합적 접근. **음악교육공학**, 5, 89-102.

민경훈, 김신영, 김용희, 방금주, 승윤희, 양종모, 이연경, 임미경, 장기범, 조순이, 주대창, 현경실(2009). **음악교육학 총론**. 한국교원대학교 출판부.

민경훈(2007). 초등학교 문화 예술 교육으로서 '방과 후 학교'를 위한 통합형 음악교육의 수업안 개발. **학습자중심교과교육연구**, 7, 189-211.

민경훈(2012). 중등학교에서의 현대음악 감상지도 방법. **예술교육연구**, 10, 1-13.

석문주, 홍종현, 이수진, 한혁수, 최유리, 김지연, 손미현, 정다은, 정지혜, 문아름, 이혜진(2012). **통합적 접근에 의한 음악과 교수 · 학습방법**. 교육과학사.

장근주 외(2009). 통합교과적 접근에 의한 현대음악 학습 지도연구. **음악교육공학**, 9, 171-189.

장민정, 김지현(2012). 교과의 연계성을 고려한 스트라빈스키 〈불새〉 지도방안. **예술교육연구**, 10, 125-148.

장윤서 외(2014). 중학교 교과서 서양음악사 영역 분석 연구: 맥락적 연계성을 중심으로. **예술교육연구**, 12, 161-182.

오유진(2013). 음악과 미술의 연계를 통한 대학 교양 수업 연구. **음악교육연구**, 42, 53-75.

오유진(2015). 문학 · 음악 · 미술을 통합한 대학교양 수업 연구. **음악교육공학**, 23, 197-217.

오지향, 김선미(2009). 통합적 접근에 의한 대학 교양음악수업 지도방안연구. **음악교육연구**, 36, 167-203.

정진원(2008). 통합교과적 접근에 대한 이해와 음악지도에서의 의미 탐색. **음악교육연구**, 34, 139-169.

Drake, S. M. (2013). **통합 교육과정 개발과 평가의 기초**. 유제순, 장인한 역. 교육과학사.

Fogarty, R. (1998). **교사를 위한 교육과정 통합의 방법**. 구자억, 구원회 공역. 원미사.

제3부

수업설계 실습

(문화예술교육으로서 음악교육을 위한 수업설계 실습)

김영미

제 16 장

음악교육을 위한 수업설계 실습

효과적인 수업을 이끌기 위해 수업설계는 매우 중요하다. 교사 또는 문화예술사가 수업을 설계할 때 알아야 하는 수업의 구성 요소와 교수학습 수업설계의 틀을 제시한다. 이 틀을 바탕으로 체계적인 교수학습방법을 구성한다.

1. 수업설계

학교 수업 또는 예술 활동은 국가 교육과정을 바탕으로 '학교 교육과정'을 계획하고 수립하여 실시하게 된다. 1년간 교육계획을 구성하여 실제 수업을 진행하며 음악 활동을 성취하기 위해서 수업을 경영하는 교사는 연간 지도계획, 단원 지도계획, 차시별 교수학습 지도안 등을 교육 목적에 따라 체계적으로 설계를 하여야 한다.

1) 수업설계 요소와 모형

(1) 수업설계를 위한 음악교육 목적에 대한 이해

교사는 교육의 질을 결정하는 중요한 요인이다. 교사는 교수학습 상황을 조성하여 이끌고, 문제를 해결하고, 순간순간 학생들의 필요를 채워 주며 학생들을 성장시키는 중요한 주체이다. 그러므로 교육의 목적과 목표에 대한 이해를 바탕으로 학생들의 현 상태와 요구 등에 대해 정확하게 인식하고 음악 활동에서 학생들이 심미적 경험을 할 수 있도록 열정을 다하여야 한다. 2022년 개정 교육과정을 성취하기 위해 음악 교사는 방과 후 수업을 보다 효율적이고 실질적으로 운영해서 학생들의 호응을 높여야 한다. 그리고 다양한 음악 프로그램의 개발과 다양한 매체 활용하여 문화예술교육으로서 음악교육의 가치를 실현할 내용을 실제 수업 활동에 반영하여야 한다([그림16-1] 참조).

- 다양한 음악 요소 학습하기와 다양한 음악 활동 하기
- 연주와 창작 활동에서 창의적으로 표현하기
- 음악 활동을 통한 역사적 · 문화적 · 사회적 맥락 이해하기
- 음악작품을 분석하고 평가하기를 통한 연주 역량 강화하기
- 다른 장르 또는 다른 교과와 연계 학습하기

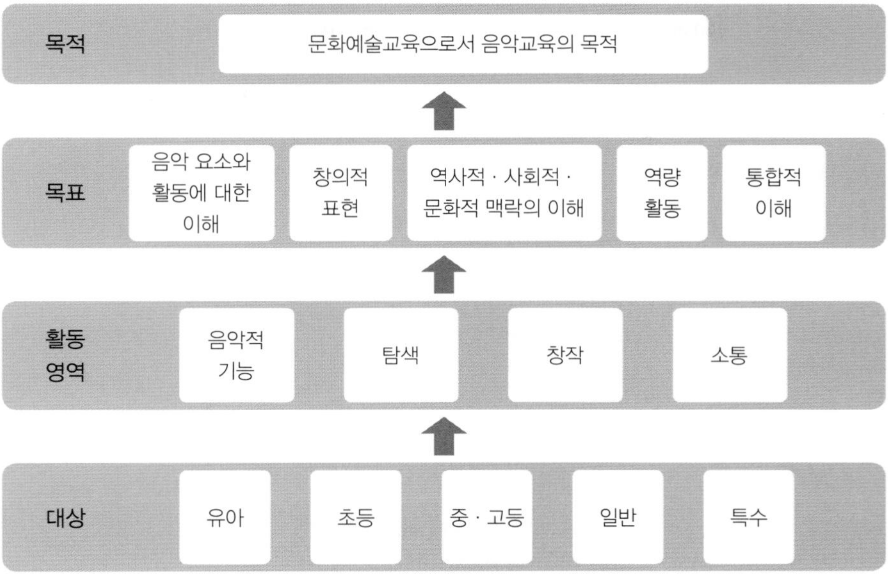

[그림 16-1] 수업설계 요소

(2) 수업설계 내용 및 단계

수업설계는 교수학습 활동을 통해 학습자가 수업 목표를 효율적으로 성취하게 하는 일련의 학습 활동 및 요소를 계획하는 과정이다. 문화예술교육으로서 수행하는 음악 활동도 국가교육과정과 기본 모듈을 참고하여 수업을 구성하고 설계한다([그림 16-2] 참조).

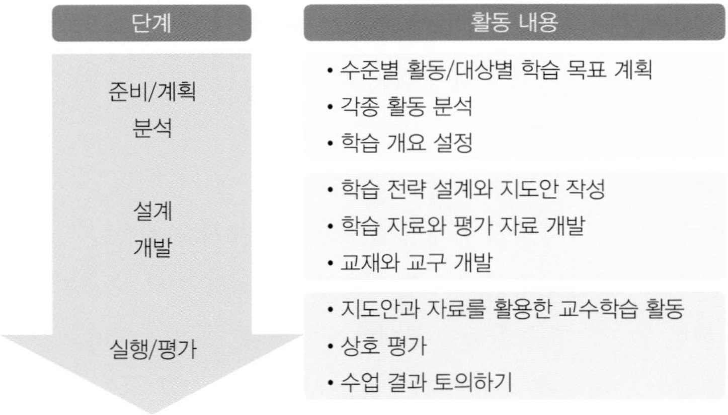

[그림 16-2] 수업설계 모형

2) 수업설계의 실제

음악가적 소양을 키우는 문화예술교육이지만 수업은 분명하고 논리적으로 설계되어야 한다. 효율적 설계를 위해 다양한 수업 전략, 교수 매체의 선정, 상호작용 방법, 수업 운용 방법 등 여러 가지 요소를 계획하여야 한다.

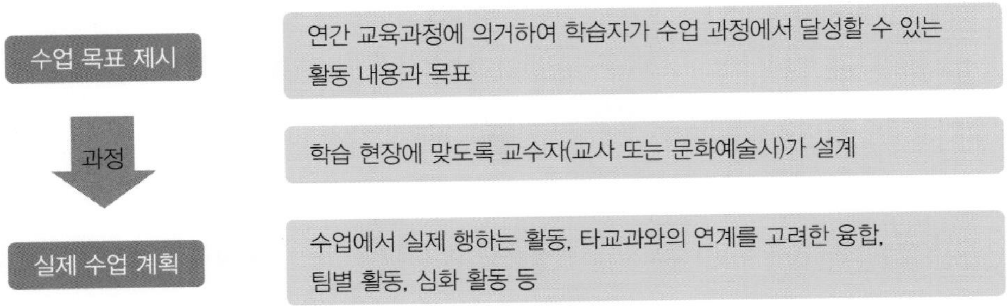

[그림 16-3] 수업 목표와 실제 수업 계획

(1) 수업설계 시 유의점

- 교사는 음악교육을 정의하여 교수학습 지도안을 체계적으로 재구성한다.
- 학습자들이 다양한 활동을 하고 창의적으로 사고하도록 수업을 설계한다.
- 예술로서 음악을 실생활에 확장할 수 있는 경험을 하도록 활동을 구성한다.
- 교사 자신의 성장을 위해 수업설계와 함께 교육 일지를 작성한다. 이를 통해 학습자와 소통하고 학습자의 반응(수업 과정에서 일어나는 긍정적이고 부정적인 내용)을 고찰하며, 수업 내용과 방법에 대한 성찰을 하게 된다. 그리하여 그 결과를 다음 수업설계에 반영하여 수업의 질을 높이게 된다.

(2) 수업설계 전략

체계적으로 수업을 수행하기 위해서 잘 짜여진 교수학습 계획이 필요하다. 교사는 실제 수업을 위한 계획안, 즉 본시 수업 지도안을 작성하기 전 악곡 지도 내용과 활동에 대해 이해한 후 교수학습 활동을 선택하여야 한다. 그리고 어떠한 수업 모형을 사용할지 결정하고 그에 따른 자료를 선정하는 사전 준비를 하여야 한다. 이때 수업 내용에 대한 평가 내용과 방법까지 구상하여 본시 지도안을 작성한다([그림 16-4] 참조).

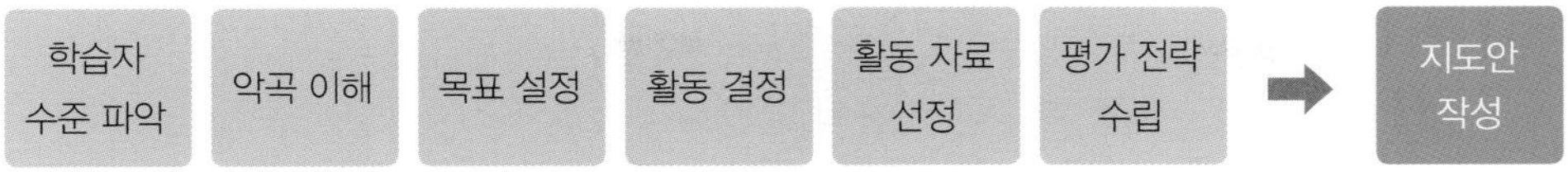

[그림 16-4] 수업설계 전략

(3) 지도안 작성

수업을 운영할 때 교사는 학습활동의 주체가 될 학습자의 경험과 흥미를 분석한다. 그리하여 학습자들의 적극적인 참여와 반응을 이끌어 내며, 학습자 간 또는 교사와 학습자 간 상호작용하는 내용의 지도안을 작성하도록 한다. 다양한 음악적 경험과 활동을 통해 학습자들이 음악적 개념을 형성하고 음악적 사고를 할 수 있도록 구성한다. 그리고 활동 후 학습자들이 음악에 대한 가치를 내면화할 수 있는 수업을 위해 도입–전개–정리 단계의 내용을 정확하게 알고 단계별 활동을 계획한다.

① 도입

- **동기유발:** 음악수업 주제에 대해 흥미와 참여할 활동에 대한 호기심 유발
- **이전 학습 확인:** 전 시간에 학습한 내용 복습
- **학습 목표 제시:** 본시 수업의 도착점을 명확히 제시

② 전개

- **주요 활동**
  - –교육과정 성격과 목표 및 역량 함양에 적합한 교수학습 활동
  - –학습자의 적극적 참여 유도
  - –교사와 학습자, 학습자 간의 상호작용 경험
- **학습 과제 내용 제시**
  - –학습자와 교수학습 상태에 맞도록 적절하게 성취기준을 재구성하여 제시
  - –실음 중심 활동, 학습자 활동 중심 활동
- **학습 자료와 매체 제시**
  - –최신 음악교육 환경을 구축
  - –다양한 교육 매체와 교구 등 사용

③ 정리

- **수업 내용 요약 · 종합:** 학습한 내용의 일반화
- **보충 자료 제시:** 전개 단계에서 미흡한 부분을 보충
- **형성 평가:** 활동과 수업의 전반적인 내용 점검과 학습 내용 역량 함양 평가
- **차시 예고:** 다음 시간 활동에 대한 기대감 유발

수업 과정 전체를 〈표 16-1〉과 〈표 16-2〉로 정리하여 계획안을 작성할 수 있다. 교수학습 활동을 같이 서술하는 '지도안' 형태와 교사와 학생 활동을 따로 서술하는 '과정안' 형태로 작성할 수 있다.

〈표 16-1〉 차시별 지도안 작성 예

수업일시	OO.OO.OO.	지도대상	○학년	장소	OO
주제(차시)				수업자	OOO
학습목표				준비물	
단계(분)	활동 내용	교수학습 활동		지도상 유의점	
도입(○분)					
전개(○분)					
정리(○분)					
판서 계획					
평가 내용					

〈표 16-2〉 차시별 교수학습 과정안 작성 예

수업일시	OO.OO.OO.	지도대상	○학년	장소	OO
주제(차시)				수업자	OOO
학습목표				준비물	
단계(분)	활동 내용	교사	학생	지도상 유의점	
도입(○분)					
전개(○분)					
정리(○분)					

판서 계획	
평가 내용	

2. 수업 구성하기

교사는 학교 현장 상태를 바탕으로 교육과정을 수립한 후 교수학습 지도계획을 구성한다. 이때 제재곡이나 기본 학습 요소 등을 재구성하여 수업 과정을 설정하고 효과적인 팀티칭의 방향을 찾도록 해야 한다.

1) 교수학습 지도계획 수립하기

(1) 사전 정보 체크

- 음악 활동에 대항 요청사항 확인(필수 지도 시간 등 확인)
- 해당 활동 참여 학생 수와 총 수업 시수 확인
- 학교교육과정과 행사 등 일정 확인(다양한 변수 확인)
- 최종 지도 일정 결정(정확한 지도 날짜 확인)
- 음악 활동을 하게 되는 교실의 환경 확인(교실 상태와 구비된 악기 수 등 확인)

(2) 지도계획 작성

- 수업 해당 학년 음악 교과서 확인
- 교육과정 영역별로 재구성하기
- 교수학습 지도계획 수립하기

(3) 제재곡 구성 방법

- 학생들의 음악적 수준 고려
- 지도 개념이 유사한 제재곡 통합
- 악기 연주 기능 향상을 위한 연속적 구성
- 제재곡 이해를 위한 다양한 부제재곡 활용

- 학교 행사에서 발표하거나 연주하도록 일정 수립
- 실생활 체험 제재 도입
- 창의적 아이디어 표현 기회 제공

2) 교수학습 지도계획에 따른 학습 자료 점검 및 준비하기

- 차시별 수업에 필요한 학습 자료 및 기자재 등을 미리 파악하고 점검 (구입이나 수리가 필요할 경우 확인 필요)
- 학생들 스스로 준비해야 할 자료는 안내 또는 알림장 등을 활용
- 대체 악기나 학습 자료를 준비
- 음악실, 강당, 다목적실 등 사용을 위한 시간표 구성

3) 교수학습 활동 정리하기

- 교사와 수업에 대해 분석하고 반성하기
- 학습 목표 전달, 자료 사용의 적절성, 학습 내용과 분량 등을 검토하고 다음 수업에 피드백하기

3. 지도안 예시

다음은 음악수업과 방과 후 활동의 수업 지도안 예시이다.

〈예시 1〉 예술 큐레이터가 되어 보자!(중학교)

수업일시	○○○○. ○○. ○○.(요일) ○교시	수업 학반 (장소)	○학년 ○반	수업 인원	남학생 ○명 여학생 ○명
지도단원	Ⅲ. 더불어 나누는 음악			수업 교사	○○○
성취기준	[9음02-02] 다양한 시대와 문화권의 음악을 듣고 음악적 특징과 음악의 구성을 파악한다. [9음02-03] 다양한 시대・사회・문화권의 음악을 듣고 음악의 배경과 역할을 비교한다.				
수업주제	큐레이터가 되어 작품 소개하기				

<table>
<tr><th>수업 방법</th><th colspan="4">핵심 역량</th><th colspan="2">인성 덕목</th></tr>
<tr><td>수행</td><td colspan="4">음악적 감성 역량, 음악적 소통 역량, 자기관리 역량, 음악적 감수성</td><td colspan="2">지혜, 용기, 성실, 책임, 소통</td></tr>
<tr><td rowspan="4">단원 구성
(차시)</td><td>1−2</td><td colspan="2">나의 음악적 취향 찾기
: 시대별 음악의 변화 이해</td><td>9−10</td><td colspan="2">역사적·문화적 배경을 알아보고 정리하기</td></tr>
<tr><td>3−4</td><td colspan="2">음악을 감상하며 이해하기
: 고대, 중세, 르네상스</td><td>11−12</td><td colspan="2">작가와 작품 소개하는 슬라이드 만들기</td></tr>
<tr><td>5−6</td><td colspan="2">음악을 감상하며 이해하기
: 바로크, 고전</td><td>13−14</td><td colspan="2">슬라이드 배경음악을 선정하고 근거 찾기</td></tr>
<tr><td>7−8</td><td colspan="2">음악을 감상하며 이해하기
: 낭만, 근대, 현대</td><td>15−16</td><td colspan="2">자신의 슬라이드 소개하기</td></tr>
<tr><td rowspan="4">수업의
흐름</td><td>구분</td><td colspan="4">수업 내용</td><td>시간</td></tr>
<tr><td>도입</td><td colspan="4">발표의 목적을 안내한다.
시대별 음악감상 > 감상문 작성 > 미술작품에 맞는 음악 선정 > 발표</td><td>5분</td></tr>
<tr><td>전개</td><td colspan="4">▶ 발표 태도 안내
• 발표자 태도: 크고 분명한 목소리, 인사
• 감상자 태도: 경청, 격려의 박수
▶ 활동 1: 작가와 작품, 어울리는 배경음악 소개하기
피드백
빠르기와 음색을 기준으로 음악 선정이 잘 되었는지 안내

〈음악〉 〈미술〉
▶ 활동 2: 나의 감정과 생각을 음악에 담아 선한 영향력 펼치기</td><td>80분</td></tr>
<tr><td>정리</td><td colspan="4">내 생각을 친구에게 전달하는 것에는 용기가 필요함을 안내</td><td>5분</td></tr>
<tr><td>평가 방법</td><td colspan="6">수행평가: 과정 전체 관찰과 결과 발표</td></tr>
<tr><td>수업
중심
아이디어</td><td colspan="6">• 음악은 빠르기, 음색 등 음악요소로 다양한 느낌을 표현한다.
• 미술작품도 명암, 질감 등으로 다양한 느낌을 표현한다.
• 학습자는 음악과 미술의 연계 수업을 통해 작품의 공통된 표현 요소를 찾아 자신의 느낌과 생각을 음악으로 전환하여 표현한다.
• 활동 전체 과정에서 학생들은 음악적 감수성과 미적 감수성을 개발하여 자신의 감정과 생각을 표현하는 능력을 기른다.</td></tr>
</table>

〈예시 2〉 에듀테크를 활용한 랩 음원 만들기(중학교)

<table>
<tr><td>지도단원</td><td colspan="2">IV. 이야기가 있는 음악</td><td>차시</td><td>12</td><td>수업기간</td><td>○○○○. ○월~○월</td></tr>
<tr><td>성취기준</td><td colspan="6">[9음03-01] 음악적 의도나 아이디어를 여러 매체나 방법에 적용하여 자기 주도적으로 창작한다.</td></tr>
<tr><td>수업 주제</td><td colspan="4">시를 사용하여 랩 음원 제작하기</td><td>교과
핵심역량</td><td>음악적 감성 역량
음악적 창의·융합 역량</td></tr>
<tr><td rowspan="3">과정</td><td colspan="2">과제</td><td colspan="4">시와 랩의 요소를 활용하여 음원 제작하기</td></tr>
<tr><td colspan="2">목표</td><td colspan="4">랩의 특징을 이해하고 선한 영향력을 전하는 랩을 만들기</td></tr>
<tr><td colspan="2">성취</td><td colspan="4">메시지를 효과적으로 전달하는 방법 찾기</td></tr>
<tr><td rowspan="6">평가
루브릭</td><td rowspan="2">단계
평가요소</td><td colspan="5">평가 기준</td></tr>
<tr><td colspan="2">상</td><td colspan="2">중</td><td>하</td></tr>
<tr><td rowspan="2">작사
능력</td><td colspan="2">랩의 구성 요소를 이해하고 시의 내용 중 표현할 핵심어를 창의적으로 재구성한 라임을 완성함</td><td colspan="2">랩의 구성 요소를 이해하고 시의 내용 중 표현할 핵심어를 활용하여 라임을 완성함</td><td>랩의 구성 요소 중 라임의 뜻과 역할을 이해하고 시의 내용과 관련된 단어를 사용함</td></tr>
<tr><td colspan="2">재구성한 가사 내용을 통해 시의 주제가 전달력 있게 드러남</td><td colspan="2">시의 내용을 재구성하여 주제와 연관된 가사를 작성함</td><td>시의 내용으로 글을 작성하고 주제를 표현하고자 노력함</td></tr>
<tr><td rowspan="2">표현
능력</td><td colspan="2">전달력 높은 발음으로 플로우와 라임을 살려 랩을 완성함</td><td colspan="2">플로우와 라임을 표현한 랩을 완성함</td><td>랩을 표현하기 위한 방법을 찾고자 노력함</td></tr>
<tr><td colspan="2">비트, 녹음본, 편집으로 메시지의 분위기를 잘 살린 음원을 제작함</td><td colspan="2">메시지의 분위기와 관련된 녹음본, 편집으로 음원을 제작함</td><td>기능을 익혀 녹음, 비트 제작, 편집으로 음원을 제작함</td></tr>
<tr><td>단계</td><td>차시</td><td colspan="5">수업 내용</td></tr>
<tr><td rowspan="2">동기유발</td><td rowspan="2">1~2</td><td colspan="5">랩의 특징과 유래를 연관 지어 이해하고 구성 요소 구별하기
랩을 위한 발성 및 발음법, 오토튠의 기능 익히기</td></tr>
<tr><td>에듀테크 활용</td><td colspan="4">띵커벨 보드-의견 공유</td></tr>
<tr><td rowspan="3">학습 활동</td><td>3~4</td><td colspan="5">자신의 창작 시에서 핵심 문장을 마디에 배치하기
창의적인 라임 만들어 형식 만들기</td></tr>
<tr><td rowspan="2">5~8</td><td colspan="5">앱을 활용하여 비트 제작, 녹음 및 편집 기능 익히기
템포, 리듬, 말붙임새를 고려하여 녹음 및 편집하기</td></tr>
<tr><td>에듀테크 활용</td><td colspan="4">무지카 버추얼 드럼을 활용한 비트 이해</td></tr>
<tr><td rowspan="2">일반화</td><td rowspan="2">9~10</td><td colspan="5">목소리에 메시지와 어울리는 음색 이펙트 입히기
랩의 분위기와 어울리는 악기, 요소 이펙트 추가하기</td></tr>
<tr><td>에듀테크 활용</td><td colspan="4">밴드랩을 활용한 음원 편집 및 공유</td></tr>
<tr><td>역량</td><td>11~12</td><td colspan="5">음향 밸런스 조절하여 완성하고 공유하기</td></tr>
</table>

〈예시 3〉 전자피아노 학습 지도안(초등 저학년)

수업일시	○○.○○.○○. ○요일 ○시	지도대상	12학년	장소	전자 음악실	수업자	○○○
주제	국악동요 〈산도깨비〉			준비물	〈산도깨비〉 악보, 리듬스틱, 피아노 악보		
학습 목표	• 〈산도깨비〉리듬을 연주할 수 있다. • 〈산도깨비〉에 제시된 나타냄 말을 이해하고 피아노로 연주할 수 있다.						

단계(분)	학습 내용	교수학습 활동	자료(▣) 및 유의점(○)
도입 (20분)	복습	• 도돌이표와 연주 방법 복습하기 –도돌이표는 '한 번 더' 연주한다는 뜻	○칠판에 도돌이표를 판서하여 학생들이 기억하는지 확인하기
	국악동요 〈산도깨비〉 배우기	• 국악동요 〈산도깨비〉 학습하기 ① 국악동요에 대해 설명 아이들을 위한 민요풍 창작동요 ② 〈산도깨비〉 듣고 따라 노래하기 〈산도깨비〉를 듣고 곡 분위기에 대해 이야기하기 교사의 시범창을 듣고 네 마디씩 따라 하기 교사의 반주에 맞추어 노래하기 리듬스틱으로 즉흥 리듬치기를 하며 노래하기	▣ 악보 인쇄물 ○동요를 배울 때 리듬과 가사를 정확히 숙지하고 리듬스틱을 두들길 때 소란스럽지 않게 연주하기
전개 (20분)	개인 연습 시간	• 지난주 연습곡을 복습하기 –학습자 능력에 따라 자신이 선택한 연습곡을 복습하기	○선생님이 학생들을 1명씩 지도할 때 떠들지 않고 자신의 연습곡을 연습하기
		• 새 악곡 연주하기	
	함께 연주하기	• 연습한 악곡을 함께 연주하기 –선생님의 반주에 맞춰 〈산도깨비〉 선율을 오른손으로 연주하기	
		• 능력에 따라 왼손 반주 연주하기	
정리 (10분)	이론 공부 및 〈산도깨비〉 부르며 마무리	• 〈산도깨비〉 악보와 제시된 나타냄 말 학습하기 –나타냄 말을 악보에서 찾아 적어보기	○학생들이 공책에 적힌 이론 내용을 적고 익히기
		• 〈산도깨비〉 노래하기	

판서 계획	
	• 제재곡: 국악동요 〈산도깨비〉 • 학습 목표 –〈산도깨비〉 리듬을 연주할 수 있다. –〈산도깨비〉에 제시된 나타냄 말을 이해하고 피아노로 연주할 수 있다.

평가 내용	평가 관점	수준
	국악동요 〈산도깨비〉에 대한 설명이 학생들이 이해하기 적절했는가?	상 중 하
	〈산도깨비〉 노래하기와 리듬스틱 연주가 음악적으로 조화로웠는가?	상 중 하
	학생들의 능력에 알맞게 연습과 지도가 이루어졌는가?	상 중 하

〈예시 4〉 음악 줄넘기 활동 지도안(초등 전 학년)

부서명	음악 줄넘기	수업일시	○○.○○.○○. ○요일 ○시	장소	○○실
주제	여러 가지 복합 줄넘기			수업자	○○○
준비물	개인 줄넘기			지도대상	전 학년
학습 목표	여러 방식의 줄넘기 뛰기를 통해 리듬감을 높일 수 있다.				

단계(분)	학습 내용	교수학습 활동		자료(▣) 및 유의점(○)
도입 (10분)	긴장 완화	인사 및 활동 주제 발표		
	준비 운동	• 부상 방지를 위한 모듬발 1분 1도약 뛰기 • 다리 → 머리 순으로 스트레칭		▣ 음악
전개 (35분)	과제 부여	저학년	고학년	
		• 1도약 다리벌려 모아뛰기 번갈아뛰기(1박, 2박) 가위바위보 뛰기	• 2중뛰기 모듬발 2중뛰기 엇걸어 2중뛰기 옆멀쳐 2중뛰기	
		• 되돌리기 구분동장 박자에 맞춰		
	기본 동작 메들리	• 음악에 맞춰 각종 음악 줄넘기를 순차적으로 진행		▣ 음악
	시합	• 부메랑 피하기, 달리기 등의 놀이로 순발력 높이기		▣ 교구, 음악
정리 및 확인 (5분)	정리 운동	• 긴장된 근육 이완을 위한 정리운동		
	확인	• 과제 부여 및 차시 예고		

평가 내용	번호	학습 단계	평가자	방법	내용
	①	학습 활동 1	교사	관찰	정확한 자세, 줄을 넘은 횟수
	③	학습 활동 2	교사	관찰	정확한 자세, 줄을 넘은 횟수

〈예시 5〉 플루트 학습 지도안(중등)

부서명	플루트	수업일시	○○.○○.○○. ○요일 ○시 ○교시	장소	음악실
주제	하울의 움직이는 성, 센과 치히로의 행방불명			수업자	○○○
준비물	개인 악기, 악보, 보면대			지도대상	13학년
학습 목표	정확한 리듬, 박자, 음정으로 연주할 수 있다.				

단계(분)	학습 내용	교수학습 활동	자료(▣) 및 유의점(○)
도입 1 (5분)	롱톤 연습: 기본 리듬연습	• 중간음역 · 고음음역으로 롱톤 연습하기 학생들이 올바른 호흡과 정확한 음정을 내도록 지도	○올바른 자세와 호흡을 하도록 개별 지도하기
도입 2 (10분)	스케일 연습: 다양한 리듬연습	• 스케일을 연주하며 다양한 텅잉 연습하기 –박자와 음정에 유의하여 연습 –다양한 텅잉 기법으로 부드러운 소리 내기 –스케일을 고르게 연주하기	○마우스피스와 입술 자리를 잘 맞추어 정확하게 텅잉하기
전개 (25분)	연주곡 연습	• 정확한 운지 익히기 • 음정을 정확하게 연주하기 • 제재곡의 박자와 리듬 익히기 • 소리 조절하기(강약)	○서두르지 않고 음악을 만들어 가는 과정을 익히도록 지도하기
정리 (10분)	연주하기	• 운지법, 음정 연주, 박자와 리듬연주 등을 다시 확인하기	○개인별 연습이 필요한 부분을 찾아주기
판서 계획	• 주제: 하울의 움직이는 성, 센과 치히로의 행방불명 • 목표: 정확한 리듬, 박자, 음정으로 연주하기 • 활동사항 –운지와 음정을 정확히 연주하기 –박자와 리듬 정확히 연주하기		

평가 내용	평가 관점	수준
	• 바른 운지와 정확한 음정으로 연주하는가?	상 중 하
	• 부드러운 소리로 음악을 자연스럽게 연주하는가?	상 중 하
	• 박자, 리듬, 강약 등을 잘 연주하는가?	상 중 하

〈예시 6〉 바이올린 교수학습 과정안(중등)

부서명	바이올린	수업일시	○○.○○.○○. ○요일 ○시	장소	○층 ○○실
주제	다양한 난이도 제재곡 중에 한 곡을 정확하게 연주하기			수업자	○○○
준비물	바이올린, 악보, 악보대			지도대상	전 학년
학습 목표	자신의 연주 기능에 합당한 난이도의 곡을 정확하게 연주할 수 있다.				

단계(분)	학습 내용	교수학습 활동		자료(▣) 및 유의점(○)
		교사	학생	
도입 (10분)	인사, 출석 확인	• 인사하고 참여 학생들 인원 수 확인하기	• 인사하고 출석에 답하기	▣ 출석부
	전시 학습 확인	• 악기의 사용법 확인하기	• 바이올린에 어깨받침을 고정하고 활에 송진을 바르기	
	동기유발	• 전체 악곡을 교사가 시범 연주하기	• 교사의 시범 연주와 악보를 자세하게 읽기	
	학습문제 파악하기	• 연주 기능 등급별 제재곡을 제시하기 –상: 〈you are my sunshine〉 〈언제나 몇 번이라도〉 –중: 〈종소리〉 –하: 〈비행기〉	• 자신의 연주 기술에 해당되는 악보 선택하기 –상: 〈you are my sunshine〉 〈언제나 몇 번이라도〉 –중: 〈종소리〉 –하: 〈비행기〉	○악기를 다룰 때 주의를 기울이고 산만하지 않도록 하기 ▣ 바이올린 악보
전개 (35분)	전체활동	• 난이도 상, 중, 하 악곡을 다 같이 연주하기		
	연주곡 연습하기	• 활동 1: 수준별로 세 팀으로 나누어 연주곡 연습하기	• 활동 1: 수준별 팀으로 나뉘어 악곡 연습하기	○다른 팀들이 연주할 때 경청하는 감상 태도 알려 주기
	합주	• 활동 2: 각 팀 합주하기 〈You are my sunshine〉 〈언제나 몇 번이라도〉 팀은 2중주로 나누어 합주	• 활동 2: 각 팀 합주하기 두 그룹으로 나누어 〈You are my sunshine〉 〈언제나 몇 번이라도〉 합주	
정리 (5분)	평가하기, 악기 정리, 차시 예고 인사	• 팀별 연주하기 • 악기 정리 방법 설명하기 • 다음 악곡 시범 연주하기 • 인사	• 팀별 연주하기 • 악기, 어깨받침, 활을 악기 케이스에 정리하기 • 시범연주 음악 듣기	○악기 케이스에 보관하기 ○악보와 악보대 정리하기

판서 계획	• 연주 능력별 악곡 –상: 〈you are my sunshine〉 〈언제나 몇 번이라도〉 –중: 〈종소리〉 –하: 〈비행기〉

평가 내용		수준	평가 관점
	다양한 난이도 제재곡 중에 한 곡을 정확하게 연주하기	상	악보의 박자와 음정을 이해하고, 박자와 음정을 맞게 연주할 수 있다.
		중	악보의 박자와 음정을 이해하지만, 박자와 음정을 맞게 연주하기 힘들다.
		하	악보의 박자와 음정을 이해하기 어렵고, 연주하기 힘들다.

〈예시 7〉 관악 합주 학습 지도안(일반)

<table>
<tr><td>수업일시</td><td>○○.○○.○○. ○요일 ○시</td><td>지도대상</td><td>○○</td><td>장소</td><td>관악실</td><td>수업자</td><td>○○○</td></tr>
<tr><td>주제</td><td colspan="3">〈아리랑랩소디〉 합주하기</td><td>준비</td><td colspan="3">악기, 악보, 보면대, 의자</td></tr>
<tr><td>학습 목표</td><td colspan="7">〈아리랑랩소디〉 공연을 위해 서로 음정을 맞추어 연주할 수 있다.</td></tr>
</table>

<table>
<tr><th>단계(분)</th><th>학습 내용</th><th>교수학습 활동</th><th>자료(▣) 및 유의점(○)</th></tr>
<tr><td rowspan="2">준비 활동
(10분)</td><td>복식호흡
연습</td><td>• 롱톤 연습하기
• 스케일에 의한 롱톤 연습하기</td><td rowspan="2">○악기를 조심스럽게 다루기
○복식호흡하기</td></tr>
<tr><td>학습내용
파악</td><td>• 본 차시 학습 내용 알아보기
• 학습 내용〈아리랑랩소디〉 공연을 위해 서로 소리를 듣고 음정을 맞추어 연주하기</td></tr>
<tr><td rowspan="3">중심 활동
(35분)</td><td>파트연습</td><td>• 〈아리랑랩소디〉 악기 파트별 부분 연습하기
–플룻, 클라리넷, 색소폰, 트럼펫, 트롬본, 호른, 타악기 등이 각각 한 소절식 연습하기</td><td rowspan="3">○플레이징에 의한 호흡하기
○악곡에 대한 설명에 유의하여 연습하기</td></tr>
<tr><td>부분합주</td><td>• 〈아리랑랩소디〉 파트별 부분 합주
–목관, 금관, 타악기 그룹별로 한 부분식 연습하기</td></tr>
<tr><td>전체합주</td><td>• 〈아리랑랩소디〉 전체 합주
–목관, 금관, 타악기 그룹이 함께 전체 악곡 합주하기</td></tr>
<tr><td>정리 활동
(5분)</td><td>마무리
연주 및
차시 예고</td><td>• 합주 활동에 대한 소감과 공연에 대한 아이디어 공유하기
–어려웠던 점이나 재미있었던 점 발표하기
–공연을 위한 자신의 아이디어 제안하기
• 차시 예고: 공연 곡 〈007 메들리〉 연습</td><td>○악기, 악보, 악보대 정리하기</td></tr>
<tr><td>판서
계획</td><td colspan="3">• 공연곡: 〈아리랑랩소디〉
• 본시 목표: 〈아리랑랩소디〉 합주 완성하기</td></tr>
<tr><td rowspan="4">평가
내용</td><th>수준</th><th colspan="2">평가 관점</th></tr>
<tr><td>상</td><td colspan="2">교사의 설명을 이해하며 연주할 수 있는가?</td></tr>
<tr><td>중</td><td colspan="2">플레이징에 의한 호흡을 잘하는가?</td></tr>
<tr><td>하</td><td colspan="2">악기 정리 정돈을 잘하는가?</td></tr>
</table>

〈예시 8〉 타악기 합주 활동 과정안(전 연령대)

부서명	마림바, 드럼	수업일시	○○.○○.○○.○요일 ○시	장소	관현악실
주제	정확한 박자와 음정을 연주하도록 한다.			수업자	○○○
준비물	마림바, 드럼, 스틱, 말렛			지도대상	○○
학습 목표	마림바와 드럼을 번갈아 가면서 정확하게 연주할 수 있다.				

단계(분)	학습 내용	교수학습 활동		자료(▣) 및 유의점(○)
		교사	학생	
도입 (10분)	워밍업 (손풀기)	스틱으로 박자를 쳐 준다.	패드에서 박자에 맞추어 카운트를 세며 워밍업을 한다.	○손모양과 박자를 정확하게 맞추도록 한다.
전개 1 (15분)	마림바 연주하기	1명씩 차례로 연주할 수 있도록 이름을 불러 박자를 맞추도록 한다.	배운 곡을 정확한 리듬과 음정으로 연주해 본다.	○손모양과 박자에 유의하면서 연주하도록 한다.
전개 2 (15분)	드럼 솔로 연주하기	박자가 흔들리지 않게 박자를 쳐 주도록 한다.	정확한 박자와 심벌즈의 위치를 확인하면서 베이스와 맞추며 연주한다.	○손모양과 심벌즈 위치에 유의하면서 연주하도록 한다.
정리 (10분)	합주	마림바와 드럼을 함께 연주하도록 박자를 쳐 준다.	서로의 연주에 귀 기울이며 합주해 본다.	○박자와 음정에 서로 유의하면서 합주한다.
판서 계획	• 박자 연습을 위한 리듬 악보			

평가 내용	평가 관점	수준
	• 정확한 박자와 음정	상 중 하
	• 수업 태도	상 중 하
	• 손 모양	상 중 하

참고문헌

교육부(2022). **음악과 교육과정**. 교육부.

김미숙, 민경훈, 장근주, 김영미, 최진호, 조대현, 배수영, 윤관기, 박영주(2023). **음악교육학 개론**. 어가

김미숙, 현경실, 민경훈, 장근주, 김영미, 조성기, 김지현, 조대현, 송주현, 박지현, 최윤경, 김지현(2015). **음악과 교재 연구**. 학지사.

김영미(2016). 음악과 교수 역량 강화를 위한 교육 프로그램 연구. **예술교육연구**, 14(1), 53-76.

민경훈, 김형숙, 민경원, 윤명원, 최정아, 김명숙, 정선화, 김동희, 김은주, 장혜영, 곽지영, 김옥희, 김현영, 박지영, 박호상, 이효광, 주영상, 함현경(2014). **2014 학교문화예술교육 협력수업 유형 분석 및 모델 개발 연구**. 한국문화예술교육진흥원.

〈지도안〉

지도안 예시 1~2: 김다혜. 대구팔공중학교 음악과 수업지도안.

지도안 예시 3~8: 남지영. 부산배산초등학교 방과 후 프로그램 지도안.

찾아보기

인명

내용

저자 소개

민경훈(Min, Kyung Hoon)
독일 뮌스터대학교 음악교육학 박사
현 한국교원대학교 음악교육과 명예교수

주요 저서 및 논문

『음악교육학 총론』(4판, 공저, 학지사, 2024)
『음악과 교재 연구』(공저, 학지사, 2015)
「우리나라 문화예술교육의 현황과 외국의 사례 고찰을 통한 역량 제고」(2013)

김미숙(Kim, Mi Sook)
미국 컬럼비아대학교 음악교육학 박사
현 상명대학교 교육대학원 음악교육과 교수

주요 논문

「수업모형을 적용한 음악과 인성요소 지도 방안 연구」(2016)
「음악요소학습을 위한 개념도의 활용가능성 탐색」(2012)

김선미(Kim, Sun Mie)
미국 컬럼비아대학교 음악교육학 박사
현 명지대학교 교육대학원 음악교육과 겸임교수

주요 논문

「서울 소재 대학부설 평생교육원 일반 과정 음악프로그램 현황 및 향후 과제」(2023)
「문화예술교육으로서의 음악교육에 관한 국내 학술지 연구동향(2011-2021)과 향후 연구과제」(2022)
「음악적 소통 역량 개발을 위한 교수 · 학습 프로그램 연구」(2021)
「다문화 음악교육의 정의적 영역을 위한 교수 · 학습 방법 연구」(2019)

김신영(Kim, Shin Young)
미국 컬럼비아대학교 음악교육학 박사
현 국립목포대학교 음악학과 명예교수

주요 저서 및 논문

『음악교육학 총론』(4판, 공저, 학지사, 2024)
『피아노 교수학 총론』(공저, 학지사, 2020)
「Group Differences in Piano Performance Evaluation by Experienced and Inexperienced Judges」(2000)

김영미(Kim, Young Mee)
미국 템플대학교 음악교육학 박사
현 계명대학교 교육대학원 교수

주요 저서 및 논문

『학교, 뮤지컬을 만나다』(공저, 학지사, 2017)
『음악과 교재 연구』(공저, 학지사, 2015)
「교육실습학기제 준비를 위한 예비 음악교사의 인식 연구」(공동, 2024)
「중등 교원양성체제 발전 방안에 관한 정책 방향 탐색 연구」(공동, 2023)
「학습자 활동 중심 음악수업 내용 연구: 액션러닝 수업 구성」(2019)

김지현(Kim, Ji Hyun)
경희대학교 음악교육학 박사
현 조선대학교 음악교육과 교수

주요 저서 및 논문

『고등학교 음악과 매체』(대표저자, 2014)
「디지털 매체를 활용한 단계별 음악교육 프로그램 개발」(공동, 2024)
「예비음악교사를 위한 테크놀로지 기반 플립러닝 설계 사례」(공동, 2019)

이가원(Lee, Ka Won)
미국 컬럼비아대학교 음악교육학 박사
현 목원대학교 음악교육과 교수

주요 논문

「관현악 발췌곡의 연습교재 활용을 위한 분석적 접근」(2017)
「다문화교육을 위한 대학 음악교양교육과정 개발 연구」(2015)

장근주(Jang, Gun Joo)
미국 컬럼비아대학교 음악교육학 박사
현 서울대학교 외래교수

주요 논문

「핵심역량 함양을 위한 2015 개정 음악과 교육과정 실행 방안 탐색」(2017)
「음악교육에서 인성교육의 현황과 과제」(2015)
「프랑스와 독일의 음악과 교육과정과 교과서 연계 국제 비교」(2015)

조대현(Cho, Dae Hyun)
독일 뷔르츠부르크음악대학교 음악교육학 박사
현 경상국립대학교 음악교육과 교수

주요 저서 및 논문

『융합적 사고에 기초한 음악교육의 이해』(학지사, 2019)
「2022 개정 특수교육 교육과정에 따른 중고 음악과 국정도서 편찬 방안 연구」(2023)
「중등학교 예비 및 현직 음악교사의 교사역량에 대한 인식과 요구 비교 분석」(2022)

조성기(Cho, Sung Gi)
한양대학교 음악학(음악이론) 박사
현 공주대학교 음악교육과 교수

주요 저서 및 논문

『음악과 교수학습의 실제』(공저, 교육과학사, 2021)
「감정을 구성하는 느낌의 음악교육」(2023)
「구성된 감정이론에 의한 통찰 음악교육」(2021)

주희선(Chu, Hee Sun)
미국 컬럼비아대학교 음악교육학 박사
현 숙명여자대학교 교육대학원 음악교육과 교수

주요 논문

「진로관련 음악교육연구의 동향」(2019)
「관현악전공 음대생들의 실기연습에 대한 인식과 자기조절학습 성향」(2016)
「교육실습여부와 모의수업 경험에 따른 예비중등음악교사의 교수내용지식(PCK)의 차이 조사」(2014)

현경실(Hyun, Kyung Sil)
미국 템플대학교 음악교육학 박사
현 성신여자대학교 명예교수

주요 저서 및 논문

『유아 음악성 검사 Kids' MAT』(인싸이트, 2016)
『다중지능 이론에 기초한 적성을 살리는 음악 교육』(학지사, 2016)
「교육과정별 고등학교 음악교과서 국악내용의 변천 연구」(2015)

KOMCA 승인 필

음악 교수학습방법(2판)

Music Teaching and Learning Method (2nd ed.)

2017년 9월 25일 1판 1쇄 발행
2021년 8월 20일 1판 3쇄 발행
2024년 8월 20일 2판 1쇄 발행

지은이 • 민경훈 · 김미숙 · 김선미 · 김신영 · 김영미 · 김지현
이가원 · 장근주 · 조대현 · 조성기 · 주희선 · 현경실

펴낸이 • 김진환
펴낸곳 • ㈜학지사
04031 서울특별시 마포구 양화로 15길 20 마인드월드빌딩
대표전화 • 02-330-5114 팩스 • 02-324-2345
등록번호 • 제313-2006-000265호

홈페이지 • http://www.hakjisa.co.kr
인스타그램 • https://www.instagram.com/hakjisabook

ISBN 978-89-997-3170-9 93370

정가 22,000원

저자와의 협약으로 인지는 생략합니다.
파본은 구입처에서 교환해 드립니다.